말과 그림 사이

다이어그램의 매체상호성

이 저서는 2010년도 대한민국 교육부와 한국연구재단의
인문한국(HK)지원사업의 지원을 받아 수행된 연구임(NRF-2010-361-A00013).

세미오시스 학술총서 10

말과 그림 사이

다이어그램의 매체상호성

세미오시스 연구센터

HUiNE

목차

머리말

오늘날 디지털 미디어 혁명은 과거와는 다른 방식으로 우리 인간의 경험 세계를 넓혀 주고 있고, 이에 따라 '의미 반들기'의 양식도 전례 없이 다변화되고 있다. 이렇게 삶의 결이 질적으로 바뀌고 있는 21세기는 인간의 '의미 찾기' 방식을 탐구하는 인문학에도 중대한 도전이 되고 있다. '세미오시스 인문학'은 바로 이러한 요청에 부응하려는 기획이다. 삶에서 의미를 찾고 의미를 나타내는 방식을 이해하기 위해, 세미오시스 인문학은 무엇보다 어떻게 인간 정신이 기호와 매체를 다듬어내는지, 어떻게 이런 도구를 가지고 지식을 구성하고 소통하고 문화를 일구는지를 탐구하려고 한다. 인간 세미오시스(기호작용)를 탐구하는 인문학(人文學)은 이제 더 이상 글[文]로 대표되는 언어를 세미오시스의 본보기 모델로 삼지 않는다. 이 인문학은 곧 '인문(人文)'의 원래 의미인 인간 삶의 다양한 결, '무늬[紋]'에 주목하는 것이다. 하늘에 하늘의 무늬[天文]가 있고 땅에 땅의 무늬[地文]가 있듯이, 사람에게는 사람의 무늬[人文]가 있다. 사람이 짓는 무늬는 종이 위에 아로새기는 글에만 한정할 수는 없다. 사람의 눈에 보이고 마음에 새겨지는 무늬에는 말과 글만 있는 것이 아니라, 몸짓, 표정, 그림, 음악, 춤, 조각, 인조물, 제도, 관습 등 다양한 것들이 '사람다움'을 새긴다—어쩌면 인간의 문화(文化)를 이러한 '무늬화[紋化]'로 이해해도 큰 허물은 없을 듯하다.

세미오시스 인문학을 추구하는 <세미오시스 학술총서>의 열 번째 책 『말과 그림 사이: 다이어그램의 매체상호성』에서는 이제, 전통적으로 인간 정신의 결/무늬/기호/매체 가운데서 중심이 되어온 '말'과 '그림'을 다시 들여다보면서 그 '사이' 관계에 주목해 보려고 한다. 언어는 세상을 그대로 반영하는 것이 아니라 그것을 구성한다는 이른바 '언어로의 선회(linguistic turn)'가 지난 20세기를 지배해 왔다면, 20세기 말부터 인식 문제의 중심축은 언어에서 '이미지'로 옮겨지고 있다. 따라서 그림, 도상, 영상 등의 이미지 기호/매체가 문화 및 매체 담론에서 관건이 되고 있다. 그러나 이 책에서는 언어와 이미지 사이의 관계를 대립적인 것으로 보지 않고, 이 두 매체를 양측에 두고 그 사이를 채우는 말-그림 혼종/융합 매체에 시선을 돌릴 것이다.

말과 그림 사이에는 이 둘의 성격을 모두 띤 사이매체들이 있다. 말 같으면서 그림에 가까운 성질을 띤 것(예컨대, 글)도 있고, 그림 같으면서 말에 가까운 성질을 띤 것(예컨대, 지도)도 있다. 의미 소통에서는 말(음성언어)만으로는 한계가 있다. 말이 그림에 다가설 때 말의 시간적 선형성과 일회성이 극복된다. 이렇게 말이 그림을 지향하는 과정에서 글이 생긴다. 나아가 글과 그림 사이에는 다시 '언어성'과 '이미지성'이 융합된 특징을 보이는 다양한 기호/매체 형식들이 존재하게 된다. 학자들은 말과 그림 사이에 있는 제3의 매체들을 어느 범위까지 설정할지, 어떻게 구체적인 하위분류를 할지, 그 이름을 어떻게 붙일지에 대해서는 아직 통일된 견해가 없는 것 같다. 말과 그림 사이에 '표기(notation)'가 있다고 하는 사람도 있고, '다이어그램(diagram)'이 있다고도 하며, 이들 다 아울러 '기입(inscription)' 또는 '다이어그램적인 것(the diagrammatic)'이라 하는 학자도 있다. 어쨌든 말과 그림 사이에는 단절이 있는 것이 아니라 융합적 다양성을 보이는 매체의 장이 마련되어 있다. 말-그림 사이매체는 글에서 출발하여 악보, 무보, 논리식, 수식, 프로그래밍 언어, 도표, 도식, 그래프, 다이어그램, 설계도, 지도 등을 거쳐 디자인, 인포그래픽, 내비게이션 지도, 빅데이터 시각화 등으로까지 다양하게 펼쳐지고 있다.

말-그림 사이매체(다이어그램적인 것, 넓은 의미의 다이어그램)에 대한 새로운 관심은 무엇보다 인간의 사고 및 인식 과정에 대해 재검토를 하면서 기호/매체의 본질과 기능을 새롭게 고찰하기 위함일 것이다. 언어의 '상징적 재현(symbolic representation)'과 이미지의 '도상적 재현(iconic representation)'은 상빈의 대립 구도에서 파악될 것이 아니라, 전체를 잇는 연속성 스펙트럼 속에서 자리매김되어야 할 것이다. 이 맥락에서 중요하게 고려해야 할 것은 바로 미국의 철학자 찰스 샌더스 퍼스가 이미 20세기 전환기에 강조한 이른바 '다이어그램적 사고(diagrammatical reasoning)'이다. 이것은, 어떤 사태가 있고 그 사태를 지시하는 (넓은 의미의) 다이어그램을 가지고 실험적 조작을 수행하여 그 사태의 특성에 대한 새로운 인식을 끌어내는 사유 과정이라고 할 수 있다. 이러한 다이어그램적 추론이 없으면 언어조차도 제대로 작동하지 못한다. 다이어그램 기호는 지시 대상의 일정한 특성을 직접 제시해 보이기 때문에 이 다이어그램에 의한 개념적 사고는 직관과 대립하는 것이 아니라 직관을 잘 다듬어 주는 것이 된다. 최근 들어 언어 중심의 '그래머톨로지(grammatology)'를 넘어서 '다이어그래머톨로지(diagrammatology)'라는 이름으로 이루어지고 있는 말-그림 사이매체에 대한 논의는 언어를 기준 모델로서 과대평가해 온 기호학, 문화학, 매체학에서 탈피하여 무엇이 기호/매체이고 이것이 어떤 일을 하는지를 새로운 관점에서 되돌아보게 한다.

이러한 논의를 배경으로 하여 『말과 그림 사이: 다이어그램의 매체상호성』의 저자들은 인지의 언어 중심주의에서 벗어나 인간의 사고는 언어적 명제로만 구성되는 것이 아니라는 점에 동의하면서 다양한 관점에서 '언어의 이미지성', '이미지의 언어성'에 대한 세미오시스 인문학적 논의를 펼치고자 한다. 이 책은 일곱 개의 장으로 구성되며, 철학, 기호학, 문학, 언어학, 인류학, 미학, 예술학 등 인문학의 핵심 영역에서 말-그림 사이매체의 본질 및 기능에 접근해 볼 것이다.

제1장 「그래머톨로지에서 다이어그래머톨로지로 - 해체의 실험에서 실험의 체화로」(전동열)는 주요 철학자들이 논의해 온 '다이어그램적 사고'를 살펴본다. 다 빈치, 라이프니츠, 괴테, 다윈 등 많은 창조적인 사람들은 스케치나 도표 등 넓은 의미의 다이어그램을 사용해 사고를 발전시키고 구체화했다. 현재 시각매체가 폭넓게 사용되면서 다이어그램들은 내적, 정신적 연결구

조의 형식으로서도 특별한 의미를 지니게 되었다. 다이어그램은 월드 와이드 웹의 형식으로서 다양한 연결 가능성을 제공할 뿐 아니라, 세계의 복합적 구조를 담아내는 형식이자 '사고 실험'의 한 수단으로도 사용된다. '다이어그램적 전환'은 이런 상황의 표현이다. '다이어그래머톨로지'는 데리다의 『그래머톨로지』를 연상시킨다. 데리다뿐 아니라 '포스트구조주의'로 분류되는 들뢰즈, 가타리 등도 다이어그램을 자신들의 이론에 도입했다. 그런데 현재 '다이어그래머톨로지'를 학문적 논의의 중심으로 끌어들인 대표적 학자는 스테른펠트이며, 다이어그램에 대한 이들 모두의 논의에 바탕을 제공한 학자는 퍼스이다. 이 장에서는 이들의 '다이어그램'에 대한 사고를 다룬다. 각각의 입장과 논의의 차원이 분명히 드러나도록 상호간 비교보다는 각자의 입장과 관점을 전달하는 데 치중한다. 그러나 이를 통해 '그래머톨로지'로 대변되는 포스트구조주의적 사상과 '다이어그래머톨로지' 사이 내적 연관성도 드러날 것이다.

제2장 「퍼스의 다이어그램과 내러티브 알레고리의 매체상호성 - 미학적 경험과 의미를 중심으로」(이윤희)에서는 퍼스의 다이어그램 개념과 알레고리 개념을 비교, 고찰함으로써 문학작품의 해석이 다이어그램적 추론과정이라는 점을 밝히려고 한다. 다이어그램과 알레고리는 표현 모드와 상징 모드가 동시에 작동되는 이질적인 재현 매체 시스템이다. 또한 두 시스템은 인지 모드를 통해 재현된 대상의 의미를 해석하며 새로운 다이어그램과 알레고리를 생산한다. 따라서 표현 모드와 상징 모드의 관계는 각각 다이어그램과 다이어그램의 재현(다이어그램화), 그리

고 알레고리와 알레고리의 재현(알레고리화)으로 이해된다. 이런 점에서 다이어그램적 추론을 통해 문학작품을 읽는 것은 알레고리의 미학적 기호를 다이어그램화 하는 것이다. 그러한 다이어그램은 독해의 알레고리가 되며 알레고리적 해석을 촉발한다. 이 같은 과정은 기호의 소통 목적을 향하여 무한히 지속된다. 이로써 기호해석 대행체는 알레고리 쓰기와 읽기의 대행체 역할을 하며, 알레고리를 알레고리화하는 기호의 과정, 곧 세미오시스에 참여한다. 이런 의미에서 알레고리의 대행자로서 해석자는 미학적 경험의 주체가 된다.

제3장 「말-그림 사이매체로서의 '디아그람마' - 글, 표기, 다이어그램의 매체상호성」(강병창)은 전통적인 '언어-이미지' 대립의 문제를 '언어-디아그람마-이미지'라는 3자관계의 문제로 전환하며 글(문자언어)이라는 매체를 디아그람마의 시각에서 재검토한다. '디아그람마'는 말(음성언어)에서 그림으로 이어지는 긴 스펙트럼의 중간에 있는 글, 표기, (광의의) 다이어그램을 포괄하는 개념이다. 디아그람마의 핵심적인 특징은 생각 또는 지식의 시각화로 간주되며, 이 시각화는 조작가능한 이산적 그래픽의 평면에서 이루어진다는 것이다. 2차원 평면은 1차원의 선형적 시간에 따른 제약을 극복하게 하며, 3차원의 입체는 가상공간에서 평면화됨으로써 그 물리적 한계가 상상적, 창의적으로 극복될 수 있다. 디아그람마는 방향성, 그래픽성, 스키마성, 조작성에 힘입어 재현의 기호/매체로서 기능하면서 재현대상의 관계를 지시하며 지식을 구성하고 전달하고 저장하는 문화기술로서 그 사회적 가치를 갖는다. 디아그람마의 관점에서 글이라는 매

체를 다시 보면, 글은 단순히 말을 시각적으로 번역한 것이 아니라, 말로는 눈에 보이지 않는 요소를 드러내 보이고 말의 한계를 다른 매체성들로 보강해 주는 것이 된다. 말 흐름의 덧없음은 글 평면의 항구성으로 보완되고, 평면이 가능하게 해주는 시놉시스는 복잡한 사태를 위상적, 시각적으로 파악할 수 있게 해 준다.

제4장 「말의 시각적 재구성 - 조감도 생산에 대한 인류학적 사례」(고경난)는 조감도의 상호텍스트성이 상호매체적으로 구성되는 과정을 탐구한다. 조감도는 전통적으로 도상으로 지목돼 온 지도와 유사한 형식을 띠지만 주로 존재하는 대상이 아닌 미래에 만들어질 상상과 계획의 대상을 그린다. 이 연구는 하와이 한 마을의 도시 재개발 계획에 대한 민족지적 사례를 사용해 참여적 디자인(participatory design) 작업이 어떻게 말, 글, 그림의 매체 간 메시지 이동과 형식적 변형, 그리고 조감도의 지표적 텍스트성 구성을 수반하는 기호학적 과정인지를 살펴본다. 조감도 완성은 지역 문화에 대한 기억과 상상을 공유하고 조정하는 담론에서 출발, 말로 오고 간 대화가 일목요연한 글로 정리되고, 다시 글이 도시계획 전문가에 의해 조감도 형태로 재구성되는 작업이었다. 이 과정은 완성된 조감도가 종합적으로 마을지도 형식을 갖추면서도 동시에 세부 구성 요소가 작업에 참여한 주민의 다양한 이야기를 지표할 수 있도록 하는 것이었다.

제5장 「조선전기 성리학 도설(圖說)의 '다이어그램적' 특징과 의미 - <천명도(天命圖)>의 형태론적 분석을 중심으로」(엄소연)에서는 언어기호의 '글그림성'이 보이는 '융합적 매체상호성'의 인

지적 차원과, 다이어그램의 대상과 사고과정의 상호관계를 논구하는 다이어그램학을 바탕으로 하여, 과연 우리의 전통 매체에도 '다이어그램적' 특징과 의미가 있는지를 규명하려고 한다. 구체적으로는 조선전기 성리학 '도설(explanatory diagram)' 중에서 성리학의 핵심 원리를 표현한 <천명도(天命圖)>에 주목한다. 구성, 모티브, 방위의 측면에서 선이해(preunderstanding)를 설정한 후, 당시의 대표적인 도설인 권근(權近), 정지운(鄭之雲), 이황(李滉)의 <천명도>를 대상으로 삼는다. 이것들의 '다이어그램적' 특징은 각각의 평면적 시각공간을 융합성, 상호관계성, '사이공간성'의 관점에서 형태론적으로 분석하여 인지공간으로 체계화하는 데서 드러난다. 또한 이 글에서는 도학(道學)의 핵심인 '마음의 직책'이 요하는 '체화된 인지(embodied cognition)'의 의미도 살펴보고 있다.

제6장 「뉴 포이에시스, 감각의 인터미디어를 향하여」(김예경)는 근·현대 예술이 마주한 예술적 매체들의 상호교류성에 관한 가장 오래고 두드러진 모델로서 픽투라 포에시스(pictura poesis)에 주목한다. 고래로 문학가들은 시각 미술에서 영감을 받았으며, 미술가들은 문학에서 영감을 받았다. 음악가들은 미술에서 영감을 얻었으며, 화가들은 음악으로부터 영감을 얻었다. 각 예술의 배타적인 근본적인 원리에 따른 예술에 대한 지지는 현대 예술의 하나의 경향으로 여전히 남아있다. 그러나 20세기 후반 현대 예술에서의 매체 간 상호교류에 대한 지지와 적극적인 실행은, 개별 매체의 독립성이나 그것에 연결된 기준 감각들의 명시적 범주를 매우 모호한 것으로 만들어버렸다. 현대 예술

은 제작 활동의 기존 규칙들을 과감히 위반하면서, 음악은 기존의 기보법을 회화에 융합시켰고(사티, 케이지), 회화는 조형양식에 음악을 도입하였으며(뭉크, 칸딘스키), 문학은 언어의 문자를 조형화시켰다(아폴리네르). 여기서는 심지어 예술가가 자신의 고유한 매체의 영역이 아닌 타 영역에서 더 많은 지지와 영감을 얻는 아이러니가 발생하기도 한다(죤 케이지). 이러한 이질적인 매체들의 자유로운 결합이나 감각의 키아즘 현상은 18세기 레싱에 대한 반대, 특히 미술계에서는 20세기 그린버그류의 비평적 담론에 대한 일종의 극렬한 반대이다. 예술 간의 제휴나 연합이 오늘날 현대에서 뚜렷한 현상으로 나타나는 만큼, 어떤 예술이 다른 어떤 예술을 모범으로 삼는가는 예술가들 각자의 취향과 선택에 맡겨졌다.

끝으로, 제7장 「쉬빙의 한자와 설치예술 - 포스트 사회주의 중국 예술의 역사 흔적 지우기」(김영미)는 중국문자인 한자(漢子)에 주목하면서 중국의 동시대 예술가인 쉬빙(Xu Bing, 徐冰)의 예술 작품들이 문자와 그림 이미지의 경계를 넘나들면서 '중국적인 것'을 지우기도 하고 새롭게 만들어 가는 것을 살펴본다. 쉬빙의 예술 작품들에 대한 접근은 '아방가르드', '문자 그리고 팝아트', '중국, 사회주의 중국, 포스트사회주의 중국'이라는 세 가지 해석체를 통해 이루어진다. 이 해석체들은 쉬빙 작품들이 보여주는 한자가 조형언어로서 지니는 특성들을 이용하여 문자의 상징성을 거부하거나 혹은 문자 자체가 보여주는 도상적 특징을 강조하여 '문자'가 지시하는 또 다른 개념적 사항을 지시한다. 또한 이러한 작업은 쉬빙 작품에 드러나는 '문자/예술'의 경계 무너짐과 전도 현상을 목도하도록 만들며, 무한한 해석체를 담지하는 중국적인 것의 표상들을 사고하도록 유도한다.

| 제1장 |

그래머톨로지에서 다이어그래머톨로지로

해체의 실험에서 실험의 체화로

전동열

1. 다이어그래머톨로지?

2016년 5월 11일 국내의 한 TV 방송 저녁 뉴스에서는 담뱃갑의 경고 그림 배치방식이 시선에 끼치는 영향을 설명하기 위해 소위 "구텐베르크 다이어그램"이라는 것을 사용했다. 일반적으로 다이어그램의 전형적 예는 관계를 나타내는 그래프나 도표, 또는 구조나 상태를 나타내는 기하학적 형체나 회로도 등이다. 컴퓨터와 멀티미디어 공학이 발전하고 시각 매체가 일상에서 폭넓게 사용되면서, 다양한 형상들이 '아이콘'으로서 일상 속에서 소통의 도구로 채택되며, 스케치나 그래픽, 다이어그램 등도 정보 전달 뿐 아니라 창조적 사고를 위해 사용된다(Bauer 2010, 9). 여기에서 특별히 다이어그램은 사고의 복합적 연결을 생산하거나 인식하는 수단의 의미를 지니는데, 예를 들어 하이퍼텍스트[1]의 연결 구조는 하나의 텍스트 안에서 다양한 연결을 가능하게 하는 다이어그램의 형식으로 규정되기도 한다. 또한 글로벌화로 인한 국제간 교류의 활성화와 그 관계의 반영인 월드 와이드 웹 역시 수시로 변화하는 관계의 복잡성을 높이면서

1 포스트구조주의 패러다임과의 관련성 속 하이퍼텍스트에 대한 논의는 Lister et al. 2009 참고.

그 과정 자체의 형식이자 그에 부응할 “사고 실험”(Bauer 2010, 34)의 한 수단으로서도 다이어그램에 대한 관심이 커졌다. 그래서 “지금의 형상학과 예술학 총서 중에 ‘다이어그램’ 개념이 나타나지 않는 것이 거의 없을”(Schmidt-Burkhart 2012, 37) 정도가 되었다. 60년대의 “언어학적 전환”[2]과 90년대 “아이콘적 전환” 또는 “형상적 전환”[3] 이후 이런 상황은 “다이어그램적 전환”[4]으로 규정되기도 한다.

매체와 인식의 측면에서 새로운 영역으로 형성되고 있는 다이어그램 관련 연구는 일단 “도표들의 형식과 그것이 지닌 설명적 기능을 다룬다”(Bauer 2010, 10). 하지만 다이어그램 같은 “어떤 구조나 구성이 제시”되면 그 자체에 대한 해석 뿐 아니라 그것을 다른 방식으로 “재구성”하라는 “암시”를 받을 수 있으며, 그래서 그 연구 대상이 “사고의 다이어그램”(Reichert 2013, 21)으로 확대된다.

> 다이어그램학이 단지 다이어그램 형상들의 장르학이라는 추정은 보완을 요한다. [...] 보다 넓은 의미에서 다이어그램학의 대상에는 한편

---

2 “언어학적 전환”이라는 용어는 이 명칭을 책 제목으로 출판한 로티에 의해 널리 알려졌지만, 이 용어는 이미 1953년 베르크만(Gustav Bergmann)이 사용했다(Rorty 1967, 63).

3 “형상적 전환(pictorial turn)”이라는 용어는 1992년 미첼(Mitchell 1992)이, “아이콘적 전환(iconic turn)”은 뵘(Boehm 1994)이 처음 사용했다.

4 이 용어는 튀어레만(Felix Thürlemann)이 사용했다(Weigel 2015, 163; Schmidt-Burkhart 2012, 22), 이는 다이어그램 논의의 기반을 제공한 퍼스가 칸트의 ‘도식’ 개념을 다이어그램으로 발전시켰다는 점에서 “도식으로의 전환(schematic turn)”(Stjernfelt 2011, 72)으로 규정되기도 한다.

으로 정신적 눈앞에서 벌어지는 마음의 작용이 포함되며, 다른 한편으로는 원칙적으로 이 작용에 직관과 유희의 공간을 제공하는 모든 매체들이 포함된다(Bauer 2010, 9).

"다이어그래머틱"은 "마음의 작용"과 그것을 일으키는 모든 매체들을 연구 대상으로 하며,[5] 이는 '그래머틱'과의 관련성 속에서 논의되기도 한다. '그래머틱'이 일단 "언어의 규칙체계"를 의미하기에 '다이어그래머틱' 역시 다양한 형상들을 포함하는 다이어그램의 규칙체계를 발견하려는 것으로 볼 수 있다. 또한 역사적으로 'gramma'가 '철자, 문자'뿐 아니라 "문자기호를 해석능력"의 의미를 내포하며, 이것이 "분리, 통과, 사이"의 의미를 지니는 음절 "dia"와 결합해 텍스트의 동사적, 의미론적, 실용론적 관련성을 분할하고 분석, 비판하는 작업을 의미하게 된다(Bauer 2010, 10).

"다이어그래머톨로지"라는 용어는 데리다의 '그래머톨로지'를 연상시킨다. 하지만 그 용어를 사용해 논의를 전개하면서 비판적으로라도 데리다의 관점을 고려하는 크레머(Krämer)나 랑어(Langer)의 경우가 있는가 하면(Langer 2002), 스테른펠트(Stjernfelt)의 경우처럼 자신의 논의에 데리다를 전혀 도입하지 않아 양자 사이 시성적 관련성이 없다는 평가를 받는 경우도 있다(Bauer 2010, 309).

본고의 제목 '다이어그래머톨로지'는 데리다의 『그래머톨로

5 바우어는 "정신적 다이어그램"과 관련한 논의를 펼치면서 다이어그래머틱이라는 용어를 다이어그래머톨로지와 구분 없이 인용한다(Bauer 2010, 19; 306 ff.; 311ff.)

지』와 함께 "포스트구조주의"로 분류되는 "들뢰즈, 가타리"를 다이어그램과의 연관성에서 살펴보겠다는 의도를 반영한다. 이들은 자신들의 이론에 다이어그램을 도입했을 뿐 아니라(Bauer 2010, 311), 이미 70년대 중반 이래 "다이어그램주의(Diagrammatismus)"라는 개념으로 관계성을 바탕으로 한 자신들의 철학을 설명하기도 했다(Schmidt-Burkhart 2012, 37). 다른 한편으로 본고의 '다이어그래머톨로지'는 이 용어를 사용한 스테른펠트와 마찬가지로 본고의 논의의 바탕을 퍼스의 다이어그램 개념에 둔다는 점을 반영한다.[6]

퍼스를 출발점으로 데리다, 들뢰즈와 가타리, 스테른펠트의 다이어그램 이론들을 살펴봄으로써 본고는 이들이 각기 어떤 인식 관심과 실천을 수행하는지를 드러내려 한다. 이 과정을 통해 한편으로 '다이어그래머톨로지'를 명시적 주제로 설정하는 현재의 논의와, 다른 한편으로 다이어그램을 논의의 일부로 다루는 포스트구조주의 이론가들 사이 공통점 또는 차이가 나타날 것이다. 이들의 논의에 앞서 다루어지는 퍼스의 다이어그램 개념과 '다이어그램적 추론'은 이들의 논의 뿐 아니라 현재의 다이어그램 논의 일반이 어떤 바탕을 지니며, 어떻게 상이하게 수용되었는지를 보여줄 것이다.

6 파페(Helmut Pape)는 스테른펠트가 "유사성"이라는 "형이상학적" 속성을 바탕으로 한 퍼스의 아이콘 개념을 바탕으로 '다이어그래머톨로지'의 이론을 전개한다는 점을 비판하면서 다이어그램의 지시적 기능은 아이콘의 유사성이 아닌 지시 관계의 경험에 의존한다고 한다(Pape 2009, 411-420). 포스너는 파페의 판단에 대한 동의 여부에 따라 사람들이 보다 평이한 '다이어그래머틱'이란 용어를 사용할지, 아니면 '다이어그래머톨로지'라는 용어를 새롭게 도입할지 정하게 될 것이라고 한다(Posner 2009, 213-229). 그런 점에서 본고의 제목은 본고의 입장을 드러낸다고 할 수 있다.

2. 퍼스의 '다이어그램적 추론': 사고 실험과 기호 과정의 체화

현재 다이어그램에 대한 다양한 논의들에 비탕을 제공하는 것은 다이어그램에 대한 퍼스의 규정과 그의 '다이어그램적 추론(diagrammatic reasoning)'이다. 다이어그램은 퍼스의 기호 분류체계에서 아이콘 기호의 한 유형이다. "지각된 사물로서, 그 대상(사물)을 떠올릴 관념(idea)과 연결된 관념을 떠오르게 함으로써 그 대상(사물)을 대신하는 것"(Peirce CP 2.299; 2.304; 4.447; 5.73), "어떤 것을 단순히 그것과 유사하다는 이유로 대신하는 기호"(Peirce CP 3.362)를 아이콘이라 부른다. "대상과 어떤 역동적 관계도 없"(Peirce CP 2.299)으며, 그 이유는 아떤 대상을 대신하는 근거가 자신에게 있기 때문이다. 지각된 사물이 대상을 불러일으킨다 해도 어떤 다른 것을 대신하는 한 아이콘은 순수한 아이콘일 수 없다. 정의상 아이콘은 자신과의 '유사성'[7]이라는 특징을 지니며 아직은 '기호의 가능성'인 '1차성의 기호'일 뿐 어떤 다른 것을 대변한다는 의미에서의 기호는 아직 아니기 때문이다. 그래서 퍼스는 "실체적인 어떤 것(a substantive)"을 대신하는 아이콘을 특별히 "하이포아이콘(hypoicon)"(Peirce CP 2.276)으로 규정하는

데, 다이어그램은 이런 아이콘이 어떤 관계를 "2원적으로 대표"하는 경우에 해당한다.

> 하이포아이콘들은 그들이 참여한 1차성의 양식에 따라 대략 다음과 같이 나누어질 수 있을 것이다. 단순한 재질들(qualities) 또는 첫 번째 1차성의 성격들을 띠는 것들은 이미지들이다. 그리고 사물의 부분들의 관계를 그들 자신 속 유사 관계에 의해 주로 2원적으로 대표하는, 또는 그렇다고 간주되는 것은 다이어그램들이다. 그리고 표현체(representamen)가 어떤 것을 대표하는 성격이 자신 아닌 다른 어떤 것 속의 병렬 관계(parallelism)를 대표함으로써 재현되는 것은 메타포들이다(Peirce CP 2.277).

아이콘의 첫 번째 유형인 이미지는 '단순한 재질의 재현'이고, 두 번째의 다이어그램은 '관계적 재질들의 재현'이며 세 번째 유형인 메타포는 '어떤 것이 다른 것들을 통해 사고되거나 대변되는 규칙'의 성격을 지닌다. 예를 들어 '돌쇠의 마음은 평안하다'가 단순한 재질의 재현으로서의 이미지에 해당

---

7 '유사성'을 아이콘 기호의 특성으로 규정하는 데 대해 의문이 제기되기도 한다. 그 근거로 제시되는 것은 한편으로 '유사성'이 '객관적'일 수 없고 대상들에 대한 인식이 경우에 따라 달라질 수 있기에 기호의 속성일 수 없다는 것(Hoffmann 2009, 244ff.)과 다른 한편으로는 자신과의 유사성은 "재귀적", "대칭적"이며, 그것을 '재현'으로 말할 수 없다는 것(Goodman 1976, 3-5)이다. 하지만 '유사성'이 주관적 성격을 지닌다 해도 퍼스의 '유사성' 개념은 '습관(habit)'을 바탕으로 한 프래그머티즘의 차원에 있으며, 그것은 현실에서 객관성의 '위상'을 획득한다고 할 수 있다. 그리고 이런 객관성은 퍼스의 기호 일반이 작동할 수 있는 가능성이다.

한다면 ‘돌쇠의 마음이 평안한 것은 호수가 고요한 것과 같다’는 관계적 재질의 재현에 속할 것이다. 이 경우 ‘A-B는 C-D와 같다’의 구조에서 A-B와 C-D의 각 단위 명제는 자체적으로 동일한 차원에 있다. 나음으로 메타포는 ‘돌쇠의 마음은 호수다’처럼 전혀 다른 차원의 것이 하나의 맥락 안에서 유사성으로 묶이고 규칙화된다.[8] 이처럼 아이콘의 기초적 속성은 기호와 대상 사이 ‘유사성’에 있으며, 특별히 다이어그램에서 작동하는 유사성은 대상 자체가 아니라 기호의 부분들 사이 관계의 ‘유사성’이다.

> 많은 다이어그램들은 외양에서 그들의 대상들을 전혀 닮지 않았다. 그것은 유사성을 구성하는 그들 부분들의 관계들이라는 관점에서만 그렇다. [...] 사실상 모든 대수 방정식은 그것이 대수적 기호를 통해 관련 양들의 관계를 드러내는 한 아이콘이다(Peirce CP 2.282).

퍼스는 다이어그램을 “지적 관계의 아이콘”(Peirce 2010, 83)으로 정의한다.[9] 퍼스는 밴 다이어그램이나 전기 흐름의 회로도 같은 전형적 다이어그램 뿐 아니라(Posner 2009, 214) 문장과 대

---

8 어떤 색채가 특정 마음 상태를 대변할 아이콘으로서의 ‘메타퍼’에 대한 논의, 전동열(2014): 생각의 방식으로서의 아이콘 - 퍼스의 기호학을 중심으로, 독일언어문학 65집, 259-283, 272쪽.

9 회화의 발생을 ‘몸에 그림자가 드리운 것’에 대한 모사에서 시작되었다고 추정하는 보겐(Steffen Bogen)은 그런 그림자를 형상(Bild)으로, 해시계의 그림자를 다이어그램으로 규정한다. 해시계의 기능은 형상 자체가 아니라 그림자의 길이와 방향에 따른 경과에서 생긴다(Weigel 2015, 163).

수학의 형식들까지도 '관계'로 연결된다는 점에서 다이어그램으로 파악한다(Peirce CP 2.282; 2.778).

> 다이어그램이라는 단어는 부분들의 관계들을 명료하게 드러내고, 글자배열 또는 다른 방식으로 구분되며 어떤 의미작용(signification) 또는 최소한 어떤 중요성(significance)을 지니는 시각적 뼈대-형식에 사용된다. 연쇄적으로 쓰여 그들의 관계들이 첫 눈에 들어올 등식 시스템은 다이어그램이라 불릴 것이다. 사실상 모든 대수적 표현은 근본적으로 다이어그램이다(Peirce 2010, 40).

퍼스의 그런 파악 방식에 바탕을 제공하는 것 역시 다이어그램과 지시 대상의 부분들 사이 '관계성'이다. '25'라는 숫자가 20과 5 사이에 그래픽적 사이공간을 지니지 않음으로써 25라는 가치를 지니는 것이나, $x = y^2$라는 등식의 대칭적 배열이 양쪽 가치의 '동등성 관계'를 나타내는 것, 문장에서 언어의 일정한 배열이 '특정 관계'로 연결됨으로써 특정 역할을 부여받는 것 역시 모두 '관계성'을 내포한다(Posner 2009, 218). 이런 다이어그램의 포괄 영역은 가시적인 "외적 다이어그램"뿐 아니라 속성에 대한 의식적 추론처럼 "내적 다이어그램"(Shin 2002, 5)까지를 포괄하는데, 퍼스는 "모든 필요한 추론"은 "다이어그램적"이라고 한다.

> 나는 모든 필요한 추론이 수학적 추론의 본성을 지니고 있다는 데 만족한다. 그것은 비록 철학자의 말 많고 느슨한 연역이 [...] 시각적인 것

보다는 청각적 다이어그램을 사용한다 해도 항상 넓은 의미에서 다이어그램적이다(Peirce 2010, 75).

"다이어그램적 추론"을 지지하는 하나의 축이 "실험과 그 결과의 관찰"(Peirce 2010, 40)이라면, 다른 하나의 축은 그를 통해 이루어지는 "체화(embodiment)"이다. 하지만 이 체화는 사람의 주관성 안에서가 아니라, '사람이 사용하는 기호' 속에서 일어난다. 퍼스는 기호의 기초적 단계를 "유형"과 "대체물", "어조"로 분류하면서, 이중 '대체물'을 체화로 규정한다.

영어에서 'the'라는 단어는 하나밖에 없다; 그리고 이 단어가 지면에 가시적으로 놓이거나 들리는 것은 불가능하다. 그것은 개별적 사물이나 사건이 아니기 때문이다. [...] 그처럼 어떤 것을 확정하는 표시의 형식을 나는 '유형(Type)'이라 부르려 한다. [...], 그리고 어떤 책의 개별 판본의 한 면, 행의 이런 저런 단어와 같은 것에 대해 나는 '대체물(Token)'이라는 규정을 도입하려 한다. 어떤 목소리의 톤처럼 비확정적 중요 특성은 유형이나 대체물로 부를 수 없다. 나는 그런 기호를 '어조(Tone)'로 부를 것을 제안한다. '유형'이 사용되려면 유형은 대체물의 기호로 체화되어야 하며, 이 대체물은 유형의 기호가 되고, 그로써 대상의 기호로서 유형을 의미해야 한다(Peirce CP 4.537).

기호가 사용될 수 있으려면 현실적으로 사람들이 사용하는 개별적 기호가 그것의 '유형'을 "체화"해야 한다. 이 내용을 담은 「프래그머티시즘(Pragmaticism)의 옹호를 위한 서문」에서 퍼스는 프래그머티시즘의 요체가 "유용성(Usefulness)"의 공리적 사고가 아니라, "철학이 체화되는 것, 즉 사상이 기호에, 신념이 행동의 습관에, 그리고 마음(mind)이 몸에 체화되는"(Peirce CP 4.537)데 있음을 밝힌다. 프래그머티즘의 기초자로 평가되는 퍼스는 이전의 철학이 숙고와 성찰, 그리고 '이론'의 사항이었으나 이론은 그것의 효과나 실천의 문제와 분리할 수 없다고 생각해 '행동'을 철학의 중심에 놓았다. 그러면서 동시대 사람들이 실용주의를 "유용성"의 문제로 해석하는 것과 거리를 두기 위해 '프래그머티즘' 대신 '프래그머티시즘'이라는 명칭을 도입해 사용했다(Peirce CP 5.414; Krois 2011, 94).

'실험'으로서의 '실행'과 그것의 '체화'는 퍼스의 기호 분류 방식인 1차성, 2차성, 3차성의 관계에도 적용된다. 퍼스는 이 3가지의 양식을 어떤 것이 '어떻게 경험의 대상으로 나타나는지' 또는 '어떤 식으로 마음에 떠오르는지'에 따른 현상학적 구분(Peirce CP 8.328)이라 한다. 여기에서 1차성은 가령 '파랑의 느낌'처럼 경험적 자질들의 구도에 의해 특정 자질로 나타날 수 있는 '가능성의 연속체'를 형성한다. 이 가능성이 현상으로서 나타나려면 필연적으로 구체화되어야 한다. 이렇게 구체화된 것이 2차성의 범주이다. 2차성은 개별적 실존이며 일회적 사건이기에 그것을 '자체로서' 경험하는 것은 불가능하며, 단지 '일반성', 즉 3차성의 양식으로만 경험되고 인식될 수 있다. 그런 점에서 3차성은 자질의 가능성으로서의 1차성의 연속성과 2차성의 구체성을 매개하며, 이 3차성의 경험은 '유형'과 '대체물'의 관계가 그렇듯 2차성이 없이는 불가능하다.

퍼스의 경우 "유용성"이 철학의 영역에서 고려될 수 없는 것은 아니다. 하지만 그것은 '체화'라는 근본적 과정들의 탐구 이후 비로소 등장할 수 있는 주제이다. 더욱이 그에게 일반성과 법칙성의 '체화'는 법칙성의 고정을 위한 근거가 아니라 새로운 '실험'의 바탕이다. 그리고 그것의 실현을 가능하게 하는 사고의 방식은 기존의 결론을 바탕으로 가설을 제기하는 '가설추정법(abduction)'이다(전동열 2017, 287-317).

다이어그램을 이용해 이루어지는 추론은 개별적인 것의 관찰에서 출발하며 '일반적 법칙성'과 '습관의 변화(habit change)'를 동반하는 '체화'에 이르려 한다. 다이어그램적 추론과 그것을 통한 체화의 근거는 대수학의 경우 이전의 발견들이 공식 속에 체화되어 있다는 데 있다.

> 모든 대수학을 위한 그런 종류의 사고는 작업에서 만들어질 수 있는 공식들(formulae)을 제시하고, 그런 작업의 효과를 관찰함으로써 다른 방식으로는 인식할 수 없는 속성들(properties)을 발견하는 것이다. 그런 작업 속에서 우리는 공식들에 체화된 이전의 발견들에 이끌린다. 이 패턴들은 우리의 작업 속에서 모방할 만한 것들로서 대수학의 탁월한 아이콘들이다(Peirce CP 3.363).

퍼스는 그래픽적 방식을 통해 논리학을 재해석함으로써 대수학적 논리학의 한계를 극복할 수 있다고 믿었다. 그래서 그는 스스로가 "존재 그래프들(Existential Graphs)"(Peirce CP 4.71)로 명명한 것을 사용한 '아이콘 논리학'을 발전시켰다. 그에게 선과 그래픽을 사용한 "존재그래프 시스템"은 "논리학의 문제들의 해결을 대단히 수월하게 해주며", 그것이 언어적, 상징적 재현보다 더 많은 추리를 허용하는 '비선형적'인 것이기에 더 우월한 시스템이었다(Shin 2002, 3).

퍼스는 그래프 역시 "원칙적으로 점들과 그 점들을 연결하는 선들로 구성된 다이어그램"(Peirce CP 4.535)이라고 정의함으로써 그것을 다이어그램의 범주에서 다룬다. 그래프는 '선긋기'로서의 '그래픽'에 의해 만들어지는데 퍼스는 그래픽이라는 용어 역시 단순한 선긋기 뿐 아니라 '정신적 과정의 배열'로서의 글쓰기 모두를 포괄하는 것으로 이해한다.

> 추론은 그래픽적 기호에 의존한다. '그래픽적'이란 말은 공간적 배열과 글쓰기 또는 선긋기의 가능성을 의미한다. [...] 나는 정신적 과정과 객체들의 이미지들이 배열되는 공간을 사용하지 않고는 어떤 중요하고 커다란 토론의 주제로 깊이 들어갈 수 없다고 생각한다(Peirce Ms 619, Krämer 2012, 408 재인용).

물론 '다이어그램(적)으로 생각하기'의 주된 수단은 글쓰기가 아니라 다이어그램의 구성이며 선 긋기이다. 퍼스는 "나는 항상 단어들로 성찰한다고는 생각하지 않는다. 나는 시각적 다이어그램을 사용한다"(Peirce Ms 619, Krämer 2012, 401 재인용)고 주장하기도 하며, 그의 수많은 스케치들은 그를 "그래픽적 사상가" 또는 "스케치적 사상가"(Weigel 2015, 67)라고 규정하게 할 정도이다. "다이어그램적 추론"을 처음으로 언급하고 그것을 논리적 과정을 위해 도입한 벤 역시 문장과 대수학적 형식 대신 벤-다이어그램을 통해 논리적 관계를 재현하려 했다. 이 작업을 이어받은 퍼스의 '존재그래프'도 다이어그램적 추론의 여러 양식 중 하나를 담당한다(Hoffmann 2007, 2).

'존재그래프'를 퍼스는 "알파 버전", "베타 버전", 그리고 "감마 버전"으로 발전시킨다(전동열 2014, 268). 알파버전은 "비가 온다", "천둥이 친다"와 같은 명제논리 사이에 성립하는 관계, 즉 병렬적, 선택적, 조건적, 또는 부정적 관계를 벤다이어그램처럼 묘사한다. 부정적 관계는 개별 진술을 폐쇄된 원 안에 넣고 그것을 원에 의해 절단(cut)하는 방식으로 표현하는데(Peirce CP 4.414; 6.165), 이때 어떤 술어나 명제의 일관성은 선의 연속성, 특히 폐쇄적 선의 연속성을 통해 보상되며, 이런 폐쇄적 선의 구체적 형식은 원 또는 타원이다.

> 어떤 타원의 선은 연속적이다. 왜냐하면 곡선의 어떤 점을 지나지 않고서는 안쪽에서 바깥쪽으로 지나가는 것은 불가능하기 때문이다(Peirce CP 6.165).

절단이 부정을 의미하는 방식의 사고는 스펜서 브라운의 『형식의 법칙』에서 '구분'의 행위와 더불어 세상의 모든 존재의 생성과 관계의 양상을 묘사하는 기초적 형식으로 사용되기도 한다(전동열 2013, 69). 존재그래프를 통한 퍼스의 두 번째 논리형식인 '베타 버전'은 1차적 질서의 술어 논리를 소위 "동일선의 선(Identity line)"(Peirce CP 4.499)으로 연결하는 방식이다. 여기에서 “행복하다” 같은 술어는 “백만장자”와 선으로 연결되면서 주체의 존재가 지시된다(Peirce CP 4.569). 그리고 이렇게 형성된 명제는 주체를 지시하는 지표기호(Index)가 되며, 이것이 술어 논리의 범주에서 다루어지기에 객체와 그것의 수를 규정하는 수량사, 술어들 사이의 연결사 같은 술어논리 기호들이 다이어그램의 세분화와 다양화 과정에서 사용될 수 있다. 퍼스가 완성하지 못한 ‘감마 버전’은 양태 논리와 시간 논리, 언어 행위 논리 등의 상이한 양상들을 묘사한다(Peirce CP 4.414).

존재그래프의 규칙들은 다이어그램적 실험의 다양한 묘사 가능성을 실험하기 위한 기초이다. 퍼스의 ‘다이어그램적 추론’은 모든 형식의 “유용한 필수적 추론”(Peirce CP 1.54; 5.162)을 포괄한다. 이를 위해 수행되는 관찰은 개별성 속에서 일반성, 법칙성을 발견하는 과정이며, 개별성에서 일반성으로의 이동은 동일한 규칙에 따른 다이어그램의 구성과 실험, 결과의 반복에서 유사한 실험이 동일한 결론을 낳음으로써 가능해진다(Shin 2002, 28).

퍼스가 존재그래프 같은 것들을 통한 ‘다이어그램적 추론’이 자연 속 합리적 질서의 본성을 가장 잘 밝혀줄 수 있다고 믿은 것은 그러한 아이콘 형식들이 이성(reason)을 시각적으로 ‘체화’한다고 보았기 때문이다(Krois 2011, 204). 일반적 경험이 항상 개별적인 것에 대한 범주적 규칙성의 중개를 통해 이루어지기에 일반적으로 논리학은 주로 3차성, 특별히 언어적인 것에 집중된다. 하지만 이성과 논리가 3차성의 영역에 있다 해도, 그것의 가능성은 1차성에서 나오며 그것의 구체화인 2차성의 물질성 없이 형성될 수 없다(Peirce CP 1.545; 1.417; 5.150). 다이어그램이 일회적, 개별적인 것들에서 새로운 법칙성 발견을 위한 실험의 수단일 수 있는 것 역시 그것이 지닌 물질성과 그것의 다양한 비신형직 관계의 형성 가능성, 그리고 그런 관계 실험의 '체화'에 있다.

3. 그래머톨로지에서 다이어그래머톨로지로: 기의의 해체에서 기표의 체화로

3.1. 데리다의 "그래머톨로지": '기의'를 해체하는 '문자'

데리다는 푸코와 더불어 "언어학적 전환", "재현의 위기", "주체의 탈중심화" 또는 "실체주의 비판" 같은 개념들을 주제로 한 소위 포스트구조주의의 논의를 이끈 사람으로 평가된다(Angermüller 2007, 37).[10] 데리다의 『그래머톨로지』는 그 가운데서도 이후 철학적 논의에 가장 큰 영향을 끼쳤다고 할 수 있는데, 이 저술과 그의 철학을 관통하는 핵심 개념으로 꼽을 수 있는 것은 '차연(différance)'과 '해체(deconstruction)'이다. 데리다는 그의 대화 모음집 『입장들』에서 'différance'라는 '문자'의 "그래픽적 일탈"이 지니는 특별한 의미를 다음과 같이 강조한다.

---

10 '후기구조주의'가 용어로 확립된 것은 북아메리카 인문과학자들이 1966년 10월 존스 홉킨스 대학에서 "구조주의자 논쟁"이라는 컨퍼런스를 개최한 후 10년이 지나서였다. 이 컨퍼런스에서는 자크 데리다, 자크 라캉, 롤랑 바르트, 제라르 즈네트 같은 프랑스 이론가들이 처음으로 북아메리카의 청중들에게 소개되었다(Angermüller 2007, 38).

당신은 이 a를 쓰거나 읽지만 들을 수는 없다는 것을 알았을 것입니다. 내가 큰 가치를 두는 것은 이 그래픽적 또는 문법적 일탈 또는 침략에 대한 모든 - 예를 들어 우리의 지금 - 대화가 서술된 기호의 무언의 간섭과 지양불가능한 관계에 있음을 출발점으로 해야 한다는 것입니다 (Derrida 1986, 41).

데리다가 대화에 끼치는 문자의 영향과 관련해 "그래픽적 일탈"의 중요성을 말하지만, 그가 '차연' 이외의 문자에서 이처럼 그의 철학에서 커다란 역할을 하는 그래픽적 실험을 집중적으로 하지는 않는다. 그의 관심과 작업은 문자 자체가 지녔다고 생각되는 "초월적 기의의 해체"에 집중되며, 그런 점에서 데리다는 자신과 퍼스가 유사하다고 말한다.

퍼스는 우리에 의해 의도된 바, 결국 기호의 지시 과정에 확정적 경계를 설정하는 초월적 기의의 해체에 매우 가까이 있다. 우리는 로고스중심주의와 현존의 형이상학을 지시적이며 강하고, 체계적이며 억압 불가능한 기의를 향한 희망과 동일시했다. 그런데 퍼스는 지시의 무한성에서 사실상 기호시스템의 작동을 확정할 수 있는 결정적 기준을 보았다. 규정의 움직임이 시작되면 그것의 중단은 불가능해진다(Derrida 1983, 85).

데리다는 퍼스의 다이어그램 개념을 들뢰즈나 가타리의 경우처럼 자신의 철학 전반의 성격을 규정하는 용어로 발전시키지 않지만, 퍼스를 자신과 같은 '해체'의 맥락에서 파악함으로써 '생각의 방식' 사이 유사성을 분명히 한다. 또한 데리다는 퍼스의 "오직 상징들에서만 상징이 성장한다"(Peirce 1998, 10)는 명제를 인용하면서 그것을 '기호에서 기호에로의 무한정한 지시'로 대체한다(Derrida 1983, 84f.). 그가 이것의 근거로 제시하는 것은 퍼스가 기호학을 "사변문법"(Derrida 1983, 85), 즉 기호와 기호의 연결에 관한 학으로 규정했다는 점이다. 또한 데리다는 퍼스가 "근원"이나 "위치" 같은 것들을 항상 '상대적 관계'에 있다고 판단한다는 점을 지적하는데, 이런 상대적 관계를 데리다는 도식(Schema)으로 규정한다.

> 이 도식을 출발점으로 루소의 담론에서 사실과 법(원칙), 현실적 근원과 이상적 근원, 생성과 구조의 문제가 새롭게 다루어져야 한다. 도식은 의심의 여지없이 일반적으로 생각할 수 있는 것보다 더 복합적이다(Derrida 1983, 375).

도식은 "다이어그램"(Derrida 1976, 217)으로 번역되기도 한다. 도식은 일찍이 프란시스 베이컨에게는 경험 속에서 사물의 유지와 변화의 규제를 가능하게 하는 감각적 형상이었으며, 칸트에게 그것은 감각성(Sinnlichkeit)과 오성(Verstand)을 중개하는 것으로서(KrV B 177) "개념에 형상을 제공하는 상상"(KrV B 179)이기도 했다. 감각적 사실과 의미의 생성을 중개하는 도식의 역할을 데리다는 '잔존기억'을 통해 연결되는 기호와 기호의 지시로 대체한다. 이런 "지시구조" 속에 있는 기호는 끝없이 다른 기호를 지시하며, 결코 어떤 확정적인 것의 지시로 종결되지 않는다.

> 여기에서 문자는 구어적 말의 모사 또는 상징이 아니라는 점에서 구어적 말의 외부에 있으며, 구어적 말이 그 자체 내에서 문자를 묘사한다는 점에서 구어적 말의 내부에 있다는 사고가 부각된다. 새김자국과 드로잉 또는 철자, 즉 일반적으로 분사에 의해 규정된 여러 기표들 중 어느 하나를 지시하는 기표와 결합되기 전의 문자(도안[graphie])의 개념은 - 모든 규정시스템에서 공통적으로 나타나는 가능성으로서 - 약속된 흔적(trace instituée)의 심급을 포함한다(Derrida 1983, 81).

문자는 끝없이 이어지는 기표의 지시 관계 속에 있으며, 그것을 중개하는 것은 도식 또는 다이어그램이다. 그렇게 보면 문자의 끝없는 연결 상태를 내용으로 하는 그래머톨로지는 감각성과 형상의 측면에서는 '다이어그램적 추론'의 '수행'이자 구체화로 볼 수 있을 듯하다. 이것은 퍼스가 언어의 관계적 연결을 다이어그램으로 봤으며, '다이어그램적 추론'을 사고의 실험으로 봤다는 점과도 부합한다. 그러나 이것을 '다이어그래머톨로지'로 명명하기는 어렵다. '수행'이자 구체화 자체는 그를 '대상'으로 한 '논의'에 필수적인 비판적 거리를 지니지 못하기 때문이다.

데리다가 '그래머톨로지'에서 언급하고 다루는 '문자'는 일반적 의미에서의 언어문자가 아닌 "사물 자체"이다. 이런 관점에서 데리다는 언어도 "일종의 문자일 뿐 아니라, 문자의 한 종류"(Derrida 1983, 90)로 본다. 그런 문자는 "여러 기표들 중 하나를 지시하는 기표와 결합"하는 과정 속에 있으며 '기표와 기표의 지시관계'는 '의미'가 아니라 "잔존기억"의 문제가 된다.

> 약속된 흔적은 차이를 그 자체로서 나타나게 하는, 그리고 그러면서 채워진 항들 사이 어떤 유희 공간을 열어주는 지시구조 속 차이의 잔존기억(Retention)에 대한 사고체계 없이 생각할 수 없다. 다른 여기-와-지금의 부재, 어떤 다른 초월적 현재(Gegenwart)의 부재, 그리고 환원불가능한 부재로서 흔적의 있음(Anwesenheit) 속에서 그 자체로서 나타나는, 세계의 어떤 다른 근원의 부재, - 이 모든 것들이 문자에 대한 학문적 개념을 대체하는 형이상학적 공식일 수 없다(Derrida 1983, 82).

"기표가 기표를 지시"하는 관계는 라캉이 "의미효과(Sinneffekt)"를 "기표의 효과"(Lacan 1991, 385)라고 규정하는 것과 유사하다.[11] 하지만 데리다는 이와 관련해서도 '의미'라는 용어를 사용하지 않는다. "약속된 흔적"으로서의 "차이의 잔존 기억"은 차이이자 부재 자체이며,[12] 이런 잔존기억의 작동은 '현존'을 바탕으로 하는 "형이상학적 공식"일 수 없다.

'부재'는 확정적인 것처럼 나타나는 약속된 흔적과, 그에 앞서기에 확정적일 수 없는 흔적이자 결코 사라지지 않기에 "환원불가능한 부재"와 긴장관계에 있다. 확정적인 듯 나타나며 '약속된 흔적' 안에 부재하는 것, 그것은 확정적인 것 안의 "다른 것(das Andere)"이기도 하다. '다른 지금 여기', '다른 초월적 현

---

11 라캉의 심리분석에서 기표와 의미효과의 문제에 대해, 전동열: 라캉의 심리분석에서 기표, 의미 작용과 사이버네틱스의 작동 방식, 독일문학 137집 2016, 177-199 참고. 라캉은 '기표 사이 지시와 연결 관계'를 메시지로 규정하며, 이것을 주체의 관여 없이 작동하는 사이버네틱스의 "생각 기계"(전동열 2016, 191)의 가능성으로 규정한다.

12 데리다는 "우리에게 다가오는 지각들 중 우리의 심리적 장치(Apparat) 안에 우리가 기억의 흔적이라고 부를 수 있는 흔적이 남아있다"고 한다(Derrida 1976b, 330)

재', 그것은 '다른 근원'과 같이 모두 '다른 것'이자 "차이"로서 '흔적의 있음' 속에서 '그 자체로서 부재로서 나타'난다(Weigel 2015, 28). 데리다는 "자아의 다른 것 또는 내적 부정성과 내적 차이는 허상이며 환상이고 자아의 유희"라고 하며, "그것의 본질적 모멘트들은 몸, 소유, 집, 경제 등으로 불린다(Derrida 1976b, 144)"고 한다. 이 "본질적 모멘트들"로 "불리는" 것들은 곧 "자아의 다른 것", "부재", "차이"이자 "허상"이고 "환상"이다. 그런 부재가 '약속된 흔적'으로서의 '흔적의 있음' 속에서 작동하면서 양자의 긴장관계가 흔적의 유희공간을 열어준다.

데리다에게 차이는 "형식을 부여하는 대립"(Derrida 1983, 109)이며, "공간과 시간의 구체화"(Derrida 1976b, 334)이기도 하다. 말하자면 형식은 차이에 의한 대립으로 생긴다. 그리고 이런 차이가 작동하기 전의 상태를 "근원적 종합"(Derrida 1983, 109)[13]으로 전제하며, 동시에 그것을 "근원적 흔적"으로 규정한다. 데리다는 이 지점에서 차이가 형식을 부여한 이후의 인식적 과정을 추적하지 않고, 그 형식의 근원인 '근원 흔적'의 성격에 대해 성찰한다. 이 근원 흔적은 실재로서의 근원이 아니라 근원으로 상상된 것, 즉 '설정된 근원'이다. 이 '근원'은 퍼스의 3차성에 해당하는 상징의 규칙성 내지 '합의된 흔적'을 바탕으로 이루어지는 근원에 대한 상상이며, 그것의 지속은 확정적 규칙성을 해체하는 '사고의 다이어그램'으로 이루어진다. 달리 말해 2차성의 문자에서 일어나는 차연은 한편으로 3차성의 의미를

13 칸트의 경우 통합적 지각의식(Apperzeption)이나 이성에 의한 종합 가능성은 선험적으로 주어져 있다(KrV B 136).

해체하는 다이어그램이며, 다른 한편으로는 1차성의 근원적 흔적을 구체화하는 과정이다.

칸트에 의하면 지각 같은 감각적 과정에 의한 형식은 선험적 오성과 이성에 의해 범주화와 의미, 개념화의 과정을 겪는다. 그리고 감각과 오성을 중개하는 것이 '도식'이다(KrV B 177ff.). 이런 식의 사고 과정은 차이 자체보다는 감각적 차이로 인해 발생하는 도식과 범주화를 따라 추적하는 접근법이다. 데리다는 그보다는 차이 자체에 관심을 집중하면서 차이에 의해 만들어지는 형식과 도식, 나아가 의미와 개념의 고정을 거부하고 해체한다. 그런 점에서 그가 해체하려는 것은 의미 자체만이 아니라 의미를 고정된 것으로 만들려는 의식적 성향이다. 그는 차이가 만들어진 근원과 그것의 변화 가능성에 관심을 집중한다. 바로 그것이 '근원적 종합'과 '근원적 흔적'이며, 이로부터 지속적으로 새로운 형식을 부여해가는 차이의 미래가 곧 '차연'이다.

'근원적 종합'과 '근원적 흔적'이 동일시 될 수 있는 것은 "시간적 경험의 최소 단위 속 잔존기억"(Derrida 1983, 109)으로 규정되는 "흔적"이 "동일한 것 안 다른 것으로서의 다른 것을 보유"하기 때문이다. 이때 '근원적 종합'은 '동일한 것'으로 규정되면서도 그 안에 동시에 "다른 것"을 담고 있다. 그런 잔존기억과 흔적이 '차이'를 만들어내는 움직임이자 의미 생성의 근원이다.

> 시간적 경험의 최소한의 단위 속 잔존기억이 없으면, 동일한 것 안의 다른 것으로서의 다른 것을 보유하는 흔적이 없다면 어떤 차이도 작동할 수 없을 것이며 어떤 의미(Sinn [meaning])도 나타나지 않을 것이다.

여기에서 문제가 되는 것은 이미 구성된 차이가 아니라 차이를 만드는 순수한 움직임이다. 그 순수한 흔적이 차연이다(Derrida 1983, 109).

흔적은 차이를 만든다. 차이를 만드는 "순수한 움직임"을 데리다는 "순수한 흔적"이자 차연으로 규정한다. 이 '차연'은 "기호들을 서로 결합할 수 있게 해"줄 뿐 아니라 의미나 개념, 감각적인 모든 것을 지속적으로 생산해내는 근원이다. 그러면서도 차연은 "감각적이지도 지적이지도 않다"(Derrida 1983, 110). 차연은 칸트적 의미에서의 초월적인 통합적 '지각의식'이나 종합적 이성을 전제로 하지 않고 움직임의 과정 속에서 일어나는 사건의 연속이기 때문이다. "흔적"의 개념은 확정적 원본이나 고정된 어떤 것을 전제하지 않는다. 그 점은 데리다가 "근원 문자"라고 부르는 것도 마찬가지다.

이 천연 상태의 문자 개념은 역사적으로 근원문자를 가장함으로써만, 그리고 다른 자신도 자신의 복제도 허용하지 않고 그의 차이를 축소시키는 구어적 말에 대한 욕망을 바탕으로만 관철될 수 있었다. 이 차이를 우리가 계속 문자로 부르려 한다면, 그것은 문자가 그의 위치에 대한 지속적인 역사적 압박을 통해 차이라는 불쾌한 측면을 묘사하기 때문이다. 문자는 욕망에 따라 생생한 구어적 말에 강하게 접근했으며, 그 말을 내부에서 처음부터 돌출적으로 터져 나오게 했다. 그 차이는 [...] 흔적(Spur) 없다면 생각할 수 없다(Derrida 1983, 99).

데리다의 파악하는 '문자'는 구어를 정착시키기 위한 필요에서 만들어진 것이 아니라 오히려 문자에서 구어가 형성되었다. 물론 이것은 역사적 판단이 아니다. 그 점은 구어가 차이를 축소하고 인정하지 않는데 반해 문자는 "차이라는 불쾌한 측면"을 묘사한다는 주장도 마찬가지다. 문자를 가능하게 하는 '근원 문자'도 차이를 바탕으로 성립하지만, 그것 역시 확정적 대상이나 사물이 아니라 차이 자체이기에 단지 흔적일 뿐이다. 말하자면 흔적은 있음(Anwesenheit)이면서도 확정적 차이를 '연기'하며, 바로 이것이야말로 데리다가 "새로운 문자 개념"으로서 "문자(gramma) 또는 차연(différance)"(Derrida 1983, 44)이라 부르는 것이다.

흔적은 '차연'이자 '문자'이다. 데리다는 이것을 "차연과 문자의 결합"(Derrida 1983, 44)이라고 말한다. 흔적은 기표와 기표의 지시구조 속 현상으로서 지속적으로 결합해나가는 기표 자체이기도 하다(Derrida 1983, 35, 128). 문자로서의 차연이 만들어내는 흔적은 고정될 수 없는 것이면서도 "존재적-존재론적"(Derrida 1983, 44) 위상을 획득한다. "존재"는 "존재물(das Seiende)의 초월화"이다. 초월적 '존재'를 해체하면서 '존재물'의 "근본존재론"(Derrida 1983, 42)이 시작된다. 하지만 중요한 것은 "존재론이라는 단어"보다는 "존재의 역사" 또는 "역사로서의 존재"의 발생과 움직임이다. "기표의 움직임에서 벗어나는 것은 기본적으로 아무 것도 없"기 때문이다(Derrida 1983, 42).

존재론적 위상을 지니는 것은 차이의 결과가 아니라 차이와 차이의 과정이다. 그리고 이런 '차이의 과정'에서 결정적인 것은 그것이 감각적으로 지각되는 조건을 지녔다는 것이다. "문자"는

"감각적으로 지각 가능한 도안"(Derrida 1983, 22)이다. 하지만 전통적 "형이상학적 대립"인 "기표/기의, 감각적으로 지각 가능한/지적인" 같은 것은 본질적이지 않다(Derrida 1983, 28). 대립의 양측이 서로를 보함하기 때문이다. 보다 더 중요한 것은 형이상학의 전통에서 밀려난 "기표의 외면성" 내지 "형상(Bild)"(Derrida 1986, 64)에 대한 관심의 회복이며, 나아가 양자의 대립의 '해체'와 함께 "은유와 형이상학, 신학에 억매인" "기호를 해방"(Derrida 1983, 13)시키는 일이다.

소위 "현존의 형이상학"에서 구체적으로 나타나는 일은 (언어)기호의 "음성물질(Lautmaterial)이 "음운론"으로 "환원"(Derrida 1983, 93)되는 것이다. 『그래머톨로지』에서 물질에 대한 관심은 문자에 대한 관심과 같은 차원에 있다. '차이의 과정'으로서의 '차연' 속 문자는 기호 스스로가 세분화되고 서로를 지시하는 구조를 지녔는데, 그런 지시구조의 작동은 이제까지 없던 새로운 것을 생성시킨다는 의미에서의 "보충"의 행위이기도 하다(Derrida 1983, 482). 보충의 행위로서의 문자는 언어문자의 서술 뿐 아니라 "제스처의 언어(Gebärdensprache)"를 통해 의미를 전달하는 "묵언의 문자(stumme Schrift)"(Derrida 1983, 414)와 "도안" 모두를 포괄한다.

『그래머톨로지』는 문자를 다루면서 지속적 지시관계로서의 '차연'과, 지시관계에 내재된 '지시의 조건이자 가능성으로서의 흔적'에 관심을 집중한다. 그리고 여기에서 등장하는 형상의 문제는 시각적인 것에서 "시각적인 것의 질서에 속하지 않은 것"(Derrida, 1983, 50), 즉 "존재물 이전(vor dem Seienden)"의 "숨겨진”(Derrida 1983, 82) ‘시각적 흔적’을 추적하는 문제로 나타난다. 형상을 포괄하는 ‘문자’의 지시구조는 실제 형상이 작동하는 방식과 다르지 않은데, 데리다는 실제로는 결합이 불가능한 구어적 말과 문자 사이 관계를 “반사체”와 “피반영체 사이 위험한 뒤범벅”(Derrida 1983, 64)으로 묘사한다.

> 참기 어려우면서도 매혹적인 것은 형상과 사물, 철자와 발음의 바로 이 친근한 결합이다. 그것은 구어적 말이 반영(Spiegelung)과 전도(Verkehrung) 또는 일탈(Perversion)을 통해 한편으로 문자의 반사경(Spekulum)인 듯 보이는 데까지 이르며, 이때 문자는 부당하게도 그런 중심 역할을 획득한다. 재현은 자신이 재현하는 것에 구속 받는다; 그래서 사람들은 쓰는 대로 말하게 되며, 재현된 것을 단지 재현해내는 것의 그림자나 반사체(Reflex)인 것처럼 생각하게까지 된다. [...] 재현의 이 유희 속에서 근원적 지점을 파악하는 것은 불가능하다. [...] 투사의 근원은 차이가 된다(Derrida 1983, 64f.).

“서술된 말은 구어적 말의 형상(Bild)”이라는 소쉬르의 견해나 “문자는 구어적 말의 재현”(Derrida 1983, 64)이라는 루소의 생각은 “참기 어려우면서도 매력적이다.” 문자와 구어가 1대 1의 결합이 불가능하거나 “최소한 셋”을 만드는 ‘지속적’ 투영의 과정에 있으며, 그러면서도 그것을 하나로 고정시키려는 “나르시스적 유혹”(Derrida 1983, 65)이 있기에 그렇다. 결합 불가능성은 실재이며 그것의 결합에 대한 유혹은 상상, 특히 ‘의미의 현존이라는 상상’과 관련되어 있다. 상상이 작용한다면 중요한 것은 상상 자체가 아니라 상상의 근원이다. 그리고 그 근원은 차이이며 그 차이로 인해 만들어지는 반영체와 피반영체의 관계이다. 차이 자체는 "감각적으로 지각 가능한 내용물이 아니다"(Derrida 1983, 92). 하지만 차이가 없다면 형식도 있을 수 없고 어떤 감각적인 것도 나타날 수 없다(Derrida 1983, 109). 그 차이가 지속적 이동의 과정 속에 있다는 점에서, 그 과정에서 '지금 여기'와 또한 그것의 부재가 함께 발생한다는 점에서 차연은 지속적이고 변화하는 '감각의 사건'이기도 하다.

데리다는 재현된 것과 근원 사이 구분을 불가능한 것으로 본다. '재현된 것' 역시 '재현하는 것'과 '차이'를 공유하고 있으며, 그 차이가 다른 재현의 근원으로 작용하기 때문이다. "근원이 재현에 덧붙여지고 사물은 그의 영상에 덧붙여지는"(Derrida 1983, 65) 이 반사와 중첩의 과정은 서로에 대한 지시로서 중단 없이 이루어지며, 그것을 가능하게 하는 근원은 사물과 반영의 접촉면인 수면이 만들어내는 차이와 그것의 지속으로서의 차연이다. 사물과 반영, 그 반영의 반영은 3원적 관계를 형성하면서 서로를 반영하고 지시한다. 그리고 그것은 단순히 문자의 문제에 국한되지 않는다.

흔적이 차이를 만들고 차이는 반영하는 것과 반영되는 것을 공유한다면, 차이의 근원으로서의 흔적 역시 그 안에 다른 것, 즉 실현된 잔존기억의 부재를 내포한다. 그렇기에 어떤 흔적의 고정은 다른 흔적의 상실이며, "생명" 역시 "현존으로 규정되기 전의 흔적"을 내포하는 것이라면 "생명은 곧 죽음"이다.

> 차연이 삶의 본질을 구성한다. 또는 달리 말해 차연은 본질이 아니기에, 그리고 아무 것도 아니기에, 존재가 초월적 실체(ousia)와 현존(presence), 본질/현실, 실체 또는 주체로 규정된다면 차연은 생명이 아니다. 생명은 사람들이 존재를 현존으로 규정하기 전 흔적으로 간주되어야 한다. 그것이 생명을 죽음이라고 말할 수 있을 유일한 조건이다(Derrida 1976b, 311).

초월적 실체와 현존은 차이의 고정이며, 고정된 것은 생명이 아니다. 생명은 차이의 이동이며 움직임이다. 사고 역시 문자의 지속적 지시와 결합으로서 다이어그램적인 새로운 연결을 중단하면 안 된다. 데리다에게 "재현은 죽음"이며 "죽음은 재현"(1976b, 345)이다. 또한 흔적은 "자신의 삭제이자 자신의 현존의 삭제"이며, "삭제 불가능한 흔적은 흔적이 아니"(Derrida 1976b, 349)다. 흔적이 삭제 가능한 것은 그것이 움직임이기 때문이며, 움직임이 아니라면 흔적도 아니다(Pettigrew 1996, 370).

『그래머톨로지』 이후 시각적 형상 내지 회화와 관련된 중요한 저술들에서도 흔적, 부재, 차이의 관계에 대한 데리다의 사고는 동일하게 나타난다.[14] 1990년 루브르에서 <시각장애자의 기억>이라는 주제로 전시회를 개최한 데리다는 전시회에 즈음해 『시각장애자의 기억』을 출간했다. 여기에서의 대화 첫 부분에는 이 전시회의 주제이자 데리다의 철학을 관통하는 내용이

---

14 데리다의 『회화에서의 진실』은 프레임이 형상의 구성에 미치는 영향을, 『롤랑바르트의 죽음』에서는 롤랑 바르트의 사진 이론을 다루며, 『시각장애자의 기억』을 통해서는 가시적인 것과 비가시적인 것 사이 관계와 형상 창조의 가능성을 다룬다.

압축적으로 표현되고 있는데, 그 하나가 "회의주의"이다. "회의는 눈과 관련되어 있"으며, "결론의 시점을 늦춤으로써 보는 것에 대해 성찰"(Derrida 1993, 1)한다. 결론을 늦춘다는 것은 확정적 차이의 연기로서의 차연과 무관하지 않다. 더불어 '차연'으로서의 "회의주의"는 무엇보다 "믿기와 보기 사이 차이, 보는 것을 믿기와 사이보기 사이 차이"를 포함한다. 그런데 이런 '사이'의 '차이'는 가시적이지 않으며, 이것은 모든 선긋기 또는 드로잉이 맹목적이거나 또는 드로잉 안에 맹목성을 내포할 수밖에 없는 이유이기도 하다. 데리다는 이것을 "abocular"의 개념으로 설명한다.

> 선긋기의 작업은 어떤 맹목성과 관련되며, 어떤 점에서는 맹목성을 고려하려 합니다. 이 abocular의 가설 속에서 (aveugle이라는 단어는 ab oculis에서 왔으며, 그것의 의미는 '눈들로부터 또는 눈들에 의해[from or by eyes]'가 아니라 '눈 없이'입니다) 다음의 것은 들을 만하고 이해할 만합니다: 시각 장애자는 예견자일 수 있다. 그리고 때로 그는 환상가의 사명을 지닐 수도 있다. 여기에 두 번째 가설이 있습니다 - 그것은 눈의 접목(eye graft), 즉 한 가지 시각에 다른 시각을 이식하는 것입니다: *시각장애자*의 드로잉은 시각장애자*의* 드로잉이다. 이중의 소유격이다. 매번 제도사는 [...] 그리는 중에 있는 드로잉의 잠재력, 드로잉의 바로 행위 자체를 재현하기 시작합니다. 그는 드로잉을 창조해냅니다(Derrida 1993, 2).

예술가는 그리는 선을 보는 것이 아니라 그리려는 선을 보기에 보이지 않는 선을 본다. 그 대상은 기억에 의해 불려 일으켜

진다. 문자가 그렇듯 드로잉이든 예술이든 현재와 부재의 유희 속에 있거나 그런 유희를 요구한다. “abocular”는 어원적으로 “from(ab) the eye(ocular)”의 의미이며, 눈을 출발점으로 하는 경우 사물을 출발점으로 해서 보이는 것은 없다는 의미일 수 있다. 그러나 데리다는 “ab”를 “없음”으로 해석하여 그것을 처음부터 눈의 ‘부재’로 만든다. 이 눈의 부재는 그러나 눈의 접목 가능성이다. 하나의 눈이 ‘기억이라는 눈’이라면 부재하는 다른 눈은 “드로잉의 잠재력”이자 “드로잉의 근원”으로서 새로운 길을 여는 “손이라는 눈”이다. 그래서 시각장애자의 드로잉은 시각장애자를 그려 그가 보는 것을 감추는 드로잉이자, 시각장애자가 그리면서 그가 보는 것을 드러내는 드로잉이기도 하다. 드러내는 것은 감추는 것이며, 감춰진 것에는 드러난 것이 있다. 가시적인 것과 비가시적인 것 사이에는 차연처럼 이동과 중첩이 있다. “드로잉의 근원”은 『시각장애자의 기억』의 부제목이기도 하다. 선을 그려나가는 손은 “눈꺼풀 없는 눈이 손가락 끝에서 열리 듯”(Derrida 1993, 3) “드로잉을 창조”해낸다. 흔적과 차연이 부재와 보충이듯 ‘시각의 결핍’은 “시각의 잉여”(Derrida 1993, 47)로서 시각을 보충한다. 그리고 이 모든 것이 가능하기 위한 조건은 “비가시적 중심 또는 지휘소의 절대적 퇴진”(Derrida 1993, 3)에 있다. 이성이든 로고스이든 명확한 “지휘소”가 존재하고 작동하는 한 “보기와 만지기, 그리고 움직이기의 가능성들”이 “서로 조화를 이룰”(Derrida 1993, 4) 가능성은 없다. 그리고 이런 점에서도 흔적과 차연은 비선형적 다이어그램이다.

『시각장애자의 기억』은 『그래머톨로지』가 나온 후 20년이

지나 출간되었다. 『그래머톨로지』가 차연을 중심으로 의미의 불확정성과 비고정성을 다루었다면, 『시각장애자의 기억』은 비가시적인 것의 가시성과 가시적인 것의 비가시성의 문제를 다루고 있다. 양자를 관통하는 것은 '흔적', '부재', '차연', '해체'의 개념이다. 전자의 경우 '흔적'이 기표와 기표의 지시구조에서 실행되는 차연의 과정으로 나타난다면, 후자에서는 비가시적인 것에서 가시적인 것이 구성되는 과정으로 나타난다.[15] 어떤 경우든 데리다의 '문자'는 '언어적 지식'과 대립적 위치에 있다. 『시각장애자의 기억』에서 그것은 다음과 같이 표현되어 있다.

> 구약과 신약성서에는 많은 시각 장애남성들이 있다. 두 성서들 사이 관계는 종종 비전의 배분과 시각의 차이를 재현한다. 보지 못하는 사람들은 항상 타인들[=비장애자]이다. 너무 자연적이고 너무 외적이며 너무 문자적(literal)인 사람들은 항상 시각 장애가 없는 사람들이다(Derrida 1993, 18)

데리다의 '문자'는 언어와 관련된 것일 때도 기표 또는 문자형상이며, 어떤 경우라도 의미에 의해 고정되지 않는다. 글쓰기이든 형상이든 데리다의 경우 그것들의 지속적 작동을 가능하게 하는 '동인'[16]은 다이어그램 형식으로 구체화되는 기호의 지속적 지시구조에 있다.

---

15 이런 과정과 관련해 후버만은 유대인 학살 가스실의 사진을 예로 "작업하고, 자르고 수정함으로써, 즉 전시 목적을 위해 이 사진을 '정상화(Normalisierung)'함으로써 이 흔적들이 삭제되었다"고 설명한다(Weigel 2015, 34).

다이어그램에 대한 데리다의 언급은 '관계의 상대성'과 관련해 한정적으로 등장하지만, 그것은 상징의 비동기성과 기표의 지속적 지시구조에서 핵심적 역할을 수행한다. 이 과정에서 일어나는 '해체'는 무엇보다 "로고스 중심적 형이상학의 해체"(Derrida 1983, 81)이며,[17] 그것은 문자가 지닌 기표 작용의 복원을 지향한다. 이 기표는 가시적 기표 뿐 아니라 비가시적 기표를 포함하며, 이는 흔적이 '합의된 흔적'과 그것의 부재를 포함하는 것과 같다(Derrida 1983, 35). 그 근거이자 근원은 차이의 결과가 아니라 차이 자체, 또는 차이의 과정에 있다. '문자'는 기의에서 해방된다. 퍼스의 '다이어그램적 추론'이 다양한 사고과정의 묘사 가능성이자 지속 가능성인 것처럼 데리다의 '문자'는 차이의 과정으로서의 차연의 출발과 지속의 가능성이다.

3.2. 들뢰즈와 가타리의 다이어그램: 개념 창조와 글쓰기로서의 리좀

소위 후기구조주의로 규정되는 철학자 중 특별히 퍼스의 다이어그램 개념을 직접적으로 자신의 철학에 도입한 사람은 들

---

16 "동인"은 들뢰즈와 가타리가 "추상적 기계"를 "다이어그램"으로 규정하면서, 그것의 '동인'을 "욕망의 조직"으로서 규정하는 것과도 관련되어 있다(Deleuze/Guattari 1992, 194).

17 데리다가 후설을 인용해 설명하는 "이성"은 "역사 속에서 생산된 로고스"이며, 이것은 "이성의 역사로서의 문자라는 우회로를 통해 스스로가 말하는 것을 듣는 것으로 구성된다"(Derrida 1976b, 255).

뢰즈와 가타리이다(Bauer 2010, 311). 들뢰즈와 함께 가타리는 철학의 목표를 다른 학문처럼 카오스의 세계에 질서를 부여하는 것이 아니라, 질서를 해체하는 "개념을 창조"(Deleuze/Guattari 2000, 13)하는데 있다고 한다.

> 개념들을 위한 하늘은 없다. 그것들은 고안되고 생산되거나 또는 그보다는 창조되어야 하며, 그것들을 창조한 사람들의 사인(Signatur)이 없다면 그것은 아무 것도 아닐 것이다. 니체는 철학의 과제를 확전하며 다음과 같이 썼다: 철학자들은 "개념들을 더 이상은 선물 받기만 해서는 안 된다. 그것들을 변모시키고 명료히 할 뿐 아니라 무엇보다 앞서 만들고 창조하며, 설치하고 그것들에게 다가가도록 설득해야 한다"(Deleuze/Guattari 2000, 10).

개념은 하늘에서 창조되는 게 아니라 사람이 창조하는 것이다. 이 창조의 과정은 곧 '글쓰기'[18]이기도 한데, 그런 글쓰기를 그들은 "다이어그램"으로 규정한다.

> 사실상 다이어그램은 실체도 형식도 지니고 있지 않다. [...] 글쓰기는 이제 실재와 같은 차원에 있으며, 실재를 물질적으로 서술한다. 말하자면

---

18 독일어본 『천개의 고원(Tausend Plateaus)』과 『문자론(Grammatologie)』에서 '문자 Schrift'는 프랑스어 écriture의 번역이며, 이는 영역본에서 모두 '글쓰기(writing)'로 되어되어 있다(Deleuze/Guattari 1987, 141; Derrida 1976). 그런 점에서 '문자'는 모두 '글쓰기'이기도 하다. 본고에서 데리다의 경우 Schrift는 '문자'로 옮겼으며, 들뢰즈의 경우에는 '글쓰기'로 옮겼다. 후자의 경우 문자의 문제는 글쓰는 사람의 '문자 사용'의 실천의 문제이며, 전자의 경우는 차이의 이동을 바탕으로 한 문자 일반의 작동 방식에 관한 문제이기 때문이다.

> 다이어그램은 가장 강하게 탈영토화된 내용과 가장 강하게 탈영토화된 표현을 다시 가져와 그것을 결합시킨다(Deleuze/Guattari 1992, 195).

다이어그램적 글쓰기는 기존 '선형적' 기표의 결합을 거부하고 그것을 새로운 방식으로 결합하는 글쓰기의 방식이다(Krämer 2009, 100). 새로운 유형의 것을 세상에 출현시키는 일은 예측 불가능하게 확산되는 다이어그램을 구성하는 일이기도 한데, 이것은 들뢰즈와 가타리의 용어로 "탈영토화된" 내용과 표현을 통해 수행된다. '영토'는 개념 창조의 과정을 형상적으로 묘사할 수 있는 중요한 용어인데, 이들은 이 용어가 "기호학의 진정한 창시자" 퍼스와 관련된 것으로 소개한다.

> 퍼스는 기호학의 진정한 창시자이다. 그 때문에 우리는 비록 그 의미들을 변화시킨다 해도 그에게서 개념들을 취할 수 있다. 한편으로는 우리의 시각에서 지표들과 아이콘들, 상징들이 구분되는 것은 영토성과 탈영토화의 관계들에 의해서이지 기표와 기의의 관계에 의해서가 아니다. 다른 한편으로 우리에게는 다이어그램이 특별한 역할을 하며, 그것은 아이콘이나 상징으로 환원될 수 없다(Deleuze/Guattari 1992, 196).

들뢰즈와 가타리는 퍼스의 다이어그램 개념을 수용하면서도 그것을 답습해 사용하지 않는다. 이들은 아이콘, 지표, 상징 기호의 차이는 기표와 기의의 관계에서 나오는 것이 아니라 영토와 탈영토화의 관계에서 나온다고 한다(Deleuze 1997, 43; 47). 들뢰즈와 가타리가 퍼스의 기호 구분 방식을 "변형"시키는 것은 탈영토화의 바탕에서 이루어지며, 이들이 퍼스의 용어를 새롭게 사용하는 방식은 영토를 구성하는 일에 해당한다. 이들은 다이어그램을 아이콘이나 상징으로 환원될 수 없는 지표로 규정하는데, 지표는 곧 "영토적 기호", 즉 특정 영토와 물리적으로 연결되는 기호이다. 이런 영토는 "영토화하는" 행위를 통해 형성된다.

> 영토는 (그것이 다른 영향들에 취약한 상태에 있다 해도) 모든 것에도 불구하고 환경들을 사용하며 공격하고, 환경들을 감싸 안는다. 그것은 환경들의 양상 또는 부분들로 구성된다. 영토는 자체 안에 외적 환경과 내적 환경, 사이 환경과 병합된 환경을 포함한다(Deleuze/Guattari 1992, 429).

영토화는 환경에서 환경으로의 '이동'을 통해 이루어지며, 없었던 환경을 창조하는 방식으로 이루어지지 않는다. 그런 이동은 "리듬"으로 명명되는데, 영토화의 가능성을 제공하는 "환경은 구성요소들의 주기적 반복을 통해 형성되는 공간과 시간으로 이루어진 블록이다"(Deleuze/Guattari 1992, 426). 예를 들어 '밤'과 '낮'은 블록으로서 각기 환경이자 환경의 구성요소이다. 이것은 "카오스가 리듬이 되면서" 구성되며, "카오스에서 환경과 리듬이 태어나"지만, 카오스 역시 환경이다. 하지만 이 환경은 다른 개별 환경들과 달리 "모든 환경들"이다. 이밖에도 환경들의 예는 인간들에 의해 "구성된 것"과 "자연적으로 자란 것"의 대립, "식물"과 "동물", "동물"과 "인간"의 대립을 들 수 있다.

영토는 환경의 요소들에서 영토화가 일어나면서 형성되는데, 이때 영토는 한편으로 동일한 "수준(Ebene)"에서 자신의 영토를 "표시"(Deleuze/Guattari 1992, 430; Deleuze/Guattari 2000, 218)하면서 환경의 코드를 벗어나며(Dekodierung)(Deleuze/Guattari 1992, 439),[19] 다른 한편으로는 그 영토화가 '표현'을 획득한다. 환경의 코드를 벗어난 영토 역시 자신의 블록을 형성하는데(Deleuze/Guattari 2000, 205; 209 ff.), "느낌의 본질"을 형성하는 이런 과정은 음악에서 반복적으로 등장하는 "리토르넬로"로 명명된다(Deleuze/Guattari 2000, 219). 환경의 코드를 벗어난 동물은 이제 영토를 가진 동물, 즉 인간이 되며, 예술은 "이 동물과 함께 시작된다"(Deleuze/Guattari 2000, 218). 영토가 획득하는 표현은 그 요소들이 지닌 "속성들의 등장"(Deleuze/Guattari 1992, 431)이며 그것이 곧 지표들이다.

> 영토는 본질적으로 "지표들(Indizies)"에 의해 표시된다. 그리고 이 지표들은 다른 모든 환경들의 구성요소들에서 채택된다. 그것들은 재료들, 유기적 생산물들, 얇은 막의 상태 또는 살갗의 상태, 에너지원과 지각-행위의 집약이다. 정확하게 말해 환경들의 구성요소들이 더 이상은 정렬 상태에 있지 않고 그 대신에 평면의 수준들(Ebenen)이 된다면, 그리고 기능적이지 않고 표현적이 된다면 그 다음에야 어떤 영토가 있게 된다(Deleuze/Guattari 1992, 429).

19 일반적으로 기호학에서 Dekodierung은 "코드의 해석" 내지 "의미의 해석"을 의미하나 들뢰즈는 동일한 용어를 "코드에서 벗어남"으로 사용한다.

예술이 "미학적 구성"이라는 수준에 있다면, "느낌의 복합체는 물질 안에서 실현된다." 그리고 이때 "소재(Stoff)는 표현적이 된다"(Deleuze/Guattari 2000, 233). 하나의 수준은 하나의 영토를 구성한다(Deleuze/Guattari 2000, 246; 248). 소재는 미학적으로 구성되면서 스스로가 표현의 차원을 획득한다. 들뢰즈의 경우 지표는 퍼스의 물질적 연관 관계라는 기본적 의미만 유지할 뿐 기호의 기능과는 무관하다. 이 지표는 말 그대로 물질과의 관련성이라는 의미에서의 표현이다. 이를 통해 형성되는 영토는 단순히 물질적인 공간만을 의미하지 않는다. 이미 '환경'이 그렇듯 영토는 '기능'에 그치지 않는 '표현'을 획득하고, 더불어 그것이 "시간적 불변성"과 "공간적 영역"을 획득하면서 권력의 앙상블로 규정되는 푸코의 '담론'처럼 작용한다. 그렇기에 들뢰즈와 가타리는 영토와 담론의 차이에 대해서도 언급하는데. 이들은 특별히 다이어그램 개념을 창조적 생산과 탈영토화의 모멘트로 서술한다.

> 우리가 푸코와 일치하지 않는 유일한 지점들을 열거하면 1. 우리에게 조직은 일차적으로 권력의 조직이 아니라 욕망의 조직이다. 왜냐하면 욕망은 항상 조직을 형성하며 권력은 조직의 계층화된 차원이기 때문이다. 2. 다이어그램 또는 추상적 기계는 조직에서의 저항 또는 역공격의 현상이 아니라 창조와 탈영토화의 지점인 우선적 소멸선이다(Deleuze/Guattari 1992, 194).

'조직의 형성'은 창조와 소멸 속 과정으로 역동적이며, "조직의 계층화된 차원"은 정태적이다. 영토의 '표현'은 영토의 형성 과정에서 영토에 대한 "표시"와 "서명"(Deleuze/Guattari 1992, 429)를 통해 비로소 가능해지는데, 아이콘은 그것을 모방하는 "재영토화"로, 상징은 규칙과 관습으로 굳어져 지표적 영토와 무관해지는 "탈영토화"로 규정된다(Deleuze/Guattari 1990, 196). 탈영토화는 소멸이며, 새로운 영토의 형성을 통해 지표기호와 연결되는데, 이는 새로운 개념의 창조를 동반하며, 그런 수행의 중심적 역할을 담당하는 것이 다이어그램이다.

들뢰즈와 가타리는 퍼스의 다이어그램을 "특별한 역할"을 담당하는 기호로 사용하는데, 이들이 그 예로 제시하는 개념은 "탈중심적으로 자라는 뿌리체계(Wurzelwerk)"인 "리좀"이다. 이것은 『천개의 고원』에서 수형도적이고 위계적인 것과 대립적인 것으로 묘사된다.

> 짧은 시간의 기억은 리좀(Rhizom) 또는 다이어그램의 유형에 속한다. 반면 장시간의 기억은 나무형태이며 중심화되어 있다(Deleuze/Guattari 1992, 28).

들뢰즈와 가타리는 리좀을 다이어그램과 동등시함으로써 그가 수행하는 철학적 실제의 성격을 드러낸다(Schmidt-Burkhart 2012, 124). 리좀은 그들이 다루는 대상을 스케치하듯 탈중심적으로 서술하는 과정에서 창조된다. 이런 다이어그램의 탈 중심적, 탈 위계적 형식보다 더 결정적인 것은 그 과정을 통해 생각의 과정이 비로소 '일깨워지고' 경험이 만들어진다는데 있다. 들뢰즈와 가타리가 『천개의 고원』을 통해 드러내는 철학적 프로그램 역시 '생각하기'가 과정적 성격을 가졌다는 것, 그리고 역동적이며 목표 없는 생성이라는 것이다(Bauer 2010, 313). 그런 생성을 위해, 그리고 '생각하기'가 주어진 의미내용에 사로잡혀 있지 않기 위해서는 "감각성과 개념 사이를 중개하는 제3의 것"(Krämer 2009, 109)으로서의 다이어그램이 필요하며, 그것이 곧 리좀이다. 리좀은 기존의 언어를 사용한다 해도 기존의 것과는 다르며, 그것은 "현실에 관여하는 실험"으로서의 '지도 그리기'와 같다.

> 사본이 아니라 지도인 리좀은 완전히 다르다. [...] 지도는 사본과는 반대이다. 지도는 현실에 관여하는 실험을 지향하기 때문이나. 지도는 자체 내에 갇혀있는 무의식을 재생산하지 않고 그것을 재구성한다(Deleuze/Guattari 1992, 23 f.).

리좀은 현재의 매체이론에서 하이퍼텍스트-네트웍의 메타포로 사용되기도 한다. 다이어그램과 동일시되는 리좀적 글쓰기에서 생산되는 "개념들"은 주체의 의도나 의식적 계획에 의해서가 아니라 소재에 해당하는 기표들의 결합으로 창조된다.

> 개념들은 기계의 조합 같은 구체적 조직들이다. 하지만 그들의 바탕을 이루는 평면은 그의 구성요소들이 조직으로 결합되는 추상적 기계이다. 개념들은 사건들이지만, 평면은 사건들의 지평이며, 순전히 개념적인 사건들의 저장고이다(Deleuze/Guattari 2000, 43).

개념들은 주체의 의식 없이, 즉 무의식적으로 그리고 구체적 형식도 실체도 없이 작동하는 "추상적 기계"[20]이다. 이것은 다이어그램처럼 작동하며 "물리적이지도 몸적이지도" 않으며, "실체"나 "형식"을 바탕으로 작동하지 않는다(Deleuze 1992, 52). 추상적 기계에서 추상적이란 용어는 "일반적 의미에서의 추상적인 것과 반대이다"(Deleuze/Guattari 1992, 706). 그것은 "형식화되지 않은 재료와 비-형식적 기능들로 구성되어 있"지만, 다이어그램으로 묘사된 생물들의 분류가 기능들의 앙상블을 보여주듯 추상적 기계는 "재료 기능들의 확고히 결합된 앙상블(분류군의 문[Phylum]과 다이어그램)"이다. 추상적 기계의 다이어그램에서는 가시적-물질적 부분과 비가시적-이념적 측면 사이가 세분화되어 있지 않고 서로 뒤섞였다가 동시에 구분되기도 한다. 이런 추상적 기계는 "조직 없는 몸"(Deleuze/ Guattari 1992, 703)이기도 한데, 이것은 특정한 형식의 조직이 각 부분의 기능을 전체적 기능에 종속시키는 상태와는 대립적이다(Deleuze/Guattarie 2000, 208).

차원들에서 벗어난 힘 있는 비-조직적 삶은 결합체(Gefüge)를 통과해 가며 윤곽 없는 추상적 선, 노마드적 예술과 이동하는 금속가공작업

---

20 "기계"는 작동과 (개념 창조와 같은) 생산 과정을 염두에 둔 용어로서 사고의 과정과 주체의 의식적 과정을 동일시하지 않는 후기구조주의자들에게서 널리 사용된다(전동열 2012, 183; 전동열 2014, 277). 이것이 구체적 기계와 차이가 나는 것은 인간이 그 (결합)조직(Gefüge)의 일부라는 데 있다. 들뢰즈는 푸코의 담론처럼 구성 요소들이 연합하여 '사용되고(Indienstnahme)' 일정한 영역에서 작동하는 이 조직을 영토라 규정한다. 그 조직에 의해 구성된 기계가 추상적인 것은 그것이 "형식도 실체도 지니지 않기" 때문이다(Deleuze/Guattari 1992, 634; 698; 706).

의 선을 만든다(Deleuze/Gattari 1992, 703).

조직화는 규칙화이며 일정한 방향으로의 발전이다.[21] 추상적 선은 규칙에 종속되지 않은 선이며 자유롭게 유희하는 선이다. 이것에 대한 긍정은 들뢰즈에게는 생명력 있는 삶의 긍정이기도 하다. "조직 없는 몸"은 "부분 대상들의 순수재료"이며, 이 재료들은 상이한 "응축도(Intensitätsgrad)"(Deleuze/Guattari 1995, 421)를 가지고 공간을 채운다. 다이어그램은 영토를 형성하는 새로운 연결의 가능성이자, "가시적-물질적인 것"과 "비가시적-정신적인 것"을 중개하는 도식으로서 그것의 응축도에 따라 "실재의 것"을 생산할 수 있는 실천이자 "직접적 힘들"이다.

철학은 목표를 정하고 수행되는 의식적 행위가 아니며, 개념들은 다이어그램이자 리좀으로서 중심 없이 확산되면서 연속적인 평면을 채워나간다. 이 다이어그램이 곧 추상적 기계이다. 철학적 글쓰기를 통한 '개념'들은 글쓰기의 경험을 통해 창조되며, 어떤 개념 안에 저장되거나 준비되어 있는 것이 아니다. 그렇기에 이런 글쓰기는 규칙화된 의미, 즉 상징적 기호를 통한 진술이서는 안 된다. 들뢰즈는 "진술"에 대해 부정적이며, 그런 태도는 퍼스의 기호학에 대한 판단에서 다음과 같이 표현된다.

> 자신의 기호학을 발전시키면서 퍼스가 보여준 강점은 기호를 형상과 그것의 소통에서 출발했으면서도 그것을 언어 규정들의 기능으로 관

---

21 데리다는 조직화를 "기능들 또는 지체들의 구체화이자 이음이자 그것들의 차이화의 작업이자 유희"로 설명한다(Derrida 1976b, 286).

찰하지 않았다는 데 있다. [...] 퍼스의 출발점을 이루는 것은 형상, 현상 또는 나타나는 것이다. [...] 언어기호들은 진술로 환원 불가능한 어떤 것도 남겨두지 않으며, 그렇게 해서 다시금 기호학을 언어에 종속시킨다(Deleuze 1997, 47f.).

들뢰즈는 언어에 대해 부정적이다. 그것이 규정을 통해 어떤 것을 확정하고 고정시키기 때문이다. 이에 반해 형상과 "가시적인 속성을 지닌 것의 특징적인 것"(Deleuze 1997, 43)은 "움직임"이며, 진술은 형상에서 움직임을 빼앗는다.

들뢰즈와 가타리는 퍼스의 다이어그램 분류를 수용하면서도 그것에서 새로운 개념을 창조해 다이어그램적 작동과 추상적 기계, '조직 없는 몸' 등에 대해 이야기한다. 그것은 사회 영역들의 구성 및 작동의 방식이자 자연의 구성 및 작동의 방식이기도 하다. 새로운 개념은 창조되지만 영토는 창조되지 않고 환경의 이동으로 구성된다. 영토의 이런 구성을 설명해주는 새로운 방식이 철학에 의해 창조된 새로운 개념이다. 그것은 "기호학들 또는 기호의 통치체제들(Zeichenregime)"을 "붕괴시키는 변형"을 행한다. 이것이 "다이어그램적"(Deleuze/Guattarie 1992, 188)인 것의 실천이다.

다이어그램은 불안전하거나 유동적이며 중단 없이 물질들과 기능들을 뒤섞어서 지속적으로 변화가 나타나도록 한다. [...] 그것은 이전의 실재성과 의미들을 해체하고 그만큼의 출현 지점과 창조 지점, 그리고 기대치 않았던 결합들과 비개연적 경과들의 지점들을 형성함으로써 역사를 만든다(Deleuze 1992, 53).

들뢰즈와 가타리는 다이어그램을 전통적 기호학적 관점에서는 따르기 어려운 경계까지 확장한다. 이들은 다이어그램을 사회문화적 기호의 실제로 파악한다.[22] 나아가 영토의 개념을 통해 세계의 생성에서부터 그것의 기능적 분화와 재형성 과정을 보여준다. 이것은 지표와 아이콘, 상징으로서의 영토, 재영토, 탈영토의 과정 속에서 역사적, 시간적 변화를 반영한다. 데리다의 차연이 차이의 이동을 담고 있음에도 매 순간 차이의 2원적 구조라는 정태성을 벗기 어렵다면, 이들의 '영토'는 차이의 면을 하나 더 설정함으로써 3원적 관계의 시간적 역동성을 담을 수 있게 된다. 이것을 보여주는 수단은 잘 짜인 논리가 아닌 "임시적이고 가설적"(Bauer 2010, 319) 묘사이다. 이들에게 다이어그램은 이 과정을 보여주는 매체이자, 과정 자체이며, 그 과정을 가능하게 하는 "추상적 기계"이기도 하다.

들뢰즈와 가타리는 『철학이란 무엇인가?』에서 확정된 하나의 의견 뿐 아니라 그런 의견을 교환하는 커뮤니케이션에 대해서도 부정적 태도를 보이면서 "자유로운 대화"를 최상의 것으로 평가한다.

---

22 Langer 2002, 75이하 참조. 들뢰즈와 푸코의 다이어그램 개념을 그는 다음과 같이 요약한다. "다이어그램은 이질적인 구조들을 고정적 의미 또는 불변의 형식 아래 귀속시키지 않으면서 서로 연관 짓게 하는 통일형식이다. 그것은 아카데미적 담론을 다양한 실제적, 일상적-통상적 논의에 개방한다. 그것은 (역사와 철학) 담론의 전통적 형식에 대한 근본적 비판의 일부이며, 최소한 들뢰즈에게는 (동일성과 모순, 포함과 배제 등) 개념의 법칙들을 따르는 초월적 범주를 철학적으로 재형식화할 수 있게 한다."

> 토론(Diskussion)은 철학에게는 혐오스러운 일이다. 철학은 항상 다른 할 것을 가지고 있다. 철학에게 논의(Debatte)는 참기 어렵다. 논의가 스스로를 너무 확신해서가 아니다. 그 반대로 그것의 불확실성들(Ungewißheiten)이야말로 논의를 다른 길, 보다 더 혼자만의 길로 가도록 만든다. 하지만 소크라테스는 철학을 친구들 사이 자유로운 대화(Gespräch)로 만들지 않았던가? 그것은 자유로운 남자들 사이 대화로서 그리스 공동체성의 최고봉이 아닌가?(Deleuze/Guattari 2000, 36).

"미학적 형체들은 수사학과 아무런 관련이 없다. 그것들은 느낌들이다"(Deleuze/Guattari 2000, 208). 이것은 일종의 '선언'이다. 이것은 언어(적 진술)의 확정성과 비감각적, 이성적 논리를 거부한다. 이들이 옹호하는 것은 "감각적 생성(das sinnliche Werden)"(Deleuze 2000, 208)이다. "자유로운 대화"는 어떤 것을 확정할 수 있지만 그 순간 그 확정성을 벗어나는 "사건"의 연속이다(Deleuze/Guattari 2000, 135; 182). 확정적 개념을 회피하는 철학이 토론을 회피하는 것은 토론의 불확실성들이 철학을 다른 길, "혼자만의 길"로 몰고 가기 때문이다. 토론의 자리에 들어서야 하는 것은 대화, 끝없는 대화이다. 그것은 "예술이 느낌의 언어"이며 "예술이 어떤 의견도 지니지 않는다"(Deleuze/Guattari 2000, 208)는 것과 다르지 않다.

철학의 목표는 개념의 창조에 있다. 그러나 개념은 "사고의 움직임"으로서 시간에 따라 다르게 창조되어야 하기에 어떤 개념도 확정적으로 고정될 수 없다(Deleuze/Guattari 2000, 6; 9; 42; 75; 96). 그것은 리좀으로 (재)영토화되는 다이어그램에서 구체화된다. 다이어그램으로서의 리좀은 고정될 수 없다. “가시적 속성에 가장 특징적인 것은 움직임”이며, 그것은 “진술로 대체”(Deleuze 1997, 43)될 수 없기 때문이다.

3.3. 스테른펠트의 ‘다이어그래머톨로지’: 사고의 실험과 다이어그램의 체화

“체화이론(Verkörperungstheorie)”(Krois 2011, vii)의 철학자로 알려진 크로이스(J. M. Krois)는 스테른펠트의 『다이어그래머톨로지』의 학문적 가치를 논하면서, 이 책을 “퍼스 철학의 수용에서 하나의 이정표”(Krois 2009, 238)로 평가한다. 동시에 데리다가 퍼스를 “『그래머톨로지』의 선구자로 수용”했다는 사실도 언급한다. 퍼스의 수용이라는 공통점을 언급하면서도 그는 내용적으로 데리다와 스테른펠트 사이에 직접적인 관련성이 없음을 분명히 한다. 실제로 『다이어그래머톨로지』에서는 “소위 포스트구조주의”로 분류되는 “데리다, 들뢰즈, 푸코”의 철학이 거의 다루어지지 않으며, 드물게 이들이 거론될 경우조차 “60년대 구조주의”에 속하는 “그레마스, 바르트, 라캉”과 함께 “반-아이콘주의”(Stjernfelt 2011, 51), 또는 “언어-중심주의“(Stjernfelt 2011, 322)의 맥락에서 등장할 뿐이다. 그럼에도 불구하고 양자 사이에 공통점이 없지는 않다. 크로이스는 양자의 공통성의 하나로 “기호들 사이 관계에 대해 말하면서도 이 관계의 근원의 기능을 하는 초월적 주체를 도입하지 않는”(Krois 2009, 232) 점을 든다.

퍼스의 경우 기호들 사이의 관계는 '프래그머티시즘'에 기초해 작동한다. 데리다의 경우 그 관계는 기의와 결합하지 않는 '기표들의 지시구조'에서 구체화된다. 스테른펠트의 경우 그것은 '다이어그램'의 연결과 작동으로 나타난다.

스테른펠트가 스스로 밝히듯 '다이어그래머톨로지'는 용어를 "자신과 완전히 다르지는 않은 의미로"(Stjernfelt 2011, 425) 제목으로 사용한 사람은 예술사가 미첼(W.J.T. Mitchell)이었다. 스테른펠트는 미첼이 사용한 이 용어의 바탕이 되는 사고로서 "문학에서나 다른 예술의 형식적 특성들에 대한 직관이나 해석"이 "'감각적' 또는 '공간적'인 구성물에 의존"함을 지적하면서 이어 미첼의 「다이어그래머톨로지」에 나오는 글을 인용한다.

> 우리가 다이어그램 같은 사물들의 명상(meditation)을 통하지 않고는 형식에 도달할 수 없다면, 우리는 다이어그래머톨로지 같은 어떤 것, 즉 요소들 사이 관계가 그래픽적 구성을 통해 재현되고 해석되는 방식에 대한 체계적 연구를 필요로 하지 않는가?(Stjernfelt 2011, 425재인용).

스테른펠트는 "별로 사용되지 않았고" "어쩌면 어느 정도는 낯선 개념"(Stjernfelt 2011, xx)이라고 표현하는 "다이어그래머톨로지"라는 용어가 어디에 바탕을 두고 있는지를 밝힌다. 이 정의에 따르면 다이어그램은 '요소들 사이 관계성'을 나타내는 수단이며, '다이어그래머톨로지'는 그 관계에서 발생하는 의미를 탐구한다. 이 개념을 출발점으로 하여 스테른펠트가 추구하는 목표는 "형상적 전환", "미디어적 전환"의 시대에 맞는 방법론을 제시함으로써 "미래적, 상호분과적 학문의 바탕을 마련"(Stjernfelt 2011, ix)하는 것이다. 그것이 가능하다고 생각하는 근거는 "학문의 위계(hierarchy)가 현상에 대한 다소간 일반적인 관점들의 건축이며 완전히 독립된 영역들이 아니"(Stjernfelt 2011, 12)라는 데 있다. 이를 위한 구체적 방법론으로서 그는 「관점」(Stjernfelt 2011, 383)이라는 제목의 짧은 글에서 퍼스의 '프래그머티즘'의 중심 관점을 후설의 현상학과 결합시키고, 그 바탕위에서 현상학과 존재론, 기호학 뿐 아니라 생물기호학과 형상학과 무학획에서 이루어지고 있는 현재의 논의에 참여하겠다고 한다.

기호에 대한 퍼스의 중심 관점은 이 책의 내용의 중심이자 바탕이다. 실제로 『다이어그래머톨로지』는 도입에서 전체 내용을 간단히 소개한 후 1장을 퍼스의 연속성 개념으로 열고 있으며, 퍼스의 사고, 특히 그의 다이어그램에 대한 사고는 전체적 내용을 관통한다.

퍼스의 사고를 바탕으로 스테른펠트가 일차적으로 강조하는 개념은 "기호학적 사실주의"(Stjernfelt 2013, ix)이다. 그에 의하면 이것은 "기호학을 오늘날의 관습주의의 기호 접근법에 내재된 반과학적 경향과 모든 종류의 유사-종교적 활력주의와의 연루 가능성에서 해방"시키는 데 기여한다. 그런데 스테른펠트가 비판적으로 언급하는 "반과학적 경향"과 "유사-종교적 활력주의" 같은 것은 데리다의 '그래머톨로지'가 서구 철학의 중심 흐름을 형성했을 때 그에 대해 제기되었던 비판이기도 했다(Krois 2009, 232). 기호의 관계에 대한 태도의 공통성에도 불구하고 스테른펠트는 논리적 전개 방식과 목적에서 데리다와는 완전히 대립적인 입장을 취한다.

데리다의 '그래머톨로지'에 맞서는 "기호학적 사실주의"의 중심에는 '실재론적 사고', 무엇보다 "지금의 개별적 실존" (Stjernfelt 2011, 18)에 대한 중시가 있다. 이것은 다이어그램에 대한 스테른펠트의 관심과도 밀접한 관련을 지니는 것으로, 그에게 다이어그램은 아이콘의 1차성인 '이미지'처럼 모든 가능성에 열려 있는 '단순한 속성'이 아니며, 아이콘의 3차성인 '메타포'처럼 규칙화된 것도 아닌 '관계의 실재'로서 동시에 실제 실험과 조작의 가능성이다. 다이어그램이 아이콘의 2차성에 속한다 해도 다이어그램의 가능성은 곧 아이콘 기호 일반의 가능성이다. 스테른펠트는 이것을 아이콘에 대한 '비-통상적 정의'로 규정한다.

> 아이콘은 그의 대상을 담은 재질들(qualities)을 직접적으로 나타내는 것만을 포함하는 유형의 기호가 아니다. [...] 아이콘성의 결정적 테스트는 기호를 조작해서 새로운 정보가 그것의 대상에 대한 것으로서 나타날 수 있느냐에 있다. 이 정의는 비-통상적이다. 왜냐하면 그것은 유사성에 대한 대부분의 정의 속에 있는 순환성의 위험을 회피하기 때문이다. 동시에 그것은 아이콘의 개념을 연역의 개념과 연결시킨다(Sternfeldt 2011, 89).

아이콘이 '조작될 수 있다'는 것은 아이콘을 통한 '실험'의 성격을 드러내주는 것이기도 하다. 이런 성격을 지닌 아이콘으로서의 다이어그램을 스테른펠트는 "합리적으로(rationally) 연관되어 있는 객체들의 아이콘"(Stjernfelt 2011, 94)으로 규정한다.

"다이어그램 기호 유형"의 특성으로 언급된 '합리적 연관성'은 스테른펠트 스스로 논리의 기초라고 규정하는 "추론과정과 퍼스의 논리적 리얼리즘", 그리고 무엇보다 "연속성을 최고 우위에 누는 학설"(Stjernfelt 2011, ix)과 밀접하게 관련되어 있다.

> 퍼스의 획기적 통찰은 다이어그램적 추론이 연속성을 지닌 형체들(shapes)을 통해 일반성(generality)을 재현하면서 사고에 필요한 가설적 추론들(inferences)의 일반적 형식을 제공한다는 것이다. 이것은 사람들이 추측하는 바와 같이 논리적 이해가 관찰에서 얻어지지 않는다는 기초적 결론을 제공한다. 그것은 그보다는 일반적 다이어그램의 면밀한 관찰에서 얻어진다(Stjernfelt 2011, xiii).

"기호학적 사실주의"의 한축이 기호의 조작 가능성이라면, 그것을 가능하게 하는 바탕이자 다른 하나의 축은 연속성이다. 형이상학적 원칙으로서의 연속성은 기호의 발전과 생성 가능성, 즉 아이콘이 이미지에서 다이어그램, 그리고 규칙성을 지닌 메타포로 발전, 생성될 가능성이다. 다이어그램은 조작 가능한 아이콘으로서 "지금의 개별적 실존"이 일반성으로 발전하고, 그것이 "일반적 다이어그램"으로 관찰되면서 "논리적 이해"가 얻어진다(Stjernfelt 89-116).

퍼스의 연속성 개념에 대한 스테른펠트의 이런 해석의 바탕이 되는 사고는 "형체의 연속적 조작은 특별한 경우들에 대해 가능한 미래를 추론하게 해준다"(Stjernfelt 2011, xiii)는 것이다. 데리다의 경우 차이의 지속적 과정으로서의 '차연'이 기호의 작동에서 핵심적 역할을 담당한다면, 스테른펠트의 경우 그런 위치를 차지하는 것은 다이어그램 생산과 인식을 가능하게 하는 바탕으로서의 '연속성'의 개념이다. 퍼스의 경우 연속성의 개념은 학문의 영역별 구분을 현상적이고 관점에 따른 구분일 뿐 절대적일 수 없다고 보는 사고로 나타나기도 한다(Peirce CP 1.284, 2.93). 이것은 스테른펠트가 다이어그래머톨로지를 통해 상호분과적 학문의 토대를 마련하려는 목표를 추구하면서 학문들의 수준에 따른 "학문의 사다리들"이 "완전히 독립적 영역들이 아니"(Stjernfelt 2011, 12f.)라고 판단하는 것과도 상통한다.

기호의 실재성과 연속성은 아이콘이 이미지에서 다이어그램, 그리고 메타포로 발전, 생성되는 것 뿐 아니라 아이콘이 지표와 상징으로 발전, 생성되는 것을 포함한다. 이것은 모두 기호가 1차성에서 2차성, 3차성으로 발전하는 규칙의 구체적 예이다. 그런데 3차성에서는 또 다른 3차성이 생성된다. 퍼스는 이것을 "오직 상징들에서만 상징이 성장한다"(Peirce 1998, 10)"는 명제로 요약한다. 그런데 '상징에서 상징이 생성'될 가능성 내지 잠재성은 1차성에 내재되어 있다. 1차성의 재질은 무한하며, 그것의 일부가 2차성의 실재가 되고, 다시 또 그것이 일부가 규칙성과 일반성을 획득하면서 3차성이 되기 때문이다(Stjernfelt 2011, 16f., 427). 1차성의 재질이 지닌 무한한 잠재성은 "시각 기호의 고갈불가능성"이기도 한데, 스테른펠트는 이를 바탕으로 "형상 기호학"을 수행하는 "벨기에의 그룹 뮤 μ"를 소개한다.

여기에서 의미의 범주가 '유형(type)'의 개념에 의해 부여된다고 할 때, 이 그룹은 명시적으로 시각적 유형을 염두에 두고 있다. 이 그룹의 시각 기호 개념에 대한 관점은 60년대 이래 많은 형상기호학의 언어학-중심주의에 반하는 것으로, 언어학 중심주의는 부분적으로 형상기호학에 언어학적 용어를 도입하는 데서, 그리고 부분적으로는, 보다 위험하게도 언어가 우월하다는 가정에서 모든 시각적 유형들을 정상적 언어나 이론의 메타언어로 남김없이 서술할 수 있으리라고 앞서 추정하는 데서 나타난다(Stjernfelt 2011, 322).

"시각 기호의 고갈 불가능성"은 '기호 의미'의 고갈 불가능성이기도 하며, 이것은 형상을 언어를 통한 진술로 고갈시킬 수 없다는 들뢰즈와 가타리의 사고와도 일치한다(Deleuze 1997, 43). 또한 의미의 범주가 '유형'으로 지각되고 인식되는 시각기호 의미의 고갈 불가능성은 다이어그램을 통한 실험의 중단 불가능성과 상통한다.

아이콘을 통한 스테른펠트의 실험은 모든 기호들의 사용 양식으로 확대된다. "다이어그램 실험"은 "통찰을 얻기 위한 수단으로서"(Stjernfelt 2011, 116) 이미 나타난 사실과는 다르게 사실을 변형시키는 과정이다. 이것을 스테른펠트에 따르면 "기초적인 합리적 기호학적 행동"으로서 "비합리적 포스트구조주의와 활력주의, 그리고 구성주의의 잘못되고 파악 불가능한 역동성에서 기호학을 보호한다"(Stjernfelt 2011, 115).

시각 기호에서 '유형'이 의미를 결정한다면, 그래서 그 의미가 언어의미처럼 명료해 보이지 않는다면 어떻게 그것이 "통찰을 얻기 위한 수단으로" 사용될 수 있는지에 대한 의문이 제기될 수 있다. 스테른펠트는 『다이어그래머톨로지』 8장에서 역사적으로 "후설이 속했던"(Stjernfelt 2011, 175) 브렌타노와 그의 제자들의 "선험성에 대한 오스트리아의 사상"을 추적한다. 이들은 소위 "선험적 구조"를 한편으로는 "명제"와 다른 한편으로는 "사항의 상태들(states-of-affairs)"이 함께 공유한다고 보며, 칸트가 생각하듯 주체에 선험적으로 내재된 경험 구성의 조건이 아니라고 판단한다.

> 간단히 말하면 선험성에 대한 이런 생각은 그의 기초를 주체에서 객체로 이동시킨다. 선험적 규칙성들이 유지되는 것은 주체 안 어떤 형식들이나 능력들이 세계에 적용되어서가 아니라, 실재성 자체가 반복적이고 안성적인 구조를 지니기 때문이다. 그리고 같은 이유에서 선험적인 것은 칸트에서처럼 어떤 사람의 판단에 의존하기 보다는 그런 판단의 객체인 명제와 역으로 명제들에 의해 지시된 사항의 상태에 의존한다(Stjernfelt 2011, 176).

스테른펠트는 이것을 "선험성에 대한 실재주의자의 파악방식"으로 규정한다. 이런 파악방식은 스테에른펠트가 "진화의 기호학적 사다리"를 그려서 그것을 바탕으로 "기초적 몸 유형들"과 "기호학적 능력"(Stjernfelt 2011, 273) 사이 상호관계를 수립하려 한다는 의도에서 구체적으로 표현된다. 이것이 가능한 것은 그가 몸의 '유형들'을 일정한 의미를 지니는 활동의 근거로 판단하기 때문이다. 이런 판단은 '인식을 유발'하는 존재론적 바탕으로서의 몸의 유형에 대한 다이어그램적 묘사와 그에 대한 실험을 통해 얻어진다.

다이어그램을 가지고 작업하는 것은 대상을 대체해 이루어지는 작업이기도 하다. 이때 다이어그램과의 작업을 통한 새로운 인식은 '사람이 사용하는 기호'에 '체화'된다. 다이어그램 실험에서 중심적 역할을 수행하는 것은 두뇌가 아니라 손이며, 의식이 아니라 감각이다. 스테른펠트는 『다이어그래머톨로지』 12장 「의미하는 몸. 체화의 기호학적 개념」을 통해 전통적 사상이 몸에 대해 무관심했음을 밝히면서 이제 그런 태도에 변화가 일고 있다고 진단한다. 그는 이런 변화를 "기호학의 '체화'로의 전환('embodiment' turn)"(Stjernfelt 2011, 257)으로 규정하면서 몸에 반응하는 환경과 환경에 반응하는 몸의 관계를 다음과 같이 정리한다.

> 메를로-퐁티는 이 흐름들[=독일 관념주의, 활력주의, 행동주의, 다윈주의, 인종학에서의 생물학적 사상]의 결과들을 철학적으로 해석하고 자신의 제화 현상학에 중요한 점들을 추출하기 위해 읽는다. 메를로-퐁티는 특별히 폰 웩스퀼을 언급하면서 유기체의 행동이 펼쳐지는 환경(Umwelt)을 갖춘 유기체 개념을 조심스럽게 서술한다. 거동(comportment), 그것은 의식보다 더 기초적이다. 오히려 그 반대로 의식은 퍼스의 기호학이 주장하는 바와 다르지 않게 그 행동이 행하는 특별한 한 형식일 뿐이다. 유기체와 환경 사이의 특별한 상호작용은 의식의 발생에 앞선 필요조건이다(Stjernfelt 201, 263).

유기체는 자신에게 '갖춰진' 환경의 도움으로 행동하며 행동은 의식을 생성시킨다. 환경은 그렇게 유기체의 행동을 가능하게 하면서도 제약도 하는 조건이자, 유기체의 행동에 의해 특정 형식으로 나타나는 결과이기도 하다. 환경과 유기체 어느 것도 상수는 아니다. 양자의 영향 관계에서 더 결정적 역할을 하는 것은 의식이 아니라 행동 자체이다. 이것은 데리다의 『시각장애자의 기억』에서 정신의 중심성의 해체와 손의 기억에 따른 선그리기로 나타난다. 다이어그램 실험의 외적 수행이 정신의 내적 작동과 일치하는 것은 아니며 확정적 의식의 표출도 아니다. 데리다의 『그래머톨로지』에서 그것은 의식과 표현이 일치한다는 상상에 대한 집중적 문제 제기로 나타난다. 퍼스와 스테른펠트의 경우 인식은 항상 다이어그램으로 새롭게 구체화될 수 있으며, 그 과정은 새로운 생각과 인식의 구체화 과정이기도 하다. 『다이어그래머톨로지』는 다이어그램과 그래프를 손의 움직임과 손의 기억의 관점에서 봄으로써 의식 중심적 사고의 해체와 물질에 대한 관심을 수행한다. 이 수행이 향하는 곳은 '선긋기'의 실험에서 드러나게 될 잠재된 미래이다.

스테른펠트의 『다이어그래머톨로지』는 기본적으로 퍼스를 자신의 방식으로 수용하고 해석한 것이다. 퍼스 해석 방식에서 나타나는 그의 독특성은 퍼스의 관찰을 단순한 관찰이 아닌 일반성의 관찰이자 법칙적 직관으로 해석하는 데 있다. 동시에 퍼스와 공유하는 점은 언어-중심적 태도에서 벗어난 통찰과 그 과정의 체화에 있다. 이 점은 『다이그래머톨로지』가 추구하는 내용이기도 한데, 크로이스는 스테른펠트가 '기호'의 '체화'에서 상상력과 창조적 사고의 가능성을 보았다는 점을 강조한다.

스테른펠트의 『다이어그래머톨로지』는 인간의 상상력이 인식의 과정에서 행하는 역할을 탐구한다. 이 주제를 다룬 모든 사람들처럼 그도 상상력의 사적 성격과 신뢰 불가능성에 직면한다. 이것을 제거하는 방법은 그가 상상적인 것의 심리학적 과정이 아니라 상상력의 가능성의 조건인 인지 구조를 주제화하는 것이다. 말하자면 그는 퍼스가 "기호학의 의미에서 논리"로 이해한 것을 행한다. 그에게 중요한 것은 창조적 사고를 가능하게 하는 기호의 속성이다(Krois 2009, 232)

4. 다이어그래머톨로지: ‘다이어그램적 전환’과 감각 과정의 체화

「아이콘의 체화이론」에서 크로이스는 카네기-멜론 대학에서 수행했던, “CAPTCHA”[23]라는 튜링테스트를 소개한다. 여기에서 제시된 과제는 서로 다른 4개의 그림들 속에 무엇이 있는지를 알아맞히는 것이었는데, 어린 아이들은 이 테스트를 통과한 반면 인공지능은 그렇지 못했다. 크로이스는 여기에서 인간의 지능과 컴퓨터 지능의 차이를 발견하며, 이 차이의 원인으로 컴퓨터가 환경에 반응하는 몸을 지니지 못했다는 점을 지적한다. 그에 의하면 인간이 그림을 이해하고 만들 수 있는 것은 “체화된 지능”을 가졌기 때문이며, 이것은 특히 ‘행위 결정 능력의 분산’과 ‘환경과의 복합적인 반작용’과 결합되어 있다.

> 지난 몇 년간 인지 인지과학에서 지능의 모델이 변화했다. 연산을 지능의 모델로 취하는 대신 학자들은 점점 더 소위 “체화된 지능(embodied Intelligence)”의 모델에 방향을 맞추고 있다. 이것은 인공지능의 연구에서 프로그램들의 작동을 위한 플랫폼으로서의 컴퓨터는 별로 관

23 CAPTCHA = Completely Automatic Public Turing test to tell Computers and Human Aparts.

> 심을 끌지 못하는 반면 로보틱스는 점점 더 큰 관심을 끈다는 것을 의미한다. 행위 결정이 중앙에서 프로그램을 통해 제어되지 않고 결정 능력들은 분산되어야 하며, 그 결정이 환경과의 복합적인 반작용에서 나와야 한다(Krois 2011, 156).

그림의 이해와 체화는 인간 지능의 특징이자 몸의 특징이기도 하다. 환경과의 복합적 반작용이 중앙 집중적 시스템이 아닌 분산된 결정 능력에서 나와야 한다는 것은 인간의 능력이 몸 전체에서 발달하고 발휘되어야 함을 의미한다.

스테른펠트의 '다이어그래머톨로지'는 데리다의 '그래머톨로지'를 떠올리게 한다. 하지만 데리다와 스테른펠트 사이에는 "방법론과 내용, 지적 태도"(Krois 2009, 232)에서 명백한 차이가 있으며, 스테른펠트는 포스트구조주의를 "반학문적", "유사종교적"이라고 비판하기도 한다. 양자의 차이에도 불구하고 이들은 전통적 학문과의 단절을 시도한다는 것, 즉 이전의 '관습주의'를 거부하고 '해체'하려 한다는 공통점을 지닌다. 그리고 이러한 학문적 입장은 퍼스에게도 동일하게 적용된다. 퍼스는 "언어학자가 아니라" "실험적 자연과학자이자 논리학자이며 수학자"였으며 "철학에 깊이 뿌리박힌 플라톤적 전통", 즉 "추상적 관념들과 개념들, 명제들만이 철학적 탐구의 대상이 될 수 있다"(Krois 2009, 233)는 전통을 거부했다. 스테른펠트도 데리다나 들뢰즈, 가타리 같은 포스트구조주의의 철학자들도 모두 언어의 중심적 위치에 대해 비판적이었으며, 그렇기에 소위 로고스 중심주의를 해체하고 감각과 형상, 물질과 몸의 작용과 반작용이 '결합체(Gefüge)'의 각 지체에서 '사건'으로서 다양하고 복합적으로 일어나는 데 관심을 가졌다.

다이어그램은 퍼스와 스테른펠트에게는 자신들의 인식 획득 작업에 직접적으로 사용되는 수단이며, 데리다와 들뢰즈, 가타리에게는 자신들의 정신적 활동 과정을 형상화할 수 있는 수단이다. 특별히 퍼스 기호의 '해석작용(Interpretant)'에서 기표의 무한한 연결과 해체의 가능성을 발견하는 데리다는 '차연'을 통해 다이어그램적 사고 실험을 지속한다. 들뢰즈와 가타리는 '영토'의 변화를 통해 다이어그램적 사고의 실천을 가시적으로 보여준다. 하지만 데리다의 차연이 여전히 '차이'의 2원적 정태성을 지닌다면, 들뢰즈와 가타리의 '영토'는 지표, 아이콘, 상징의 3원적 관계를 바탕으로 진행되기에 시간적 변화를 반영할 수 있다. 마찬가지로 데리다의 '문자'는 중단되지 않는 성찰의 '대상으로서의 문자'인 반면 들뢰즈와 가타리의 '문자'는 '실제 사용'의 시간을 문자 안에 반영하는 3원적 관계의 역동성을 지니기에 '글쓰기'의 과정 자체일 수 있다. 들뢰즈와 가타리의 철학이 실천의 관점에서 퍼스의 프래그머티즘과 유사한 것으로 평가되고, 그것이 "변형적 프래그머티즘"(Bauer 2010, 317)으로 규정되기도 하는 것은 바로 그런 이유에서이다. 두 사람의 논의는 '다이어그래머톨로지'일 수 있다. 하지만 데리다의 경우는 다르다. 데리다의 정신적 활동은 정신적 다이어그램의 '수행' 자체이며, 들뢰즈와 가타리의 경우는 그 수행에 대해 거리를 유지하는 '논의'이기 때문이다(Krois 2011, 94).

일찍이 퍼스는 "추론 자체가 사실상 다이어그램적 진행과정"

이라 생각했으며, 논리학에서 언어적 형식 뿐 아니라 비-언어적 형식들을 사용하여 현재의 다양한 "이질적 추론"이라 불리는 영역에서 선구자의 역할을 했다. 그에게 "아이콘적 논리학"은 "비선형적"이기에 상징적 재현보다 더 많은 추리를 허용하며, "아이콘"은 "이성을 시각적으로 체화"(Krois 2011, 204)하기에 자연의 "합리적 질서의 본성"을 잘 드러낼 수 있는 가능성이었다.

다이어그램적 추론은 퍼스의 경우 사고의 명확성에 이르기 위한 수단이다. 그러나 그 명확성이 사고의 중단을 의미하지는 않는다. 그것은 다른 구체적 현실 속에서 또 다시 그 명확성이 검증되어야 한다. 스테른펠트와 데리다, 들뢰즈, 가타리 역시 모두 기의에 기표를 고정시키는 소위 '현존의 형이상학'을 거부하며, 이들 모두 의미보다는 형상 자체, 추상적 규치성보다는 물질적 질료의 중시와 그것을 통한 지속적 '사고 실험'을 중시한다. 이들은 모두 은폐된 것, 의식되지 못한 것에 대한 지속적 탐구와 발견을 지향하며, 주체의 의식에 종속적이지 않은 질료적 다이어그램의 경험 생성 기능에 주목한다.

현재 글로벌화와 더불어 세계의 복잡성이 증대되고 지식 세계에서도 질서의 지속적인 재편성이 이루어지고 있다. 하지만 "잠정적 무질서는 새로운 통찰을 허용하는 생산적 카오스를 창조한다"(Schmidt-Burkhardt 2012, 22). 현재 다이어그램은 사회와 매체 시스템에서 진행되는 중심성의 해체와 결정 능력의 분산, 감각성에 대한 새로운 시각과 함께 그것에 기초한 통찰력을 담아내는 매체로 평가되고 사용된다. 그것의 가능성은 무엇보다 다이어그램이 언어처럼 비 감각적 '유형'으로 작동하지 않고, '감각성과 오성을 중개'하는 기호로서 기호의 사용이 곧 감각성의 지속적 체화 과정이기도 하다는 점, 그리고 '다이어그램적 실험'이 특정 목적을 위해 수행하는 계획적 프로젝트가 아닌 일단은 자신의 행위 자체에 목표를 두는 자유로운 사고 실험의 과정이라는 점에 있다.

> 다이어그램은 결코 유행에서 사라지지 않는다: 그것은 오로지 그것이 스케치하는 것에 적용하려는 목적을 지닌 프로젝트이다. 자율성에 대한 이 요구는 그것을 사고 실험의 자연적 공범들로 만든다. 사고의 실험은 법칙을 예견하거나 입증한다고 주장하거나, 현안의 사물들의 인과성을 두고 씨름한다고 주장하지 않는다. 그보다 그것은 오히려 그것을 회피하고, 중요한 진실들과 사용 가능한 직관 없이 작업해나가려 노력한다 (Châtelet 2000, 11).

참고문헌

전동열. 2012. "'움직이는 그림'과 의미의 관계에 대한 기호학적 고찰 - 들뢰즈의 퍼어스 기호 분류 수용을 중심으로." 『독일언어문학』 제58집: 161-188.

전동열. 2013. "니클라스 루만의 시스템이론에서 기호와 의미의 문제." 『독일언어문학』 제62집: 165-188.

전동열. 2014. "생각의 방식으로서의 아이콘 - 퍼어스의 기호학을 중심으로." 『독일언어문학』 제65집: 259-283.

전동열. 2016. "라캉의 심리분석에서 기표, 의미작용과 사이버네틱스의 작동 방식." 『독일문학』 제137집: 177-199.

전동열. 2017. "과학적 창조와 예술적 창조의 유사성과 차이 - 퍼어스의 가추법을 중심으로." 『미메시스, 시뮬레이션, 상상력』, 이윤석 외, 287-317. 서울: 연세대학교 대학출판문화원.

Angermüller, Johannes. 2007. *Nach dem Strukturalismus: Theoriediskurs und intellektuelles Feld in Frankreich.* Bielefeld: transcript Verlag.

Bauer, Matthias, and Christoph Ernst. 2010. *Diagrammatik: Einführung in ein kultur- und medienwissenschaftliches Forschungsfeld.* Bielefeld: transcript Verlag.

Boehm, Gottfried. 1994. "Die Wiederkehr der Bilder." In

Was is ein Bild?, ed. Gottfried Boehm, 11-38. München: Fink.

Busch, Kathrin. 2011. “Jacques Derrida.” In *Bildtheorien aus Frankreich: Ein Handbuch,* eds. Kathrin Busch and Iris Därmann, 124-137. München: Wilhelm Fink.

Châtelet, Gilles. 2000. *Figuring Space: Philosophy, Mathematics, and Physics.* Dordrecht: Kluwer.

Deleuze, Gilles. 1992. *Foucault.* Frankfurt a.M.: Suhrkamp.

Deleuze, Gilles. 1997. *Das Zeit-Bild: Kino 2.* Frankfurt a.M.: Suhrkamp Taschenbuch.

Deleuze, Gilles and Félix Guattari. 1987. *A Thousand Plateaus.* Transl. by Brian Massumi. Minneapolis: The University of Minnesota Press.

Deleuze, Gilles and Félix Guattari. 1992. *Tausend Plateaus: Kapitalismus und Schizophrenie.* Übersetzt v. G. Ricke u. R. Voullié. Berlin: Merve.

Deleuze, Gilles and Félix Guattari. 1995. *Anti-Ödipus.* 7. Auflage. Frankfurt a. M.: Suhrkamp.

Deleuze, Gilles and Félix Guattari. 2000. *Was ist Philosophie?* Aus dem Französischen v. Bernd Schwibs und Joseph Vogl. Frankfurt a. M.: Suhrkamp.

Derrida, Jacques. 1976a. *Of Grammatology.* Transl. by Gayatri Chakravorty Spivak. Baltimore/London:

The Johns Hopkins University Press.

Derrida, Jacques. 1976b. *Die Schrift und die Differenz.* Übersetzt v. Rodolphe Gasché. Frankfurt a. M.: Suhrkamp.

Derrida, Jacques. 1983. *Grammatologie.* Übersetzt v. Jörg Rheinberger u. Hanns Zischler. Frankfurt a. M.: Suhrkamp.

Derrida, Jacques. 1986. *Positionen.* Hg. v. Peter Engelmann. Graz/Wien: Böhlau.

Derrida, Jacques. 1993. *Memoirs of the Blind: The Self-Portrait and Other Runins.* Transl. by P.-A. Brault/M. Naas. Chicago/London: The University of Chicago Press.

Goodman, Nelson. 1976. *Languages of Art.* Indianapolis: Hackett.

Hoffmann, Michael H. G. 2007. "Cognitive Conditions of Diagrammatic Reasoning." *Semiotica* 24: 189-212.

Hoffmann, Michael H. G. 2009. "Über die Bedingungen der Möglichkeit, durch diagrammatisches Denken etwas zu lernen: Diagrammgebrauch in Logik und Arithmetik." *Zeitschrift für Semiotik* 31 (3-4): 241-274.

Kant, Immanuel. 2014. *Kritik der reinen Vernunft.* Hg. v. Wilhelm Weischedel. Frankfurt a. M: Suhrkamp (=

KrV).

Kaufman, Louis H. and Søren Brier. eds. 2001. *Peirce and Spencer-Brown: History and Synergies in Cybersemiotics.* (= *CYBERNETICS & HUMAN KNOWING: A Journal of Second Order Cybernetics, Autopoiesis & Cyber-Semiotics* 8 (1-2).)

Krämer, Sybille. 2009. "Operative Bildlichkeit: Von der 'Grammatologie' zu einer 'Diagrammatologie'? Reflexionen über erkennendes 'Sehen'." In *Logik des Bildlichen: Zur Kritik der ikonischen Vernunft,* eds. Martina Heßler and Dieter Mersch, 94-122. Bielefeld: transcript Verlag.

Krämer, Sybille, Eva Cancik-Kirschbaum, and Rainer Totzke. eds. 2012. *Schriftbildlichkeit: Wahrnehmbarkeit, Materialität und Operativität von Notationen.* Berlin: Akademie Verlag.

Krois, John Michael. 2009. "Frederick Stjernfeldts Diagrammatologie: Ihr Programm und ihr Stellenwert im zeitgenössischen Denken." *Zeitschrift für Semiotik* 31 (3-4): 231-240.

Krois, John M. 2011a. "More than a Linguistic Turn in Philosophy: The Semiotic Programs of Peirce and Cassirer." In *John M. Krois: Bildkörper und Körperschema*, eds. Horst Bredekamp and Marion Lauschke, 92-112. Berlin: Akademie Verlag.

Krois, John M. 2011b. "Image Science and Embodiment or: Peirce as Image Scientist." In *John M. Krois: Bildkörper und Körperschema,* eds. Horst Bredekamp and Marion Lauschke, 195-209. Berlin: Akademie Verlag.

Langer, Bernhard. 2002. "Diagrammatologie." *UmBau* 19: 71-84.

Lacan, Jacques. 1991. *Seminar II: Das Ich in der Theorie Freuds und in der Technik der Psychoanalyse.* Übersetzt v. Hans-Joachim Metzger. Weinheim/ Berlin: Quadriga.

Lister, Martin, Jon Dovey, Seth Giddings, Iain Grant, and Kieran Kelly. 2009. *New Media: A Critical Introduction.* London: Routledge.

Meyer-Krahmer, Benjamin. 2012. "My brain is localized in my inkstand: Zur graphischen Praxis von Charles Sanders Peirce." In *Schriftbildlichkeit: Wahrnehmbarkeit, Materialität und Operativität von Notationen,* eds. Krämer, Sybille, Eva Cancik-Kirschbaum, and Rainer Totzke, 401-414. Berlin: Akademie Verlag.

Mitchell, W. J. T. 1981. "Diagrammatology." *Critical Inquiry* 7 (3): 622-633.

Mittelbauer, Helga and Urlich Tragatschnig. eds. 2006. *Themenschwerpunkt: Iconic Turn?* Innsbruck: Studien Verlag. (= Moderne. Kulturwissenschaftliches Jahrbuch 2).

Pape, Helmut. 2009. "Ikonischer Realismus als neue Metaphysik?" *Zeitschrift für Semiotik* 31 (3-4): 411-420.

Peirce, Charles Sanders. 1931-1958. *Collected Papers*. 8 Vols. Vols. 1-6, eds. Charles Hartshorne and Paul Weiss, vols. 7-8, ed. Arthur W. Burks. Cambridge: Harvard Univ. Press ('Peirce CP 권.패러그래프'로 인용).

Peirce, Charles Sanders. 1998. *The Essential Peirce.* Vol. 2, ed. Peirce Edition Project. Bloomington: Indiana University Press.

Peirce, Charles Sanders. 2000. *Semiotische Schriften.* Bd. 1. Hg. v. Christian J.W. Kosel/Helmut Pape. Frankfurt a. M: Suhrkamp (= Sem I).

Peirce, Charles Sanders. 2010. *Philosophy of Mathematics: Selected Writings*. Ed. by Matthew E. Moore. Bloomington/Indianapolis: Indiana University Press.

Pettigrew, David E. 1996. "Peirce and Derrida: From sign to sign." in *Peirce's Doctrine of Signs*, eds. Vincent M. Colapietro and Thomas M. Olshewsky, 365-378.

Berlin/New York: Mouton de Gruyter.

Posner, Roland. 2009. "Diagrammatische Zeichen." *Zeitschrift für Semiotik* 31 (3-4): 213-229.

Posner, Roland. ed. 2009. *Diagrammatische Zeichen.* Tübingen: Stauffenburg Verlag. (= *Zeitschrift für Semiotik* 31 (3-4).)

Reichert, André. 2013. *Diagrammatik des Denkens: Descartes und Deleuze.* Bielefeld: transcript.

Rorty, Richard. ed. 1967. *The Linguistic Turn: Recent Essays in Philosophical Method.* Chicago: Chicago University Press.

Schmidt-Burkhart, Astrit. 2012. *Die Kunst der Diagrammatik: Perspektiven eines neuen bildwissenschaftlichen Paradigmas.* Bielefeld: transcript.

Stjernfelt, Frederik. 2011. *Diagrammatology: An Investigation on the Borderlines of Phenomenology, Ontology, and Semiotics.* Heidelberg, London, New York: Springer.

Weigel, Sigrid. 2015. *Grammatologie der Bilder.* Berlin: Suhrkamp.

| 제2장 |

퍼스의 다이어그램과 내러티브 알레고리의 매체상호성

미학적 경험과 의미를 중심으로

개념은 우리에게 다이어그램 또는 도상의 살아있는 효과인데, 사고의 과정에서 동일한 수의 느낌 내지는 관념이 그것의 몇 부분들과 연결되어있다. 정신의 법칙은 시스템이 구성되도록 느낌과 관념이 사고의 과정에서 서로 연결되는 것이다. 하지만 도상은 언제나 명확히 이해될 수 있는 것은 아니다. 우리는 그것이 무엇인지 전혀 알 수 없을 지도 모른다. 또는 자연을 관찰함으로써 그것을 배웠을 수도 있다(Peirce CP 7.467).

이윤희

1. 들어가며

왜 다이어그램(diagram)인가? 다이어그램의 목적은 무엇인가? 다이어그램은 어떻게 관찰되고 기술되는가? 이상과 같은 질문은 허구와 실재가 다이어그램 기호의 매개를 통해 어떤 방식으로 연결되는가라는 문제와 연관된다. 예를 들어, 지도(가상지도 혹은 실제 지도), GPS(global positioning system), 내비게이션 등이 재현하는 대상은 관계에 대한 이미지를 사용하여 허구(내적)세계 혹은 실재(외적)세계에 관한 관찰내용을 기술한 것이다.

다이어그램의 가장 대표적인 예는 지형지도(그림 1[1])이다. 지형을 반영하는 지도의 이미지는 일반적 성격이 개별기호에 체현된 기호이다[2]. 지형지도는 관습적 상징 기호를 사용하여 지형을 도상적으로 재현한다. 다이어그램에 표현된 색과 지형의 모습을 직접적으로 시각적 이미지로 인지하지만 동시에 지역을 가리키는 언어적 상징기호(지명)를 통해 읽는다. 그러므로 지도

1 이미지 출처: 구글 맵의 지형지도 일부를 캡쳐한 것.(https://www.google.co.kr/maps/@37.6522551,127.1035704,11z/data=!5m1!1e4?hl=ko).

2 지형지도는 레마적, 도상적 법칙기호(rhematic iconic legisign)에 속한다. 따라서 관습적인 상징을 사용하여 지형을 도상적으로 재현한 이미지이다(Liszka 1996, 50 참고).

의 독법은 지형에 대한 감각적 이미지뿐만 아니라 이미지의 구조를 상징기호와 함께 읽는 것이다. 지도와 지형의 관계는 '재현하는 것'과 '재현되는 것' 사이의 관계적 자질의 유사성을 토대로 연결되어 있다.

다양한 매체로 표현되는 다이어그램은 그 목적이 '소통'에 있다는 것에서는 동일하지만, 관찰방법에 따라 기술방식이 달라진다. 예를 들어, 실제 지도의 경우(그림 1)와 같이, 다이어그램에 재현되는 대상의 이미지가 눈으로 직접적으로 관찰되며 지형의 이미지가 머릿속에 그려진다(다이어그램화). 하지만 GPS를 이용한 예술작품의 경우[3]에는 재현되는 대상이 직접적으로 관찰되지 않으며, 추론을 통하여 정신에 재현되는 대상을 도상화한다. 곧 대상에 대한 새로운 다이어그램을 구싱하는 것이다(다이어그램화). 따라서 전자의 관찰에서는 스키마 이미지로서의 다이어그램을 읽는 과정이 직접적으로 경험되지만, 후자의 경우에는 보다 복잡한 추론과정을 거친다.

3 GPS 예술의 대중적 형태라고 할 수 있는 "GPS Doodle"은 스티븐 룬드(Stephen Lund)가 만든 용어로서 GPS 아티스트라고 불리는 사람들이 수행하는 작업이다. GPS두들은 지도위에 자신이 움직인 거리를 점으로 이으면서 형태를 만들어 구성한 다이어그램 이미지이다. 이는 부분간의 관계가 단순히 일대일 대응으로 실제세계의 부분과 대응하는 것이 아니라 GPS를 통해 점과 점을 이으면서 실제세계에서의 공간이동을 이미지화한 것이다. 이 경우 다이어그램 위에 새로운 다이어그램이 생성된다는 점에서 일반 지도와는 다르다. 즉 이러한 다이어그램의 형태는 단순히 정보전달의 매개가 아닌 다이어그램 자체에 집중하게 하는 표현적 기능이 강조되는 다이어그램의 표현모드라 할 수 있다. 룬드의 웹사이트(https://gpsdoodles.com)에서 다양한 GPS두들 작품을 감상할 수 있다.

그림 1. 구글 맵 지형지도의 일부

지도는 다이어그램의 특질인 도상성(iconicity)을 잘 드러낸다. 일반적으로 우리가 지도를 사용하는 경우, 지도의 이미지가 현실의 지형이나 장소를 가리킨다는 이유로 대상에 대한 정보를 전달하는 지표기호로 생각하기도 한다. 하지만 다이어그램으로서의 지도는 그것이 대상과 실제로 맺는 관계가 아니라 그 대상을 관찰하여 기술한 이미지 도상이다.[4] 퍼스가 정의하듯이 다이어그램은 하위도상(hypoicon)이며, 1차성이 취하는 존재 모드에 따라 2차성의 범주에 속하는 기호로 구별한다(Secondness as a first)(CP 2.277). 따라서 지도는 하위도상으로서 다이어그램의 성격을 갖는다. 이것이 갖는 함의는, 지도는 대상의 실존

4 다이어그램은 사진과는 구별된다. 사진은 사진이미지와 피사체가 실존적으로 연결된다는 점에서 도상과 상징적 성격을 가진 지표기호이다.

여부와는 관계없이 다이어그램인 지도 그 자체로 연구되어야 한다는 점이다. 이런 관점에서 다이어그램은 외부 재현의 다이어그램과 내부 재현의 다이어그램으로 구분하여 생각할 수 있다. 전자가 감각적인 외적 이미지라면 후자는 정신적인 내적 이미지와 연관된다. 예를 들어, 『걸리버 여행기』에 나오는 지도 또는 C. S. 루이스의 『나니아 연대기』에서 지도는 내적 세계의 이미지를 재현한 다이어그램이라고 할 수 있다(그림 2[5]와 그림 3[6]). 이런 점에서 지도는 추상적 개념을 구체적으로 표현할 때 다양한 형태의 은유로 사용된다. '정신지도', '행위지도', '마음지도', '역사지도', '문학지도' 등이 그렇다.

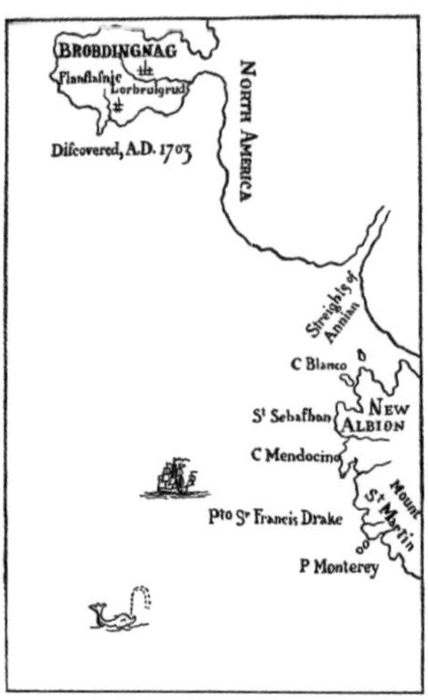

그림 2. 브롭딩낵(Brobdingnag)

그림 3. 나니아(Narnia)

---

5 이미지 출처: https://commons.wikimedia.org/wiki/File:Brobdingnag_map.jpg

6 이미지 출처:https://commons.wikimedia.org/wiki/File:La_geografia_de_narnia-por_samuelmat.JPG

관계 이미지로서의 지도의 개념을 문학의 공간으로 확장하여 논의하면, 문학작품은 역사, 사회, 문화, 시대를 재현하는 외적 재현 다이어그램, 그리고 인물의 성격, 심리, 욕망 등 추상적 개념을 재현하는 내적 재현 다이어그램의 양면을 갖고 있다고 할 수 있다. 작가는 외적 다이어그램을 통해 그것의 그림자인 내적 다이어그램을 암시한다. 이러한 글쓰기 표현 방식은 '이것을 말하면서 저것을 말하는(this and that)' 알레고리의 표현모드와 연관되어 있다. 독자 또한 '문학지도'에 나타난 외적 행로를 따라가며 인물, 배경, 사건, 동기, 목적으로 구성된 문학공간의 외적 다이어그램을 관찰하고, 상상력을 통해 다이어그램을 조작하여, 다이어그램이 재현하는 대상과의 관계의 이미지를 추출하고, 새로운 '문학지도', 곧 내적 다이어그램을 구성한다.

문학공간에서의 지도 읽기는 지도의 표현모드와 밀접한 관계를 가진다. '문학지도'가 관계 이미지를 기호의 형식을 통해 재현하면서 개별적인 기호로 표현되기 때문이다. 즉 관계 이미지는 구체적인 인물의 형상화를 통해 나타난다. 가령 'a가 b를 사랑한다' 라는 스키마 이미지는 구체적인 형상화를 통해 표현된다. 따라서 어떤 것을 말하면서 다른 것을 의미(다른 것을 표현)하고 있는 것이다. 이는 알레고리(allegory)[7]의 표현모드로서, 다이어그램적 추론을 수반한다. 이런 의미에서, 알레고리와 다이어그램은 표현과 상징(해석체 기호)의 관계를 읽는 알레고리라고 할 수 있겠다. 수학에서 다이어그램이 추론과정을 통해 또 다른 다이어그램을 구성하듯이, 문학에서의 알레고리 또한 알레고리적 해석을 통해 또 다른 알레고리를 만든다. 이것이 지속적으로 이어진다는 점에서 이 같은 과정은 대상의 자질이 구체적인 기호 전달체를 통해 표상된 것이 해석되고, 다시 해석된 것이 표상되는 기호 작용인 셈이다.

본 논문의 목적은 퍼스의 다이어그램 개념을 알레고리의 개념[8]과 연결하여 사유함으로써 문학작품의 해석을 다이어그램적 추론의 과정으로 설명하려는 시도를 보여준다. 특별히 퍼스의 다이어그램 개념을 통해 도상성에 기반을 둔 자질 혹은 아이디어가 대상에 대한 개별적이고 경험적인 추론과정을 통해 상징화되는 기호과정이라는 점에 주목한다. 문학작품의 알레고리적 해석을 다이어그램적 추론과정으로 설명하려는 이러한 시도는 스테른펠트(Frederik Stjernfelt)가 자신의 저작 『다이어그래머톨러지』(2007)에서 주장하듯이 현상학과 존재론의 경계를 매개하는 혹은 그 경계를 사유하는 기호학의 역할을 보여주는 것이다. 더 나아가, 다이어그램적 추론에 기반을 둔 알레고리적 해석은 해석자의 능동적 역할을 부각하고 강조하며, 문

---

7 알레고리(allegory)라는 말은 그리스어에서 비롯되었다. 즉 두 단어 allos(타자other)와 agoreuein(드러내어 말하기[to speak in public])가 결합하여 "타자 말하기(other-speaking)"란 의미가 만들어졌다 (Copeland & Struck 2010, 2). 알레고리 수사학에 대한 고전적 분석에 의하면, 은유의 확장으로 알레고리를 읽는 것은 알레고리를 내러티브의 지속가능성을 특징짓는 말과 형상간의 인접한 관계성으로 성격 짓는 것이다(Crawford 2017, 17). 타자(가/를) 말하기로서의 알레고리 사용법은 두 관련된 과정, 즉 알레고리 구성의 방식과 알레고리 해석의 방법을 가리킨다(Copeland & Struck 2010, 2). 이를 바탕으로 본 논문은 알레고리 구성 방식에서의 표현모드 그리고 해석 방법에서의 상징모드가 갖는 관계성을 고찰하고, 아울러 둘 사이의 관계를 추론하는 인지모드로서의 알레고리를 다이어그램적 추론과 연결하여 논의한다.

8 본 논문에서는 벤야민의 대위법, 변증법적 몽타주 기법에 기반을 둔 알레고리 개념을 알레고리의 인지모드에서 중점적으로 다루며, 현상과 본질의 관계가 벤야민의 알레고리적 비평에서 어떻게 나타나는지를 고찰한다.

학작품의 표현과 소통의 문제를 재고찰하게 한다. 그러므로 본고는 기호적, 실용적 태도를 가지고 문학작품을 해석하는 과정이 미학적 경험과 의미를 발견하는 기회가 됨을 밝힌다.

논의는 다음과 같이 진행된다. 우선 논의의 토대가 되는 퍼스의 다이어그램 개념과 성격을 설명한다. 앞에서 언급하였듯이, 다이어그램이 기호로 되는 본질적 성격은 도상성이지만 이는 지표성과 상징성을 포함한다. 따라서 퍼스의 다이어그램의 개념을 도상성, 지표성, 상징성과의 관계를 통해 살펴본다. 이어지는 장에서는 알레고리와 알레고리적 해석이 갖는 상관성을 구체적으로 검토한다. 이 같은 논의를 바탕으로 기호과정으로서의 알레고리 비평이 갖는 미학적 경험의 중요성을 부각하고, 그것의 효과로서 의미의 문제를 논한다.

2. 퍼스의 다이어그램 개념

파루스 지도[9] 내가 아는 어떤 여자는 정신이 산만하다. 물건을 전달해 주는 사람, 문서를 보관한 장소, 내 친구들과 아는 사람들의 주소, 약속 시간 등을 나는 잘 기억하는 데 반해, 그 여자 머릿속에는 정치적 개념들, 당의 표어들, 맹서를 나타내는 표현들, 명령들이 확고히 자리 잡고 있다. 그 여자는 구호들로 가득 찬 한 도시, 공모와 동지애를 표현하는 어휘들이 가득 찬 거처에서 살고 있다. 그곳에서는 골목마다 자신의 정

9 파루스 지도(Pharus Plan)는 1920년대 독일에서 널리 쓰였던 도시지도 상표이다(벤야민 2007, 106).

치적 입장을 드러내고 있고, 말 하나 하나가 전쟁터의 외침으로 메아리 되어 울린다(벤야민 2007, 106).

벤야민의 <일방통행로>[10]와 <사유 이미지>에 나타난 글쓰기 형식은 구체적이고 일상적인 사물, 사건에 체현된 추상적 개념을 읽는 독법과 관련되어 있다. 이는 마치 지도 제작자가 한 지형의 외관을 관찰하고 이를 기술하는 방법과 닮아있다. 그 지도를 읽는 방법은 각 점이 다른 지점과 맺는 관계를 추측하는 것이다. 그러한 관계를 기반으로 실제 세계의 지형을 이해한다. 그런데 지도는 시간이 지나면서 실제 지형과의 지시적 관계를 상실하고, 독립된 개체로 존재하게 된다. 곧 도상성이 상징성

10 벤야민은 한 편지에서 <일방통행로>에 대한 자신의 생각을 다음과 같이 적는다. "이 책은 이질적인 것, 아니 그보다 양극적인 것을 서술하고 있습니다. 이들의 긴장으로부터 어쩌면 일종의 번개가 때로는 강렬하게 방전하고, 또 때로는 어떤 방전은 광음을 낼 수도 있습니다(다만 연극에서 볼 수 있는 가짜 천둥 따위는 이 책 어디에서도 만나지 않기를 바랄 뿐입니다)" (벤야민 2007, 45). 그리고 또 한 편지에서는 자신이 이 책에서 다루려고 한 의도를 밝히는데, "즉 그것은 그 책에서 아이들의 놀이라든지, 어떤 한 건물이나 한 삶의 상황 등에서 나타나는 구체성의 극단적 형태를 한 시대의 전체에 적용해보려는 시도라네" 라고 언급한다(같은 책, 46). 벤야민의 이러한 글쓰기는 알레고리 비평으로 알려져 있다.(임석원 2003, 62) 혹은 대상에 대한 알레고리적 코멘터리라고 부를 수 있다. 최성만이 지적하듯이 그의 글쓰기는 현실과 초현실을 넘나드는 사유이미지(같은 책, 58-60)이며, 또한 아도르노가 언급하듯이 "벤야민의 사유이미지들은 말로 표현할 수 없는 것을 비유적으로 불러낸다는 의미에서 끼적거려 놓은 수수께끼 그림들이다"(같은 책, 52). 벤야민의 이 같은 글쓰기 실험은 알레고리 비평이자 그 자체가 다시 알레고리가 되는 수수께끼 풀기의 연속적 과정이라고 할 수 있다. 이러한 알레고리는 긴장의 관계를 넘어, 그가 표현하는 '변증법적 몽환극(요정극)'의 형태를 띠고 있다. 이 점은 벤야민의 알레고리 비평에서 나타나는 다이어그램적 사유가 새로운 다이어그램을 구성하는 알레고리화라고 할 수 있다. 사유적 이미지로서의 그의 글쓰기가 외관을 관찰하고 추상과 구체의 관계를 변증법적 비유로 그것을 기술한다는 점에서 그의 알레고리적 비평은 창조적/도상적 사고의 다이어그램이라고 말할 수 있을 것이다.

으로 변형된다. 지도에 나타나지만 실제 존재하지 않는 사라진 장소는 기억으로 편입된다. 내가 어떤 사물에 친화력(affinity)을 느끼는 것은 기억으로 편입되어 버린 도상성에 기인한다. 이렇게 상징은 도상과 연결되어 있다. 아주 오래된 시간의 저편에 존재했던 지도는 그 시대와 장소의 관계를 나타내는 흔적이며, 현재의 우리에게 그것은 신비한 수수께끼로 다가온다. 변화된 장소와 시대를 기술하기 위해 새 지도가 필요하고, 새롭게 제작된 지도를 통해 그 장소와 시대를 이해한다. 벤야민의 글 <일방통행로>에 나타난 구체적인 사건과 사물의 이미지는 그 시대와 장소의 알레고리로 작용한다.

이런 측면에서 벤야민의 사유는 현상학적면서도 기호학적이라고 할 수 있다. 곧 보이는 것을 '관찰'하고 이를 '기술'한다는 점에서 그렇다. 앙드레 티엔느(André De Tienne)는 "현상학이 전-기호학적(pre-semiotic) 과학으로 가능한가?"라는 논문[11]에서 현상과 본질을 연결하는 것이 기호, 즉 현상의 다이어그램을 통해서 가능하다고 주장한다. 퍼스의 철학에서 현상학은 파네론(phaneron)[12]을 관찰하여 기술하는 것과 관련되며, 이는 퍼스의 범주론으로 불린다. 현상학적 다이어그램을 구성하고 이를 범주화하여 기술한 것이다.

---

11 *Semiotiche* (vol. 2(2004), pp. 15-30)에 게재됨.

12 퍼스에게 파네론(phaneron)은 그리스말로 드러남(manifestation)이라는 의미를 갖는다. 퍼스는 이것을 관찰하다(scopy)라는 말과 합성하여 현상학(phaneroscopy)이라고 표기한다. 현상 속에 이미 존재하는 일반성을 선험적으로 경험하는 주관적 태도가 아닌 관찰과 기술에 기반을 둔 공통경험을 통해 발견하는 논리적 과정의 중요성을 부각하기 위해 후설의 현상학(phenomenology)과 구별하여 사용하였다.

퍼스는 1867년에 범주론[13]을 발표한 후 이를 지속적으로 발전시킨다. 초기에는 실체(substance)와 존재(being), 그리고 그 사이에 부산물(accidents)로서의 3개의 범주를 포함하여 5개 범주로 구분하지만 후에 실체와 존재는 각각 3차성과 1차성으로 편입되고, 3개의 새로운 범주 목록이 생성된다. 따라서 현상의 존재모드를 1차성(firstness), 2차성(secondness), 3차성(thirdness)으로 구분한다. 1차성은 가능성의 자질로 존재하며 어떤 것과도 무관하게 독립적으로 존재한다. 반면 2차성은 하나가 다른 하나와의 연관성을 통해 존재하는 사실이자 실존의 모드이다. 또한 2차성은 실제적 관계를 통해 이원적 관계를 형성하며, 이것에 대한 경험은 대립적 혹은 이중적 의식으로 나타난다. 3차싱은 둘을 연결하는 모드로시 둘의 관계를 재현한다. 다르게 표현하면 번역 혹은 해석한다. 이원적 관계가 비유(analogy)를 형성한다면, 삼원적 관계는 비교(comparison)를 통해 이루어진다.

퍼스에 의하면, 현상학적 다이어그램에서 파네론(현상)의 구조는 화학 구성물의 그것과 매우 유사하다(De Tienne 2004, 12). 파네론의 존재모드는 화학물의 합성처럼 결합가(valency)를 가지게 되면서 경험적이 된다. 즉 결합가가 1, 2, 3인 형태가 그것이다. 결합가 1인 경우는 일원적(monadic) 상태로서, 예를 들면, '가볍다', '착하다' 등의 서술어는 한 번에 하나의 주어가 연결된다. 결합가가 2인 경우는 이원적(dyadic) 관계로서, '먹다', '때

---

13 "새로운 범주 목록On a New List of Categories"(1867)이 『미국 예술과 과학 아카데미 자료집』 7(1868): 287-98에 수록됨 (EP1: 1장).

리다' 등의 서술어는 한 번에 주어 2개와 결합된다. 결합가가 3일 경우는 삼원적(triadic) 관계로서, '주다', '보내다' 등의 서술어는 한 번에 3개의 주어와 결합된다.

외관과 본질 사이에서 즉 현상학과 존재론 사이에서 매개적 의식 없이 우리는 어떻게 사물을 이해할 수 있는가? 퍼스의 물음처럼 이는 우리의 경험에서 어떻게 보편적 자질을 인식할 수 있는가의 문제와 연결된다. 퍼스는 모든 현상에 그러한 보편적 자질이 드러나 있다는 전제를 갖고 있다. 따라서 현상학적 다이어그램을 기술하고 현상들의 목록을 만들어 구별하는 것이 인식의 토대가 된다. 그가 말하는 현시된 것, 곧 파네론을 관찰하는 것이 그가 현상학이라 부르는 파네로스코피(phaneroscopy)이다.

현상학자들이 현상을 관찰하고 이를 다이어그램으로 기술하는 일을 한다면, 다이어그램을 관찰하고 추론하는 일은 기호학자의 몫이다. "현상학이 할 일은 그것을 읽는 사람에게 어느 방향을 바라봐야 할지 그리고 그가 무엇을 보게 될지를 알려줄 뿐이다"(CP 2.197, 1902). 이런 점에서 드 티엔느는 "현상학은 기호학자들의 사고를 준비하는 구실을 하게 될 것"이라고 말한다(De Tienne 2004, 18).

퍼스는 수학적 추론이 다이어그램적 추론이라고 말한다(CP 5.148). 퍼스의 과학 분류의 위계적 시스템에서 수학은 최상위에 위치한다(Liszka 1996, 4). 그 다음이 현상학이다. 현상학은 외관을 다루는 철학의 한 분야로서 매순간, 매일의 경험에 바탕을 두고 있다. 그러므로 현상학은 주관적 개입이 배제되며 공통관찰에 의하여 탐구가 이루어진다. 따라서 현상학은 수학의 다이어그램처럼 '관찰'하고 이를 '기술'하는 절차를 필요로 한다. 이렇듯 퍼스에게는 수학과 현상학이 긴밀하게 연결되어 있다. 과학적 상상력을 통해서 다이어그램을 추론하는 과정이다. 한편 기술하는 과정은 상징적 재현 시스템을 중재로 이루어진다.

본 논문은 다이어그램적 추론이 문학에 적용되는 것을 밝힌다는 점에서, 위의 논의를 연장하여 기호학적 관점에서 본 다이어그램의 개념을 살펴보고, 그것이 알레고리의 표현, 해석과 어떻게 연관되는지를 밝힌다. 기호학의 사고 실험에 토대가 되는 현상학의 범주 이론은 수학에 기반을 둔 현상학적 다이어그램의 추론 결과물이며, 이 점은 다이어그램의 개념을 다면적, 다층적으로 이해하는 데 중요한 요소이다. 신선주가 지적하듯이 퍼스의 다이어그램에 대한 정의는 명확하지 않은데, 특히 외부적 재현 시스템과 내부적 재현 시스템에 대한 구별이 모호하기 때문에, 다이어그램적 추론과 관련하여 퍼스의 실존 그래프(Existential Graph)는 논리학자들에게 불완전한 추론방식이라고 여겨지기도 했다고 지적한다. 신선주는 이러한 다이어그램적 시스템이 갖는 도상적이면서 상징적인 요소를 설명하면서 이질적 추론(heterogeneous reasoning)을 주장한다(Shin 2002, 5-10).

우리는 퍼스가 다이어그램에 관해 정의하거나 설명하고, 혹은 산발적으로 언급한 것을 정리하여 다음과 같이 3가지 특성으로 구분하여 다이어그램 개념을 살펴본다. 첫째, 다이어그램은 도상 기호이다. 퍼스는 하위도상(hypoicons)을 1차성의 모드에 따라 이미지, 다이어그램, 은유로 구분하고, 다이어그램을 다음과 같이 정의한다. "한 사물의 부분들에서 주로 이원적 혹은 그렇게 간주되는 관계를 그 자신의 부분들에서 유사한 관계로 재현하는 하위도상은 다이어그램이다"(CP 2.277). 퍼스의 다이어그램은 존재론적 또는 실질적 범주에 따르면 2차성에 속한다. 즉 2차성의 실질적인 존재모드를 가진 다이어그램이 형식적 또는 현상적으로는 1차성으로 나타나는 것이다. 다이어그램은 1차성의 모드인 이미지, 그리고 3차성의 모드인 은유와 긴밀히 연결되어 작동된다. 즉 퇴행적이지 않은 진정한 다이어그램은 이미지를 포함하고, 다시 진정한 은유는 이러한 다이어그램을 포함하는 방식으로 연결되어 있다(Stjernfelt 2007, 90). 그러므로 다이어그램은 각 범주에 속하는 기호들이 작동하여 재현되는 시스템이라고 정의된다.

현상학적 다이어그램에서 1차성의 존재 모드는 결합가 1를 갖는 일원적 형태이다. 다른 말로 하면, 일원적 존재 모드는 분리되지 않은 느낌이나 자질 혹은 아이디어로 표현된다. 이러한 형태를 상징적 모드로 나타내면 '___는 착하다'는 명제의 형태로 기술된다. 이때, 서술어는 하나의 주어를 필요로 한다. 이렇게 존재하는 일원적 모드는 주어가 하나의 아이디어나 자질, 느낌을 재현한 상태가 된다. 이 경우, 주어는 서술어와 동일시되며 은유의 형태를 갖는 개념 이미지가 된다. 하지만 결합되기 이전의 단계는 스키마 이미지인 '___는 착하다'로 표현된다. '착함'(goodness)[14]이라는 추상적 자질이 재현 혹은 경험의 대상이 되기 위해서는 주어가 필요하며, 그 결과, 예를 들면, '선화는 착하다'(good)[15]로 표현된다. 따라서 선화는 '착함'(goodness)를 소유하고 있다. 그러므로 '선화는 착하다'는 두 항이 맺는 자질의 관계를 보여주는 이미지이다. 도상은 가능성의 기호이지만 다이어그램은 구체적인 관계의 구조를 재현한다. 따라서 다이어그램은 주어와 서술어의 관계를 재현한 이미지가 된다. 다른 말로 하면, 주어는 '착함'이라는 자질을 재현하는 기호가 되며(혹은 착함에 의해 재현되며), 서술어는 '착함'이라는 자질이 주어를 통해 '착하다'로 명확해진다. 이로써 주어와 서술어는 각각 '착함'이라는 자질을 공유하며 유비관계에 놓인다. 따라서 주어가 서술어를 재현하는 관계적 이미지에서, 주어는 서술어에 의해 한정되며, 서술어는 주어에 의해 그 의미가 명확해진다. 이 같은 관계는 주어가 서술어를 포함하고, 동시에 서술어가 주어를 포함하는 관계로, 본질적으로 주어와 서술어의 자질이 동일시(identification)되는 관계인 은유로 확장된다. 풀어서 말하면 "선화는 착하다"라는 표현에서 선화는 '착함'이라는 자질을 포함하고, 동시에 '착하다'는 '착함'을 포함한다. 따라서 일원적 상태에서 두 요소(혹은 두 점)는 유비적 관계의 이미지로 서로의 이미지를 확정하는(determined)하여 '착함'이라는 개념을 만드는 상

---

14 퍼스는 이를 정신작용에서 분리하는 추상화(precisive abstraction 또는 prescission)라고 부른다 (CP 4.235; 1.549n; 2.428).

15 퍼스는 이를 실재적 추상화(hypostatic abstraction)라고 부른다(CP 4.235; 1.549n; 4.549). 이 단계는 주어를 연결하여 존재하는 일원적 상태가 된다. 하지만 이는 동작이 아니고 느낌이나 아이디어로 존재하기 때문에 하나의 이미지, 즉 주어가 어떠하다는 상태를 표현하는 모드로서 가장 기본적 단위로서의 내러티브 이미지라고 볼 수 있다.

징을 예표(prefiguration)하고 있다.

다이어그램을 다이어그램으로 만드는 본질적 요소는 도상성이다. 이는 배움의 근원이며 작동의 개념을 수반한다.[16] 왜 a와 b가 유사한가? 둘의 관계를 관찰하고 거기에서 보편성을 끌어내는 것은 감각적 이미지에 의존하는 직관과 정신적 이미지에 의존하는 개념의 다이어그램이라고 할 수 있다. 이러한 다이어그램의 속성은 자질의 관계 이미지가 부분들 간의 관계 혹은 전체와 부분의 관계를 유사성에 근거하여 재현하기 때문이다. 다이어그램은 감각적 유사성과 비감각적(내적) 유사성의 협력을 통해 대상의 자질을 보여주는 구실을 한다. 우리는 추상적 진리가 관계 이미지를 통해 현시(manifest)된 다이어그램에서 내적 유사성에 기반을 둔 추론의 과정을 거치면서 자질을 해식하고 이해한다.

둘째, 다이어그램은 재현 시스템이다. 이는 다음과 같은 퍼스의 설명에서 입증된다. 퍼스는 표상체(representamen)와 재현(representation)을 구별함으로써, 기호전달체로서의 다이어그램과 재현(시스템)으로서의 다이어그램을 구별한다(CP 2.273). 이 같은 구별이 주는 함의는 해석자에게 다이어그램은 직접적인 '관찰'의 대상이자, 동시에 추론을 통한 '기술'이라는 이중의 경험과 연결된다는 점이다.[17] 다른 말로 하면, 구체적 대상을 지각

16 스테른펠트는 조작가능성(operationality)이 도상성을 판단하는 기준이 된다고 설명한다. 기호와 그것의 대상 사이에 동형성(isomorphism)이 존재하는데, 그것이 처음에 명확하게 드러나지 않기 때문에 내적 유사성을 발견하는데 많은 노력이 필요하기 때문이다(Stjernfelt 2010, 57).

하는 행위와 거기에 체현된 추상적 관념을 그림이나 말 등 기타 매체로 기술하는 수행적 행위는 연결되어 있다.

이것은 감각과 지각의 관계와 유사하다. 예를 들어, 경험이 부족한 유아는 감각으로 시계를 보지만, 즉 감각적 이미지로서의 물리적 대상만을 지각하지만, 성장한 후에는 시계를 보면서 비감각적 이미지로서의 시간을 지각한다(Vygotsky 1978, 33 참고) 혹은 청각을 잃은 사람이 청각이 있을 때보다 음을 더 잘 '느낄' 수 있다고 말하는 것과 유사하다(CP 7.577).

감각작용(sensation)과 지각작용(perception)은 동시에 일어나는 작용이지만 서로 다른 경험을 제공한다. 나의 몸에 대한 의식과 타자에 대한 의식은 동시에 일어난다. 퍼스는 이를 이중의식이라고 하며, 따라서 나는 문을 미는 힘과 그 문이 저항하는 힘을 동시에 느낀다(CP 1.24). 내 몸은 자극과 반응을 동시에 경험한다. 자극이 외부적 요소에 연관된다면 반응은 내부적 요소와 연관된다. 그러나 위에 기술한 유아의 경우와 청각을 잃은 사람의 경우의 예는 그 둘이 본질적으로는 분리된 다른 요소라는 점을 보여준다. 그 둘을 매개하는 의식은 재인식(re-cognition)이다. 이는 기호로 매개되는 의식이며, 자극과 반응의 관계를 통해 외적 세계와 내적 세계를 연결하는 인지작용으로서 개념을 포함한다. 이러한 매개의식은 '재현하는 것(표상체)'과 '재

---

17 관찰과 기술(description)은 스테른펠트의 순수한 다이어그램과 경험적 다이어그램의 구분과 유사하다(Stjernfelt 2007, 99). 혹은 신선주가 주장하는 다이어그램의 두 요소인 도상적 재현(관계적 이미지가 표현모드로 추상적 관계를 재현)과 상징적 재현(상징화 혹은 형식화의 인지과정)의 구별과 유사하다.

현된 것(대상)' 사이를 비교하는 의식이라고 할 수 있다.

유사한 맥락에서 다이어그램과 다이어그램적 추론의 관계는 기호의 현상적 차원과 존재론적 차원을 함축한다. 확장해서 말한다면, 기호와 해석체와의 관계와 유사하다. 즉 다이어그램을 관찰하고, 다이어그램적 추론을 통해 새로운 다이어그램을 기술하는 과정이다. 새로운 다이어그램은 다시 다이어그램을 생산한다. 이러한 과정이 지속된다. 물론 여기서 소통되고, 전달되는 것은 다이어그램이 재현하는 이미지인 대상의 관념이다 (cf. Peirce MS 793:2-4; Liszka 1996, 24에서 인용).

다이어그램을 매개로 한 기호과정은 알레고리를 통한 문학작품의 해석과정에서 유사하게 작동된다. 즉 기호전달체로서의 알레고리는 대상을 재현하며, 재현된 대상은 해석을 통해 알레고리에 대한 코멘터리로 번역되며, 이는 다시 표현모드로서의 알레고리가 된다. 이 같은 알레고리화(allegorization)의 과정은 지속된다. 다이어그램과 알레고리의 관계는 후에 구체적으로 다루어질 것이다.

셋째, 다이어그램은 형식 시스템이다. 이 같은 규정은 다이어그램에 관한 퍼스의 두 가지 기술에 근거한다. 퍼스는 "다이어그램이 일반적 서술어를 체현하는 도상 혹은 스키마 이미지다" (Peirce NEM, 4:238; Shin 2002, 179에서 인용)라고 정의하였다. 퍼스는 이러한 이미지 다이어그램을 레마적, 도상적 개별기호(rhematic iconic sinsign)와 레마적, 도상적 법칙기호(rhematic iconic legisign)로 구분하였다(CP 2.255; 2.258).[18] 도상적 개별기호가 다이어그램의 개별적인 관찰에 집중되는 표현모드에 연관된다면, 도상적 법칙기호는 다이어그램의 규칙과 일반적 성격을 추리하는 상징모드와 연관된다고 할 수 있다.

해석과 관련하여 개별성에 기초한 감각적, 시각적 외적 재현의 성격을 갖는 다이어그램은 본질의 기호, 곧 레마로서 해석된다. 왜냐하면 개별기호로서의 다이어그램이 자질기호(quali-sign), 즉 이미지를 포함(CP 2.255)하고 있기 때문이다. 반면 법칙기호로서의 다이어그램은 기호의 목적을 통해 재현하는 대상이기 때문에 일반성, 즉 상징적 재현을 통해 이미지가 해석된다. 따라서 일반성을 재현하기 위하여 개별기호로 표현된다. 이러한 이유로 퍼스는 이를 표출형(token)[19]이라 불렀다. 그러므로 일반적 유형의 복제로서의 개별적 다이어그램은 법칙기호이기 때문에 대상에게 부가된 특정한 자질을 정신에 불러온다(CP 2.258).

다이어그램의 두 종류는 도상적 재현을 매개로 한 직접적 관찰과 상징적 재현을 매개로 한 간접적 관찰의 특성을 보여준다. 또한 두 종류의 다이어그램은 순수한 수학적 다이어그램과 경험적 다이어그램으로 구분할 수 있다(Stjernfelt 2007, 99). 가령 전자의 경우, 관찰을 통해 전제와 결론이 필연적으로 연결된

---

18 퍼스의 10개 기호의 종류는 해석체, 대상, 표상체의 관계를 재현하는 기호를 분류한 것으로, 기호의 유형과는 다르게 위계적 질서를 가진 유기적인 재현 시스템이다. 이러한 재현시스템에서는 통사론적 도상, 그것이 대상과의 유사성을 재현하는 의미론적 도상, 그리고 그러한 재현의 규칙을 발견하는 추론으로서의 수사학적 도상 혹은 실용적인 도상이 유기적인 관계를 맺고 있다.

19 퍼스는 표출형(token)을 상징으로 불렀고, 후에는 개별기호(sinsign)로 불렀다(CP 3.360).

것을 직접적으로 읽는다면, 후자의 경우, 그러한 필연적 연결이 자동적으로 이루어지지 않고, 다이어그램의 실험을 통해 결론이 증명되는 과정이다. 즉 가설을 세우는 기호가 된다.

앞에서 언급했듯이, 퍼스는 수학적 추론이 다이어그램적 추론이라고 정의한다. 이러한 정의를 제대로 이해하려면 자신의 다이어그램의 개념이 넓은 영역에 적용되어야 함을 퍼스는 지적한다(Peirce NEM 4:315. n.1; Shin 2002, 179에서 인용). 스테른펠트(2007, 111)는 퍼스의 다이어그램 개념을 생물기호학, 그림, 그리고 문학의 영역에서 재현의 시스템으로 설명한다. 신선주 또한 퍼스의 실존 그래프가 도상적, 상징적 재현 시스템으로서 작동한다는 점을 주장하며, 이를 기반으로 퍼스 그래프의 도상적 논리를 강조하며 이질적 추론을 역설한다(Shin 2002, 11).

다이어그램의 토대가 되는 도상성은 유사성만으로는 충분하지 않다. 도상성은 재현 시스템에서 기호의 과정을 통해 실제로 정신에 작동하는(operational iconicity) 개념이기 때문에 모든 사고의 기반이 되며, 추리의 과정을 촉발한다. 수학적 추론에서의 전제와 결론의 연결처럼, 원인과 결과의 행위에 의해 작동되는 정신작용에서 도상성에 기반을 둔 다이어그램적 추론은 현상과 존재를 연결하는 매개로서의 기호과정이다. 그리고 이러한 과정에서 유사성이 도상으로 작동되기 위해서 과학적 상상력을 필요로 한다. 진정한(비퇴행적[non-degenerate]) 다이어그램은 이미지를 포함함으로써 도상적 기호를 통한 직접적 관찰이 이루어지고, 상징적 기호를 통해 관찰과 추론의 결과를 기술하는 상징화에 의해 다이어그램이 보편성을 획득한다(Stjernfelt

2007, 97 참고). 퍼스의 다이어그램은 구체적 대상에 현시된 추상적 진리 탐구가 형이상학과 심리학에 의존하지 않고 설명을 통해 논리적인 분석을 가능하게 하는 유용한 인지적 도구이다.

위에 기술한 다이어그램의 복합적인 측면을 알레고리와 연관하여 살펴봄으로써, 다이어그램의 이미지 구조를 알레고리의 형상화를 통해 이해하고, 한편 알레고리의 형상화를 다이어그램적 추론의 논리적 분석을 통해 이해하고자 한다. 다른 식으로 표현하면, 알레고리의 '그림언어'와 다이어그램의 '도표언어'가 맺는 매체상호성을, 그것이 표현되는 방식과 해석 혹은 소통되는 방식이 어떻게 연결되어 있는지에 주목하여 고찰한다. 이런 관점에서 알레고리와 다이어그램의 관계를 세 가지 요소를 토대로 실펴본다. 유사싱, 구조, 목직[20]이 그것이다. 그리고 기호 시스템으로서의 다이어그램과 알레고리가 공통적으로 갖는 세 모드를 규정하고 이에 관해 논의한다. 다이어그램은 앞서 살펴본 바와 같이 현상적으로는 1차성이지만 어떤 상황이나 측면에 따라, 첫째, 감각적 경험과 연관된 단순한 자질로서의 이미지, 둘째, 관계적 이미지에 집중하며, 재현된 대상을 추론하는 이미지의 구조로서의 다이어그램, 셋째, 그러한 이미지의 구조를 새로운 다이어그램으로 기술 혹은 번역하는 개념적 이미지로서의 은유로 존재한다. 이와 유사하게 알레고리도 어떤 측면이나 상황인가에 따라 세 가지의 모드로 존재한다. 감각적 경험을

20 유사성, 구조, 목적은 알레고리의 제약적 요소로서 포포바(Yanna B, Popova)가 알레고리 분석에 적용했던 것이다(Popova 2015, 141). 본 논문에서도 세 요소를 토대로 다이어그램과 알레고리와의 상호관계성을 고찰한다.

가능하게 하는 알레고리 이미지, 내러티브 알레고리의 구조를 통해 재현된 대상을 추론하고 비평하는 인지적 도구, 그리고 재현된 대상의 의미를 찾는 과정인 알레고리의 해석이 그것이다. 그러므로 이어지는 장에서는 다이어그램과 알레고리를 표현모드, 인지모드, 상징모드의 세 모드로 구분하고 이를 비교, 고찰한다.[21]

---

21 헌터(Huntor)는 알레고리가 20세기 중반에 지시의 이론, 즉 특정장르를 시사했다고 지적한다. 노쓰럽 프라이(Nothrop Frye)는 상징이론에서 알레고리를 논하는 경향이 있었지만 그것에 제한하지는 않았다. 프라이 이후에 앵거스 풀레처(Angus Fletcher)는 알레고리를 '상징모드'의 이론으로 정의함으로써 알레고리의 글쓰기 방식에 주목하였다. 즉 신, 사랑, 진리, 인간, 비인간에 대해 알 수 없는 그리고 명확하게 기술할 수 없는 것에 대한 글쓰기 방식이다(Hunter 2010, 268). 이로써 알레고리는 보편성에 기초한 관념론이 아닌 알레고리 자체의 존재론적 모드에 주목하게 된다. 이런 맥락에서 본 논문에서는 알레고리를 표현모드, 인지모드, 상징모드로 구분하였다.

3. 기호 시스템으로서의 다이어그램과 알레고리

3.1. 표현모드: 도상성과 유사성

신선주에 의하면, 다이어그램은 형식 시스템으로 도상적 재현, 상징적 재현 모드로 구성된다(Shin 2002, 31-35). 그러므로 퍼스의 다이어그램은 직접적 관찰이 가능한 재현이자 동시에 상징 기호를 중재로 한 재현으로서 보편적 성질을 갖고 있으며, 간접적 관찰이 가능하다.

퍼스가 다이어그램을 기호로 간주한다는 것은 명확하게 삼원적 관계를 전제한다. 즉 기호의 전달체인 표상체(representamen), 기호의 대상(object), 기호의 해석체가 맺는 관계이다. 그런데 기호의 표상체는 자질(quality), 곧 기호의 기반(ground)을 통해서 기호의 대상과 연결되며, 이러한 관계맺음을 관찰하고 비교하여 재현한 것이 해석체이다. 도상이 그것의 대상과 연결되는 원리는 유사성에 근거한다. 다시 말하면 표상체의 자질이 대상의 그것과 유사하다는 이유 때문에 연결된다. 따라서 표상체가 대상을 재현(re-present)한다는 의미이다. 그러면 표상체는 자신의 자질을 드러내면서 동시에 대상의 자질을 드러내는 것이다. 즉 도상으로서의 다이어그램은 주체인 자신을 표현하면서 타자인 대상의 자질을 말하고 있는 것이 된다.

퍼스에게 기반, 혹은 자질로 이해되는 이미지로서의 관념은, 분석가능하지 않은 동합석이고, 순수한, 단순한 자질(simple quality)이다. 단순한 이미지는 하나의 점과 같은 것으로서 실재하지 않는 추상적인 존재(being)의 모드를 취한다. 이 같은 존재 모드는 어떤 것과도 관계하지 않고 독립적으로 존재하는 내적 자질(internal quality)을 가지고 있다. 이 때 자질이 기호가 되는 것을 자질기호(qualisign)라고 부르는데, 예를 들면 "착함", "붉음" 과 같은 것으로서 추상적인 관념이자 이미지이다. 순수한 관념은 자신을 훼손하지 않고는 경험적, 혹은 실존(existence)적이 될 수 없다. 따라서 순수한 이미지는 타자와의 관계를 통해서만이 실재한다. 이런 관계를 통해 내적 자질은 관계적 자질(relative quality)로 변화한다. 관계적 자질은 다시 소통의 목적을 위해 기호사용 공동체에 의해 부여된 가치(attributed quality)로 변화되면서 공통의 성격(character)을 띠게 되는데, 이것이 개념이 된다. 그러므로 이미지들의 구조가 다이어그램을 구성하고, 이러한 다이어그램 이미지는 기호공동체에 의해 해석되면서, 개념 이미지, 곧 은유가 된다.

위의 기술은 도상기호인 이미지, 다이어그램, 은유가 갖는 자질에 대한 설명이며, 그것이 서로 연관되는 포함의 관계를 보여준다. 도상기호의 자질은 그것이 재현하는 대상의 자질과 유사하거나 또는 대상의 자질과 유사한 관계를 갖거나, 혹은 대상이 재현하는 방식과 유사한 방식을 갖는다. 이는 현상학적으로 1차성의 존재모드가 다른 것과 무관하게 존재한다는 점에서 가능성을 뜻하지만, 실질적으로는 1차성, 2차성, 3차성의 범주로 구분된다(Sheriff 1989, 67). 따라서 셋의 관계는 다음과 같이 기술된다. 다이어그램은 이미지를 포함하고, 은유는 다이어그램을 포함한다. 이미지와 다이어그램은 언어적 형태가 아니기 때문에 기술하기가 힘들다. 이미지와 다이어그램은 일반적 개념인 은유와는 다르게 느낌과 감각적 반응으로 나타난다. 감각적 반응의 재현으로서 정신에 나타나는 다이어그램은 구조화된 스키마 이미지이다.

이 셋의 관계를 언어적 표현모드로 설명하면 다음과 같다. 표현모드로서 결합가 1을 갖는 스키마 이미지, "시간이 돈이다"는 결합가 0을 갖는 관념직 이미지, "시간"과 "돈"이 결합한 형태로 단어 간의 관계를 재현한다. 곧 결합가 1의 표현은 두 단어가 갖는 자질의 관계 이미지이다. 이러한 스키마 이미지는 전체와 부분 혹은 부분과 부분의 관계가 유사성을 갖는 구조이다. 따라서 "시간이 돈이다"라는 개념적 은유는 스키마 이미지를 포함하며, 관계 이미지로서의 스키마 이미지는 자질을 포함한다. 그러므로 '시간이 귀하다'라는 표현모드에서 시간의 자질 x와 '돈이 귀하다'에서 돈의 자질 x로, 자질간의 관계가 유사하기에 시간과 돈의 비교는 '귀하다'라는 해석체로 이해된다. 따라서 "시간이 값지다"라는 표현은 시간을 돈의 개념으로 재현한 것이다.

앞에서 언급한 것과 같이 다이어그램의 표현모드는 현상학적, 형식적 차원에서 보면 1차성에 속하지만 존재론적, 실질적 차원에서 보면, 이미지, 다이어그램, 은유로 나타난다. 그리고 목적(purpose)이나 측면(aspectability)에 따라 그에 따른 실질적 존재의 모드를 취한다. 가령, 추상예술을 감상하는 경우, 세 모드의 경험을 설명할 수 있다. 색 자체에 대한 느낌(지각), 대립적인 혹은 대조되는 두 색에 대한 이중적 느낌이나 의식, 그리고 두 색의 관계에 대한 코멘터리(사고)로 구성된 매개된 의식(언어를 매개로 하는 의식)이 그것이다. 내적 이미지를 포함하는 다이어그램은 유사성을 통해 정신 안에 외부 대상의 이미지를 재현하고 있다. 이는 비교에 의해 개념적인 이미지를 형성하며 미래의 해석체를 위한 조건이 된다.

일반적으로 다이어그램은 정보를 얻기 위한 도식적 이미지이다. 따라서 다이어그램은 관계적 자질을 재현하고, 이 관계를 해석하여 재현된 대상을 이해하게 한다. 그러므로 표현모드로서의 다이어그램은 관계적 자질을 드러내며, 그 안에 해석을 내장하고 있다. 이런 측면에서 다이어그램을 읽는 방법을 문학텍스트를 이해하는 방법과 유사하게 생각해 볼 수 있다. 즉 문학의 표현과 내용을 이해하고, 다시 그것이 가리키는 대상과 그것의 의미를 발견하는 것이다. 이는 다이어그램의 현상적 관계를 관찰하고, 그것이 재현하는 대상의 자질을 추측하는 과정과 유사하다.

문학의 표현은 문자적이 아닌 빗대어 말하는 비유적 방법을 사용한다. 이것을 말하면서 저것을 의미/표현한다. 이는 기본적으로 알레고리의 방식이다. 원래 알레고리는 철학적 진리를 구체적 형상의 스토리를 통해 재현하는 방법으로 사용되었으나,

후에는 수사학의 한 방법으로 간주되었다. 풀어 말하면, 고대 그리스시대의 철학적 알레고리는 상징(symbol/symblon), 중의(衆意hyponoia/undermeaning), 수수께끼(enigma/aenigma)의 뜻을 가지고 있었다(Copland & Struck 2010, 2). 숨겨진 의미(undermeaning), 즉 드러나지 않은 철학적 진리와 의미를 발견하는 데 그것의 중요성이 있었다. 하지만 후기 중세 이후로는 수사학의 한 방법으로 간주되어 그 의미가 축소되었으며, 수사학으로서의 개념은 고대 그리스 시대에 철학적 진리를 형상으로 드러내는 알레고리의 개념과는 차이가 난다. 따라서 중세의 알레고리는 내용을 효과적으로 잘 전달하기 위한 수사학의 도구로 그 개념이 제한되었고, 주로 도덕적인 교훈이나 혹은 종교적 교리를 쉽게 전달하기 위한 소통의 방법으로 인식되었다. 즉 알레고리의 표현은 단지 추상적 개념을 잘 알기 쉽게 전달하기 위한 도구로 인식되었다. 하지만 알레고리에 대한 또 다른 인식의 변화가 일어나는데, 포스트모던 시대의 알레고리의 사용이 그것이다. 포스트모던 시대에는 인간 이성에 대한 신뢰가 무너지고, 표현과 그것이 재현하는 추상적 개념 사이의 연결이 끊어졌으며, 기표가 기의를 한정하는 고정된 의미는 사라지고, 기표와 기의들이 끊임없이 자리바꿈을 하면서 새로운 의미를 만들어 낸다. 따라서 알레고리가 재현하는 추상적 개념은 그 자체로 알레고리가 되어 또 다른 알레고리를 생산하는 불연속성과 개별성에 존재하며 파편적 의미만을 생산한다.

중세 교부철학의 영향을 받은 알레고리의 개념은 수사학적 방법이 갖는 유의미성을 두 가지 방식으로 해석하게 만들었다.

하나는 표현층위를 강조하면서도 그것이 일대일 대응을 통해 실재와 진리를 재현한다고 보는 관점(단순한 알레고리)으로서 이를 통해 의미가 고정된다. 다른 하나의 관점은 표현층위와 해석층위를 자리바꿈을 통해 동일한 층위에 놓음으로써, 의미의 비고정화와 다양화를 지향한다. 수사학적 방법이 갖는 의미는 전자와 후자의 관점에서 확연히 구별된다. 기호적으로 말하면 전자는 표현층위가 해석을 위한 즉 내용을 담는 도구, 혹은 몸으로만 기능한다. 반면 후자는 표현과 해석사이에 제3의 의미가 공유되며, 이렇게 재현된 제3의 의미는 미래에 해석이자 표현이 된다. 이러한 알레고리의 역사는 알레고리 이미지가 재현하는 대상의 의미를 추구하는 과정을 객관적인 해석과정, 즉 기호작용을 통해 이해하도록 하는 계기가 되었다. 이런 측면에서 알레고리가 표현하는 이미지는 알레고리 해석으로 이어지면서 문학적 탐구의 과정으로 변화되었다.

정리하면, 표층에 드러난 의미와 숨겨진 의미로 구성된 철학적 알레고리의 이미지는 주체와 타자의 말(other-speaking)로 구성되는 수사학적 이미지로 변화된다. 이는 의미를 해석하고 다시 해체하는 알레고리의 대행자의 이미지이다. 알레고리는 더 이상 도덕적, 윤리적 내용을 전달하는 도구가 아니다. 그것은 나의 말을 통해 다른 사람의 말을 전달하는 혹은 다른 사람이 말하는, 이중의 목소리를 담는 이미지가 되었다. 다른 말로 하면 알레고리는 더 이상 고정된 의미를 다루지 않는다. 우리는 수수께끼(enigma) 같은 알레고리 이미지를 감각적으로 경험하고, 타자와 세계를 재인식하며, 그 의미를 탐구하고 대화하는 과정을 경험한다. 이것은 개별적 경험이지만 이러한 개별적 경험 속에서도 보편성을 찾아가는 수행성(performativity)(Hunter 2010, 267 참고)을 발견할 수 있는데 이것이 바로 알레고리의 특성이라고 할 수 있다.

3.2. 인지모드: 지표성

도상은 기호로서 자신이 가리키는 대상과 어떤 점에서 유사한가라는 질문에 퍼스는 두 측면에서 답한다. 하나는 사진의 경우처럼, 사진과 그것이 가리키는 대상이 물리적 외관에 의한 유사싱에서 근기한 것이고, 다른 하나는 지도의 경우처럼, 지도와 지형의 추상적 관계에 기반을 둔 관계적 유사성이다(CP 2.282). 퍼스는 다음과 같이 말한다. “많은 다이어그램은 그것의 대상을 외관적으로만 닮는 것이 아니다. 그것은 그것의 닮음을 구성하는 그것의 부분들의 관계에서만이 존재한다”(CP 2.282). 유사성의 관계에 대한 퍼스의 지적은 다이어그램을 폭 넓게 이해하는 조건을 마련한다. 실제로 퍼스는 이러한 점을 다른 곳에서 암시한다. 그는 다이어그램이 시각적 이미지에만 한정되는 것이 아니라 청각적 이미지에도 적용된다는 점을 언급하면서 의미심장한 구별을 한다. 다이어그램은 시각적이거나 청각적일 수 있는데 왜냐하면 부분들이 하나는 시간에서, 다른 하나는 공간에서 분리되기 때문이라는 것이다(CP 3.418). 이 점은 이미지를 포함하는 다이어그램의 표현모드가 도상적이면서도 상징적이 될 수 있다는 점을 시사한다.

다이어그램에 관한 이 같은 이해는 추론의 과정, 즉 재현 시스템에 대한 논의에서도 드러난다. 퍼스에게 다이어그램적 추론은 재현 시스템을 통해 수행되는 추론방법을 가리킨다.[22] 여기서 다이어그램이 도상적 기호 혹은 상징적 기호로 수행된다는 점은 퍼스가 말하는 다이어그램이 기하학적 측면에서 다이어그램뿐만 아니라 대수학의 상징기호를 통해서도 드러나기 때문이다. 이와 관련하여 퍼스가 정의하는 다이어그램적 추론을 살펴보자. "일반적 사고의 예시로서 다이어그램을 구성해보자. 내가 의미하는 것은 정밀함으로 재현되는 모든 사고의 과정에 의해서 다이어그램화되는 시스템을 말한다"(CP 4.530). 퍼스가 대수학을 다이어그램의 종류로 인식한다(CP 3.419)는 것은 이러한 맥락에서이다. 그러므로 다이어그램이 재현하는 것은 공간에서 분리된 단순한 이미지 사이의 유사성이 아니라 시간을 사이에 두고 분리된 자질의 관계에 대한 유사성이기도 하다(CP 3.418).

22 신선주는 퍼스의 실존 그래프의 도상적 논리를 규명함으로써 다이어그램의 도상적인 성격으로 인해 실존 그래프는 엄밀한 증명과정을 밝힐 수 없는 추론이라 했던 논리학자들의 주장을 반박한다. 신선주의 논증은 다이어그램을 도상과 상징 재현 시스템으로서 설명하고 그것이 가진 이질적인 추론과정을 입증하는 것이다. 본 논문은 신선주의 논의를 따라 다이어그램이 복합적 기호로 이루어진 재현 시스템이라는 점을 주장한다. 이는 문학텍스트에서 퍼스의 사변 수사학의 예가 되는 재현의 법칙을 발견하는 추론과정으로서의 알레고리의 성격을 설명하는 데 이점을 준다. 신선주의 다이어그램에 대한 논의는 기호의 엄밀한 과정을 통해 통사론, 의미론, 추론을 매개로 논리적 분석을 하는 것이다. 신선주는 다이어그램에 대한 연구가 철학, 인지과학, 심리학, 언어학 등의 학제간의 소통을 가능하게 한다고 역설한다(Shin 2002, 서론; 31-35).

다이어그램이 가진 도상적 성격과 상징적 성격은 각각 그것의 표현모드와 사고모드와 대응된다. 그런데, 이러한 구별은 다이어그램을 외부적 지각에서 내부적 지각으로의 변화를 인식하고 기호와 대상을 분리하는 인지모드를 매개로 할 때 가능하다. 즉 '재현되는 사실'과 '재현하는 사실'과의 구분이다. 이러한 구분은 대상의 자질과 하나가 되어 재현된 도상에서 그 도상에서 추상적인 관계를 읽어내는 변증법, 즉 비판과 관련되어 있다. 재현된 사실과 재현하는 사실은 다른 면으로서 각기 대상을 지시한다. 이러한 재인식의 과정이 없이는 상징화의 단계로 나아갈 수 없다. 왜냐하면 상징화는 추론의 과정의 결과로서 다이어그램적 재현에서 법칙을 발견하기 때문이다.

다이어그램의 표현모드가 대상이 재현된 도상을 외관적으로 혹은 합성사진처럼, 통사적으로 이해하는 것이었다면, 이제 그러한 다이어그램을 재현 시스템내에서 각 부분을 분리하여 보는 인지모드가 필요하다. 이는 매우 중요한 사실을 내포하고 있는데, 그것은 재현되는 사실과 재현하는 사실을 구분함으로써, 논리적으로 증명할 수 있는 근거가 되기 때문이다. 이러한 인지모드는 다이어그램이 재현하는 대상을 이해하는 다이어그램의 의미론적 영역에 속한다. 따라서 다이어그램적 추론은 결합가가 1인 일원적 형태, 즉 주어 하나와 서술어가 결합되는 존재의 모드이다. 즉 주어는 재현되는 사실이고 서술어는 재현하는 사실이다. 가령, "그 남자는 여우이다"에서 그 남자는 현실과 연결되어 있는 대상으로 재현이 되는 사실이고, 여우는 도상으로서 '재현하는 사실'이 된다.

이러한 비감각적 경험에 기반을 둔 대수학적 다이어그램은 추상적 관계를 재현하는 도상성에 토대를 둔다. 퍼스의 다이어그램은 가능성으로 존재하는 서술어인 명제 혹은 문장의 형태로 나이어그램화 된다. 주어와 서술어간의 관계적 자질을 보여주며, 이러한 관계적 자질은 부분과 전체 간의 관계에 대한 추론의 근거가 된다. 문장의 단위가 아닌 형태 이미지에 대한 도상은 직관적으로 유사성을 지각하기에 논리적인 분석이 불가능하다. 하지만 그러한 직관적 유사성이 문장의 단위로 인지되면, 다시 말하면 관계적인 유사성으로 인식되면, 가설을 도출할 수 있는 조건이 형성된다. 위의 개념적 은유의 예처럼. 그 남자의 속성과 여우의 속성의 관계가 유사한 관계이다. 그러므로 그 남자는 여우의 개념으로 재현된다. 유사성의 논리는 도상과 내상이 유사한 자질을 동일하게 공유하고 있지만, 도상기호가 되기 위해서는 이러한 대칭적 관계가 성립되지 않고 논리적인 관계가 필요하다. 그것은 부정, 연접, 이접 그리고 포함의 관계이다(Liszka 1996, 62 참고). 그러므로 1차성의 모드로서의 다이어그램은 주어와 서술어가 포함의 관계를 갖는다. 즉 다이어그램은 부분과 전체 혹은 부분과 부분의 관계에 대한 이미지를 재현한다. 이러한 이유로 부분은 부분을 재현할 수 있고, 부분은 전체의 한 부분을 재현할 수 있지만, 부분이 전체를 재현할 수 없고, 전체가 부분을 재현할 수 없다.

위의 은유적 추론은 유비적 추론과는 다르다(Liszka 1996, 69). 유비적 추론이 동일한 종류의 사물에서 부분과 부분의 관계라면, 은유적 추론은 다른 두 종류의 사물이 어떤 의미에서 동일한 종류이기 때문이다. 즉 '그 남자는 여우와 같다'라고 말하는 것과 '그 남자는 여우이다'라고 말하는 것의 차이라고 하겠다. 은유적 추론은 상징적(간접적 관찰) 재현을 사용한 표현모드라면 유비적 추론은 도상적(직접적 관찰) 재현을 매개로 한 표현모드이다. 은유를 사용한 표현모드는 다이어그램이 상징적 재현을 통해 사고모드로 작동하는 것과 연결된다.

퍼스의 다이어그램적 추론은 연역적 추론 혹은 수학적 추론으로 이해된다. 하지만 신선주는 이러한 이해가 다이어그램을 재현 시스템으로 연구하는 데 방해가 되었다고 지적한다. 많은 퍼스학자들은 다이어그램적 추론이 중요하기 때문에 퍼스가 다이어그램적인 재현 시스템인 실존 그래프를 고안했다고 생각한다. 하지만 신신주에 따르면 이러한 생각은 순진한 것인데, 왜냐하면 퍼스는 실존 그래프를 '그래프적'이라고 불렀지 '다이어그램적'이라고 부르지 않았기 때문이다. 신선주는 바로 이 점을 부각하며 기존의 생각을 비판한다(Shin 2002, 19). 이것이 의미하는 것은 다이어그램적 추론이 유클리드 기하학에서 다루는 증명과정에 국한되지 않는다는 점이다. 다이어그램이 여전히 모호한 개념으로 남아있기는 하지만 퍼스는, 위에서 언급하였듯이, 다이어그램이 감각적 경험을 통한 단순한 추론을 뜻하지는 않는다고 여겼다.

신선주는 퍼스의 다이어그램적 추론이라는 말을 다음과 같이 세 층위에서 이해한다. 언어의 통사론, 그것의 의미론, 그리고 시스템의 추론 규칙이다(Shin 2002, 35). 즉 다이어그램은 기호와 상징의 통사적 문법으로 이루어진 재현 시스템으로 대상을 도상적으로, 상징적으로 재현하고 있고, 이를 위한 규칙을 발견하는 것이다. 이 점에서 신선주는 퍼스의 연역적 추론을 다이어그램의 기호 시스템에 재현된 법칙을 발견하는 추론과정으로 이해하는 것 같다. 이는 퍼스가 우수가 기호로 가득 차 있으며 논증해야 할 기호라고 한 점과 맥을 같이한다. 이것은 이미 알고 있는 전제를 확인하고 설명하는 과정이 아니라 거기에 숨겨진 법칙을 발견하는 과정에서 가설을 만드는 추론이라고 할 수 있다. 위의 기술에서 암시되듯이 전자는 귀결적 추론(corollarial reasoning)과 관련되고, 후자는 정리적 추론(theorematic reasoning)과 관련된다(CP 2.267). 정리적 추론은 하나의 재현 시스템에서 전제를 구성하고 법칙을 발견하는 추론 과정이며, 재현 시스템을 사용하여 그렇게 한다.

기호 시스템으로서의 다이어그램과 그것이 가리키는 대상사이의 문제를 추론하는 인지모드로서의 다이어그램은 문학작품을 읽는 독해의 과정으로 유추하여 생각해 볼 수 있다. 특히 다이어그램의 추론 방법 중, 정리적 추론은 다이어그램의 개념을 문학영역에서 적용할 수 있는 근거를 마련한다. 문학의 공간에서는 재현 시스템이 내러티브 알레고리를 통해 명확하게 드러난다. 하나를 말하면서 다른 것을 이야기하기 때문이다. 정리적 추론은 가설을 구성하는 가추석 추론과 연관되어 있으며, 결과에서 원인을 찾으려는 과정이 필요하기 때문에 새롭고 다양한 해석이 가능하다. 이러한 해석은 해석자가 내러티브를 만들어 가는, 곧 새로운 다이어그램을 구축하는 과정으로, 알레고리를 통한 재현 시스템에 내장된 실재의 흔적을 찾아가는 과정이라고 할 수 있다. 벤야민의 지적처럼 서로 다른 점들을 이어 형태를 완성하는 점성학에서 유사성의 흔적을 볼 수 있듯이(벤야민 2008, 156, 213), 독자는 내러티브 알레고리의 구상화, 혹은 의인화의 감성적 경험을 통해 추상적 관계를 도출한다. 한편 알레고리 작가들은 허구를 통해 실재를 재현한다. 그 방식은 다이어그램화를 통해 가능하다.

다이어그램이 다이어그램적 추론과 분리될 수 없듯이 알레고리 또한 내러티브와 분리될 수 없다. 다이어그램과 마찬가지로 알레고리는 이미지를 포함하는 재현 구조를 갖기 때문에 일종의 법칙을 내장하고 있다. 마치 어린아이들이 놀이를 하면서 그 놀이에 숨겨진 법칙을 자연스럽게 찾아내듯이, 내러티브 알레고리는 그러한 법칙을 발견하기 위한 도대이다. 알레고리 이미지를 통해 설명할 수 없는 감정과 느낌을 경험하게 된다면, 이는 이미지의 구조 또는 인물과 행위의 형상화인 내러티브 알레고리를 통해서 어떤 유사한 구조가 환기되기 때문이다. 이런 점에서 다이어그램에서의 실험처럼, 내러티브 알레고리에서 관찰과 추론에 기반을 둔 비평실험이 이루어진다. 알레고리를 쓰고 읽는 알레고리 대행자는 알레고리의 재현 시스템이 작동되도록 추동하는 힘이다. 이런 맥락에서 알레고리는 알레고리 대행자에게 인지모드로서 작동하며, 알레고리 대행자는 알레고리가 지시하는 대상에 대해 집중하게 된다. 이 때 인지는 대상에 대한 재인식(re-cognition)의 과정이다.

알레고리의 재현 시스템은 하나를 말하면서 다른 '것이' 혹은 다른 '것을' 이야기하기 때문에 이질적 목소리가 혼합된 형태로 존재한다. 따라서 다이어그램적 추론을 적용한 인지모드를 통해 수행되는 알레고리 비평실험은 주체와 타자의 발언을 비교하며 해석하는 과정이라고 할 수 있다. 알레고리적 해석을 통해 알레고리 대행자들이 목소리를 이해하고 그 속에서 규칙을 발견하는 것이 알레고리적 해석이 된다.

알레고리를 다이어그램적 추론을 통해 해석하는 것의 이점은 무엇이고, 이것은 다른 독해 방법과 어떤 차이를 갖는가? 이에 대한 적절한 답은 알레고리를 재현 시스템으로 정의하고, 이러한 시스템에서 비평실험을 행하는 수행성에서 찾을 수 있을 것이다. 즉 다이어그램을 관찰하고, 추론하여 새로운 다이어그램을 구성하듯이, 알레고리 비평 실험은 관찰과 추론을 통해 재현된 대상에 대한 미학적 판단을 하는 것이다. 이는 다이어그램이 보편성을 갖는 재현 시스템이듯이 알레고리도 보편성을 갖고 있다는 전제 아래 서로 상이한 추론과정을 통해, 이질적 목소리들의 관계 속에서 재현의 법칙을 발견하는 과정이다. 궁극적으로 알레고리 비평은 감각과 감정, 그리고 이성을 사용하여 대상의 의미를 객관적으로 설명하려는 목적을 갖는다.

고대 그리스시대부터 포스트모던의 알레고리[23]에 이르기까지 알레고리의 역사는 인간정신의 스키마 이미지를 보여준다. 즉 알레고리는 의미화의 과정에서 형식과 실체의 사이를 중재하는 기호의 재현 시스템이다. 실체는 형식에 의해 재현된다. 여기서 실체는 현실과 연결된 주체, 곧 대상이며 형식은 일반성

---

23 폴 드만의 『독서의 알레고리 Allegories of Reading』(1979)가 대표적인 예이다.

혹은 보편성을 갖는 서술어이다. 문학의 허구 세계는 서술어로서 현실을 재현하는 기능을 한다. 동시에 현실은 허구 세계의 모호함을 확정짓는다. 즉 가능성을 실재적 사실로 만든다. '재현하는 사실'인 허구적 세계의 내러티브 알레고리는 이러한 내러티브를 통해 '재현되는 사실'인 철학적 진리 혹은 현실, 실체 등과 유비적 구조를 가지고 있다. 도상적, 상징적 재현을 통해 수행되는 추론이 다이어그램적 추론이라는 것을 기억한다면, 알레고리적 해석은 문학텍스트의 도상성과 상징성을 기반으로 한 추론을 통해 '재현하는 사실'과 '재현되는 사실' 사이의 유사성의 법칙을 찾아낸다.

알레고리는 대위법의 기제를 통해 대상에 주의를 집중하게 하며, 알레고리 이미지가 주는 환상에서 깨어나게 한다. 대위법의 기제는 서로 상이한 이미지를 병치하거나 겹쳐놓는 것인데, 그러한 낯선 이미지를 통하여 대상과 이접되는 결과가 나타난다. 이는 이중의 의식인데, 하나는 친밀한, 당기는 느낌이며, 다른 하나는 낯선, 밀어내는 느낌이다. 둘을 매개하는 느낌은 둘을 비교하여 유사점을 찾고, 두 느낌이 동시에 가리키는 대상에 가치를 부여하여 의미를 발견하게 한다. 즉 대상을 의미화하는 것이다. 가령 우리가 '책'이라는 단어를 감각기관을 통해 듣거나 볼 때, 우리는 그것이 가리키는 대상인 책의 물리적 형태를 지각하고, 대상의 의미가 되는 책의 개념을 떠올린다. 여기서 책의 개념은 현재 경험하는 단일한 '그 책'이 아니라 일반적 의미로서의 책에 대한 개념이다. 또 다른 재현 시스템에서 표상체인 'book'도 마찬가지로 작동한다. 이 때 '책'과 'book'의 이질적인 표상체는 동일한 대상을 가리키고, 그것이 갖는 각각의 개념은 동일한 대상을 재현한다. 두 표상체의 비교를 통해 겹쳐지는 대상의 이미지가 그 대상의 의미로 해석된다.

벤야민의 알레고리 비평(벤야민 2007 참고)은 단어 차원이 아닌 담론 차원에서 위의 관계를 보여준다. 두 재현 시스템을 통해 알레고리를 비평하는 것인데 예를 들어, 문방구에 있는 품목들을 관찰하면서(예, 파루스 지도) 한 시대와 역사를 말하는 방식이다. 전자가 도상적 재현이라면 후자는 상징적 재현이라고 할 수 있다. 전자가 알레고리의 이미지라면 후자는 그것이 가리키는 대상에 대한 해석이라고 할 수 있다. 감각적 유사성과 비감각적 유사성을 함께 배치함으로써 정신에서 스키마 이미지인 사유의 이미지를 생산한다. 이질적 추론에 기반을 둔 알레고리적 독해는 의미가 고정되어 있지 않아 열려있는 해석으로 이어진다. 벤야민은 알레고리의 표현과 해석 사이에 위계적 관계를 허물고, 둘을 몽타주 이미지로 만들면서 알레고리를 새롭게 정의한다. 벤야민의 알레고리 비평은 알레고리의 해석을 의미차원이 아닌 표현/재현의 차원에서 다룸으로써 해석학과는 그 맥을 달리한다. 이러한 관점에서 알레고리와 알레고리 해석의 관계는 알레고리 대행체의 참여를 통한 기호 작용으로서 수사학의 영역에서 소통의 도구로 작용한다.

3.3. 상징모드: 상징성

인지모드로서의 다이어그램은 다이어그램과 그것이 가리키는 대상과의 관계를 도상적, 상징적 재현 시스템을 통해 추론하는 실험적인 행위로 이해된다. 퍼스는 기하학의 도상적 재현과 대수학의 상징적 재현을 통한 수학적 추론을 다이어그램의 추론방식으로 설명한다. 앞에서 언급되었듯이 다이어그램과 그것이 재현하는 대상과의 관계를 관찰하고 기술하는 다이어그램적 추론은 두 가지 관찰방식을 갖는다. 귀결적 추론과 정리적 추론이 그것이다. 귀결적 추론은 전제와 결론의 연결이 다이어그램에서 직접적으로 드러나는 추론이다. 귀결적 추론에서는 감각적 이미지를 통해 전제들이 참이면 뒤따라오는 결론도 참이라는 것을 알 수 있다. 왜냐하면 직접 관찰을 통해 결론이 다이어그램 내에 드러나 있음을 확인할 수 있기 때문이다. 가령 다음과 같은 삼단논법에서 귀결적 추론을 확인할 수 있다.

모든 인간은 포유동물이다.

모든 포유동물은 척추동물이다.

그러므로 모든 인간은 척추동물이다.

이는 벤 다이어그램에서도 도상적으로 드러난다(Liszka 1996, 59). 반면, 정리적 추론은 전제와 결론의 연결이 다이어그램에서 직접적으로 드러나지 않고, 다이어그램의 조작을 통해 전제를 구성하는 실험을 거치면서 결론에 도달하는 과정을 증명한다.[24] 정리적 추론이 귀결적 추론과 다른 점은 그것이 다이어그램을 구축하는 실험에 관여한다는 것이다. 그리고 새로 구축된 다이어그램의 가설이 다른 다이어그램들에서도 나타나는지 확인하는 것이다.

이 같은 수학적 추론을 기호의 재현 시스템에 적용하여 보면, 다이어그램적 추론은 가설로서의 대상이 다이어그램 기호에 나타나고, 대상을 해석하는 기호의 과정이다(Liszka 1996, 60). 따라서 다이어그램을 재현 시스템으로 규정하고, 다이어그램과 그것이 재현하는 대상과의 관계 이미지를 추론하는 논리적 과정을 인지모드라고 불렀다면, 그러한 추론을 기반으로 다이어그램이 지시하는 대상의 의미를 그것의 목적, 그리고 소통과 관련하여 고찰하는 과정을 상징모드라고 하겠다.

이런 측면에서 다이어그램의 상징모드는 기호의 재현 시스템에서 논리적 분석을 통해 대상의 의미를 해석하고 소통하는 기호의 목적론적 활동을 살펴보는 것이라고 할 수 있다. 이는 문학의 영역에서 알레고리 작가들이 구축한 허구적 세계를 관찰하고, 그들이 제안하는 대상에 대한 가설을 파악하고, 허구 세계와 실재 세계의 재현 시스템의 비교를 통해 재현된 대상에 대해 코멘터리를 하는 과정과 상응한다. 따라서 해석의 과정은 주관적이지 않으면서 객관적이고 논리적 형식을 통한 과학적 태도를 요구한다. 여기서 중요한 문제는 이러한 기호 시스템이

24 한 선에 평행한 다른 선은 그 선에 평행한 다른 선과 평행하다'를 증명하는 과정은 그 다이어그램을 조작하여(한 선을 수직으로 그 선들을 거치도록 그림으로써) 이를 증명한다.

형식적(formal)이라는 것이다. 즉 기호와 어떤 대상을 대신할 수 있는(재현할 수 있는) 것은 어떤 조건, 즉 형식에 의해 가능하다는 점이다. 따라서 절대적 진리가 아닌 그렇다고 상대적 진리도 아닌, 기호의 논리에 의해 발견되는 진리이다. 현상과 본질에 내재된 일반성을 외관과 내관의 관찰을 통해, 그리고 신비하며 비일상적인 외적 그리고 내적 현상을 일상적 경험을 통해 발견하는 논리가 기호의 재현 시스템을 통해 수행된다.

대상의 의미는 기호의 형식 시스템을 통해 소통되고 전달되며, 그러한 시스템은 기호의 표현적(presentative), 재현적(representative), 해석적(interpretative) 조건을 전제로 한다. 다른 말로 하면, 전제가 참이면 결론도 참인 것이라는 연역적 추론에서 나타나는 것처럼 소통의 전제들이 참이면, 즉 기호의 표현적, 재현적, 해석적 조건위에서, 기호와 상징들이 대상을 올바르게 재현하면, 결과적으로 기호의 형식 시스템을 중재로 한 소통은 대상에 대한 지식과 진리를 얻는 과정이 된다. 퍼스는 이러한 기호학의 분야를 일반 수사학(general rhetoric), 혹은 형식 수사학(formal rhetoric) 혹은 방법론(methodeutic)이라고 불렀다(Liszka 1996, 78).

마찬가지로, 형식 시스템으로서의 다이어그램은 감각적 이미지에 기반을 둔 도상적 기호만이 아니라 상징적 기호, 특히 정신 안의 기호인 해석체와 관련하여 기호가 갖는 조건을 탐색하는 것이다. 도상적 재현과 상징적 재현을 연결하는 것은 그것이 각기 다른 모드로 재현하는 동일한 지시대상이다. 따라서 지시대상은 서로 다른 재현 시스템의 논리적 분석을 통하여 해석된다. 이런 맥락에서 연역적 추론과정에서의 정리적 추론은 도상과 상징의 이질적인 추론방식을 통해 새로운 사실이 도출되는 정신의 실험과정이라고 할 수 있다.

알레고리에서는 표현모드와 상징모드가 동시에 작동되며, 두 모드는 대화적 상호작용을 통해 대상을 재현하고 해석한다. 하지만 알레고리는 그것의 역사가 보여주듯이 표현모드 혹은 상징모드로서 개별적으로 이해되어왔기 때문에 그것이 갖는 풍부한 의미가 희석되었다. 특히 표현과 의미가 일대일 대응이 되어 대상을 가리키는 지표적인 상징모드는 알레고리의 수사학적 의미를 감소시키는 결과를 낳았다. 알레고리를 기호학의 형식 시스템, 곧 다이어그램의 개념을 통해 이해하는 것의 이점은 알레고리가 지시하는 대상에 대한 추론이 이질적 기호의 추론을 통해 이루어지기 때문에 대상에 대한 폭넓은 이해가 가능하다. 더욱이 그러한 추론방식을 기호의 논리를 통해 객관적으로 설명할 수 있다는 점이다. 이로써 독자들이 실제적으로 얻는 유익은 알레고리 이미지가 도상적 기호를 통해 허구적 공간에서 만들어진 인물들과 감정이입이 되게 하며, 그 결과로 정서적인 반응이 일어나며, 알레고리가 갖는 내러티브(구성)를 통해 인물들의 관계와 사건들을 연결하여 그것이 재현하는 대상과 갖는 추상적 이미지를 추론할 수 있게 하는 것이다. 이러한 기반 위에 상징적 기호를 통해 알레고리가 재현하는 추상적 관계 이미지를 해석한다. 다시 말하면, 알레고리가 갖는 목적, 즉 소통을 위한 의미를 해석한다.

다이어그램을 상징모드로 규정하는 것은 퍼스의 해석체와

연관되어 있다. 다이어그램을 관찰하는 것이 도상적 재현 시스템과 연관된다면, 인지모드인 두 가지 방법의 추론을 통하여 새로운(조작된, 추가된, 생략된) 다이어그램을 '기술'하는 것은 상징모드와 연관된다. 퍼스에게 상징은 해석체와 연결되고, 이는 사고모드이기도 하다. 자연적 연결이 아니라 이성을 사용하여 조작하고 수정하여 만든 다이어그램의 기술이라는 측면에서 알레고리를 능동적으로 해석하는 과정과 대응한다. 퍼스는 해석체를 심리학적 경험의 차원에서 3범주로 구분한다. 첫째, 도상적 재현과 연결된 느낌으로서 감정적 해석체(emotional interpretant)이고 둘째, 추론과 실험의 실제적이고 구체적인 경험과 연결되는 활력적 해석체(energetic interpretant)이며 셋째, 상징적 재현과 연결된 번역, 다른 층위로 대신하여 표현하는 논리적 과정과 연결되는 논리적 해석체(logical interpretant)가 그것이다. 따라서 앞서 살펴보았듯이 알레고리를 재현 시스템과 형식 시스템으로 인식하는 것은 이질적 추론을 토대로 한 알레고리적 해석의 다양성을 담보하며, 또한 기호의 형식적 조건을 통해 이루어지는 객관적인 해석을 가능하게 한다. 이런 이유로 알레고리 해석과정은 과학적이라고 할 수 있다.

퍼스의 다이어그램이 갖는 이질적 추론은 오일러의 다이어그램과 벤 다이어그램의 비교를 통해서 확인할 수 있다. 신선주에 의하면 오일러의 다이어그램은 현실을 시각적 이미지로 기술한 것인데, 이에 대해 퍼스는 오일러가 수학자이기는 하지만 논리학자는 아니라고 언급한다(CP 5.178). 따라서 오일러의 다이어그램은 도상적 재현에 한정된다. 반면 벤다이어그램은 시각적 이미지가 명제 형태의 대수학적 재현으로 표현될 수 있다는 점에서 도상적 재현과 상징적 재현을 포함한다. 한편 퍼스의 다이어그램은 수학적, 연역적 추론을 그것의 토대로 삼지만, 다이어그램적 추론의 두 방법 중 정리직 추론은 가추법과 연관된 연역적 추론으로서 귀납적 추론까지 함축하고 있다. 따라서 퍼스의 다이어그램은 수학적 증명이 아닌 다른 영역, 즉 그림, 생물기호학, 문학의 영역에서도 다이어그램적 추론을 통해 논리적 분석이 가능하다는 점을 보여준다(Stjernfelt 2007, 111).

다이어그램 개념으로 이해한 알레고리적 해석은 상호적, 횡단적으로 일어나는 기호의 해석과정이다. 다이어그램은 내러티브에서 스토리의 기능을 한다. 추상적 이미지를 그것의 그림자로 갖는 감각적 이미지이다. 이미지는 내러티브를 통해 인물과 사건, 시공간을 통해 담론화한다. 알레고리적 내러티브가 재현하는 것은 실재 세계의 이미지이며, 그러한 이미지는 다시 알레고리화(도상화)를 거치면서 형상화된다. 그러므로 알레고리는 실재와 허구사이를 매개하며 표현, 인지, 상징의 세 모드(양태)로 존재한다.

내러티브가 주제를 재현할 때 스토리와 담화가 분리되지 않듯이, 지각의 경험에서 형식과 실체의 관계가 함께 다루어져야 하듯이, 다이어그램과 알레고리의 관계도 분리되지 않고 함께 다루어져야 한다. 다이어그램적 추론은 일상적 경험 세계와 알레고리 내러티브 세계에서도 적용되어야 한다. 둘의 기능과 목적은 동일하다. 세 모드를 통해 지시되는 대상에 대한 지식을 얻는 것이다. 표현모드에 의해 대상의 이미지가 지각되고, 인지모드를 통해 추론되며, 상징모드를 매개로 대상을 이해한다. 그러므로 내러티브 알레고리의 표현모드는 독자로 하여금 감정이입이 되게 하며, 대위법적 이미지의 사용을 통해 허구 세계와 실재 세계와의 관계를 추론하게 함으로써, 상징모드에 의해 두 세계가 지시하는 대상에 대한 이해에 도달하게 한다.

다이어그램과 마찬가지로 알레고리 기호는 현상학적 범주에 의하면 1차성에 속하지만, 실질적인 존재의 양태에 따라 1차성, 2차성, 3차성으로 구별된다. 그러므로 알레고리적 해석은 표현모드, 인지모드, 상징모드를 통해 지시대상을 총체적으로, 비판적으로 이해하여 의미가 소통되는 과정을 보여준다. 이러한 측면에서 알레고리가 소통을 다루는 수사학의 영역에 속하는가 아니면 의미를 다루는 철학의 영역에 속하는가라는 이분법적 질문은 무의미하다. 알레고리적 해석은 내러티브 텍스트를 기호적, 그리고 실용적 방법을 통해서 허구 세계를 통해 실재 세계를 이해하는 기호의 과정이기 때문이다.

4. 다이어그램적 추론과 알레고리 비평: 미학적 경험과 의미

지금까지 우리는, 다이어그램을 재현 시스템으로 규정하고 위에서 기술한 다이어그램의 세 모드, 즉 표현모드, 인지모드, 상징모드를 살펴보았다. 세 모드는 재현 시스템, 즉 추론의 과정에서 어떻게 사고해야 하는지를 입증하는 논리학의 문제라는 것이 드러났다. 하지만 그러한 논리는 다시 세 모드를 포함하는 사변 수사학[25]을 통해서 가능하다는 것을 알았다. 사변 수사학은 기호와 상징이 갖는 통합적 관계를 연구하는 영역(통사론) 그리고 기호가 그것이 재현하는 대상과의 관계에서 의미를 찾아내는 연구(의미론)를 포함한다. 이런 맥락에서 논리학을 기호학이라고 선언한 퍼스 후기의 사유를 짐작할 수 있다. 논리는 재현의 시스템에서 작동되는 추론의 과정과 다름없다. 그러한 추론은 해석이며, 우리의 경험 세계와 연결되어 있다.

현상과 본질 사이에 기호는 재현의 기능을 통해 '재현하는 사실'과 '재현되는 사실' 사이의 관계를 보여준다. 기호는 정신이 없이도 작동되지만 상징은 정신에 의존적이다. 도상은 자신

25 사변 수사학은 또한 일반 수사학, 형식 수사학, 방법론으로 불린다(Liszka 1996, 78).

의 기반(자질)을 대상과 공유하기 때문에 대상을 대신하여 존재하지만, 지표는 대상을 가리키거나 그것에 의해 실존적으로 연결되면서 존재한다. 도상은 단순하여 더 이상 나누어 질 수 없지만 지표는 대상과 갖는 관계에 따라 퇴행적(degenerate) 지표와 진정한(genuine) 지표로 나뉜다. 전자는 도상을 포함하지 않지만 후자는 도상을 포함한다. 전자의 예로는 무엇인가를 가리키는 검지가 있다. 검지와 그것이 가리키는 대상의 관계는 임의적이고, 동기가 없으며 인접성에 의해 연결된다. 따라서 그것이 가리키는 대상은 그 지표를 해석하는 사람에게 외연적 의미로 즉각적으로 이해된다. 따라서 검지의 지표는 대상이 아닌 대상의 의미를 가리킨다. 후자의 예로는 풍향계가 있다. 풍향계는 바람이 원인이 되어 바람의 부는 방향을 재현한다. 이 때, 풍향계 지표는 바람과 실존적으로 연결되어 있고, 지표가 외부의 대상을 향하는 것이 아니라 내부를 향한다. 즉 풍향계 지표는 외부의 대상이 남긴 흔적을 추리하게 하는 도상적 재현을 포함하고 있다. 그러므로 풍향계를 읽는 것은 도상성에 근거하여 바람의 방향을 추측하는 것과 같다.

문학에서의 지표기호의 기능은 풍향계의 경우와 유사하다. 문학 작품 자체는 흔적으로서의 지표이다. 즉 흔적으로서 실재 세계와 연결된 허구 세계는 자기지시를 통해 실재 세계를 추측하게 만든다. 하지만 문학은 상징기호인 언어를 매개로 표현되기 때문에 언어기호이면서도 지표기능을 하는 하위지표인 고유명사, 관계대명사, 지시대명사 등을 사용한다. 주어로 기능하는 단어들은 실재 세계와 연결된 대상을 가리킨다. 이러한 단어들은 가리키는 검지처럼 대상을 가리키지만 현실에서 대응되는 대상이 아닌 허구 세계에서의 대상이기에 외연적 의미로 이해되지 않는다. 작가의 의도가 포함된 내포를 표현하며, 외연적 의미 너머 내포된 의미를 추측하게 만든다. 문학에서의 미학적 경험은 이 같은 중층적인 의미를 분석하고 작가가 의도한 가설을 추론하여 비판하는 과정에서 얻어지는 의미라고 할 수 있다. 이런 맥락에서 문학에서의 알레고리 비평은 알레고리의 표현이 가리키는 대상의 외연적 의미를 비판적으로 고찰하는 작업이다. 알레고리적 의미의 의미를 탐구하는 일이라고 하겠다.

알레고리와 알레고리의 해석을 통한 쓰기와 읽기는 서로를 지시하는 쌍으로 이루어진 개념이다. 쓰기는 읽기를 통해 그 의미가 드러난다. 그리고 읽기는 또 다른 쓰기를 생산한다. 소통되는 것은 대상의 의미이고 효과적인 소통의 전제는 기호의 사용에 있다. 즉 재현적 시스템에서 추론과정에 그 초점이 있다. 재현하는 대상을 구체화하는 표현이자 그것의 의미를 상징모드를 통해 암시하는 알레고리는 알레고리 해석을 전제로 대상의 의미가 드러난다.

문학 작품이 재현하는 대상의 자질을 경험하고 이를 기술하는 미학적 경험[26]은 대상에 대한 의미를 탐구하는 과정이라고 할 수 있다. 다이어그램이 재현하는 대상의 이미지를 추론의 과정을 통해 이해하듯이, 미학적 경험은 도상적으로 재현된 다이어그램과 상징적으로 재현된 다이어그램의 추론을 통해 작품을 분석하며 그 효과로 얻는 경험이다. 감각적으로 경험되는 직접적 대상과는 달리 역동적 대상은 간접적 관찰을 통해 이해

가능한 이미지이다. 하지만 이러한 역동적 대상은 직접적 대상과의 관계를 통해서 재현된다. 알레고리가 표현하는 역동적 대상은 직접적 대상의 그림자로서 두 겹의 의미로 읽힌다. 이러한 두 겹의 의미를 분석하고 비교하는 일이 알레고리 비평이라 하겠다.

알레고리 비평은 미학적 경험을 가능하게 하는 읽기의 방법이다. 왜냐하면 도상적 재현과 상징적 재현 시스템을 중재로 문학비평 실험을 하며 재현되는 대상의 자질(quality)과 의미를 탐구하기 때문이다. 도상적 기호를 매개로 한 감각적 경험, 상징적 기호를 매개로 한 인식과 이해를 거치면서, 대상에 대한 새로운 이해를 할 수 있다. 가즈오 이시구로(Kazuo Ishiguro)의 소설 『나를 보내지 마(Never let me go)』(2005)는 인간의 조건을 재현하는 알레고리로 읽힌다. 복제인간의 사랑과 한계, 운명을 다룬 공상과학 장르에 속하는 이 소설은 내러티브의 관계적 유사성을 통해 실재를 재현한다. 특히 이시구로 소설의 일인칭 내러티브 구조는 인물과의 감정이입을 가능하게 하면서, 동시에 그것의 그림자로 제시되는 실재를 인식하게 만든다. 도상성에 근거

---

26 허먼 파렛(Herman Parret)은 다른 학문과의 관계를 고려해야 퍼스가 말하는 미학적 경험에 대한 개념 이해가 가능하다고 본다. 곧 논리학과 형이상학, 심지어 종교와 연관하여 이해되어야 함을 피력한다(Parret 1994, 179). 본 논문에서 다이어그램을 다면적으로 고찰하였다. 현상적, 형식적 측면에서 1차성에 속하는 다이어그램은 관계 이미지로 표현되었다. 한편 존재론적 혹은 형이상학적 측면에서 2차성에 속하는 관계 이미지는 스키마 이미지로서 다이어그램과 그것이 재현하는 대상의 이미지를 추론함으로써 재현의 논리적 분석을 가능하게 하였다. 이런 측면에서 알레고리적 비평을 통해 얻는 미학적 경험은 다이어그램을 관찰하고 추론하고 기술하는 과정에서 재현된 대상에 대한 느낌의 자질을 이해하는 과정이라고 할 수 있다.

하여 인물과의 감정이입과 내러티브 구성을 통해 복제인간의 조건과 실재 인간의 조건을 대비시킴으로써 '내러티브세계'를 인간의 조건에 대한 알레고리로 해석하게 만드는 것이다. 이러한 과정은 문학을 감상하는 과정이 통합적 경험이라는 것을 시사한다. 즉 도상적 재현을 통한 추리로 인해 감정이입과 공감[27]이 이루어지고, 내러티브 구조에 의해 각 요소들이 어떻게 연관되는지를 추론함으로써 작품 속에 그림자처럼 드리워져 있는 또 다른 의미를 추론하는 총체적 과정이다.

시에서의 알레고리는 현실, 역사, 정치, 우주 등의 추상적 개념을 구체적 대상과 자질을 통해서 재현한다. 권혁웅[28]이 기형도와 김혜순의 시를 알레고리 비평으로 분석한 예를 들면 다음과 같다. 권혁웅은 기형도의 시집 『입속이 검은 잎』을 비평할 때 두 겹으로 텍스트를 읽는다. 첫 번째 읽기는 기형도 시집의 기하학을 읽는데, 그는 기형도의 시집의 구조와 배열을 통해 선을 이어가면서 형태를 만들어 1부와 2부에 실린 시들의 특성을 기술한다. 1부에 실린 시들은 자신을 말하면서 타자를 말하는 혹은 타자가 말하는 방식의 알레고리 기법이고 2부에 실린 시들은 자신이 또 다른 자신을 말하는 반성적인 성격을 갖는다. 그러므로 1부의 시들은 정치, 역사, 현실, 사회 등 실재 세계에 대한 알레고리로 해석 가능하며, 2부는 기억과 유년시절 등 사

27 포포바(Yanna B. Popova)는 이시구로의 소설 『나를 보내지 마』의 알레고리 분석에서 특히 유사성에 근거한 정서적 효과에 주목한다. 실제로 2017년 노벨 문학상 수상자 이시구로의 많은 소설들은 일인칭 시점으로 쓰였으며 정서적 반응을 이끌어 내는 것으로 잘 알려져 있다.

28 권혁웅, 『입술에 묻은 이름』 문학동네, 2012 참고.

적인 내용과 관련되며 기형도의 정신세계를 엿볼 수 있는 시들의 모임이라고 평한다. 두 번째 읽기는 의도적인 시 배열과 구조를 통해 드러나는 기형도 시인의 성격을 해석하는 과정이다. 그리고 "기형도는 두 사람이었다"라는 결론에 이른다.

김혜순의 시 분석에서는 김혜순 시의 특성인 우화적 성격의 알레고리를 다룬다. 알레고리의 다층적이고 다면적인 읽기를 통해 알레고리의 개념을 새롭게 인식하는 계기를 마련한다. 즉 일대일 대응이 아니라 일대다 대응의 알레고리 표현모드를 분석한다. 하지만 우주를 이루는 7개의 판[29]으로 구성된 알레고리 시들을 꼼꼼히 읽으면서 관찰하고 추론하고, 중층적이고 입체적인 알레고리를 분석하고 난 후에는 이렇게 결론짓는다.

> 그런데 이 알레고리를 사랑의 알레고리라 불러도 좋을까? 왜 사랑인가? 관계의 형식이 이 모든 판의 밑바탕이기 때문이다. 이 형식이 간절함을 낳고, 간절함이 마음의 움직임을 낳는다. 이 움직임이 곧 사랑이다. 사랑은 동작태다. 그것은 끊임없이 움직임으로써 형식을 부수고 새로운 형식을 만든다. 그래서 김혜순 시의 중요 형식을 알레고리라 부르지 않아도 좋다. 처음부터 강조점은 알레고리가 아니라 사랑에 찍혀 있었기 때문이다(권혁웅 2012, 364).

권혁웅은 여기서도 마찬가지로 두 번의 읽기를 시도한다. 도

29 7개의 판(pan)이란 1.언어의 알레고리 2.관계의 알레고리 3.몸의 알레고리 4.시공간의 알레고리 5. 꿈의 알레고리 6. 무대의 알레고리 7.초상/풍경의 알레고리를 일컫는다(권혁웅 2012, 343-362).

상적 재현을 통해 표현된 시와 그리고 그것의 상징적 재현인 대상의 의미를 읽는다는 것이다. 이는 알레고리로 표현된 김혜순의 사유 이미지에 대한 권혁웅의 코멘터리라고 할 수 있다.

미학적 의미는 알레고리가 지시하는 대상의 의미를 이해하는 것이다. 이러한 의미는 알레고리 비평과 해석의 효과로 나타난다. 미학적 경험에서의 추론의 결과는 텍스트가 재현하는 대상의 미학적 의미로 자연스럽게 연결되며, 알레고리 대행자인 해석자는 문학형식을 매개로 대상에 대한 느낌의 자질을 경험한다. 그러므로 알레고리의 진정한 경험은 지표성에 기인한다. 즉 허구는 실재를 가리키고, 실재는 지시대상(reference)을 매개로 내적 실재를 가리키며 추리(inference)의 원인이 된다. 따라서 허구와 실재는 대립적인 것이 아니라 서로를 지시하며 질문과 응답의 대화상대자가 된다.

5. 나오며

퍼스의 다이어그램 개념을 통해 알레고리적 독해 방법을 제시하였다. 다이어그램의 세 모드, 곧 표현, 인지, 상징에 기반을 둔 추론을 알레고리 비평에 적용함으로써 문학작품의 기호적, 실용적 독서를 주장하였다. 알레고리는 다이어그램과 상응하는 유사성, 구조, 그리고 목적의 구성적 요소를 가진다. 이 점에 기반을 두고 미학적 기호로 나타나는 알레고리를 알레고리 비평을 통하여 해석하는 과정을 밝혔다.

퍼스에게 미학적 기호는 자질을 드러내는 도상이다. 미학적 기호가 경험과 의미로 연결되는 과정은 다른 영역의 학문을 필요로 한다. 즉 미학적 기호를 판단하는 능력과 연관된 학문들로서, 수학, 현상학, 철학, 심리학, 언어학, 인지과학, 논리학 등이 그것이다. 문학 작품의 예술 기호의 경험이 감각적과 비감각적 혹은 상상력과 이성을 중재로 이루어질 때, 미학적 경험과 의미의 발견으로 이어진다. 이러한 과정을 매개로 한 느낌의 일반화를 통해 미학적 경험은 소통으로 연결될 수 있다. 이런 의미에서 미학적 경험은 여타 다른 학문과 연결된 학제적인 연구에서 대상에 대한 의미를 깊게 만든다.

살펴본 바와 같이 다이어그램적 추론은 이질적 재현시스템을 통해 수행된다. 다이어그램의 이질적 추론방식은 알레고리 해석의 단순성과 단일성을 허물고, 알레고리의 알레고리화로 의미가 계속 진화하는 가능성을 드러낸다.

알레고리 비평에 적용되는 다이어그램적 추론은 알레고리 작가와 해석자가 동시에 수행하는 실험이다. 다른 식으로 표현하면, 알레고리는 쓰기와 읽기의 수사학적 방법이라고 할 수 있다. 하지만 둘의 기능은 다르다. 둘은, 마치 퍼스의 기호시스템에서 기호해석 대행체가 그러하듯이, 문학의 영역에서는 알레고리의 대행체로서 기능한다. 각자는 분리된 섬이면서도 서로의 관계 속에 존재한다. 감각적인 도상적 이미지와 추상적인 관계의 이미지가 함께 발생한다. 전자는 드러나는 이미지이며, 후자는 그것에 의해 그림자로 나타나는 이미지이다. 알레고리는 이렇게 감각적 이미지를 통해 추상적 이미지가 암시되는 지시적 기능을 가지고 있다. 다이어그램도 동일하게 감각적 이미지와 연결된 도상적 재현과 추상적인 관계 이미지와 연관된 상징적 재현이 동시에 발생하는 이질적 시스템이다. 두 사람의 기능은 소통의 형식적 조건을 형성하는 대행자로서 대립적인 이미지를 재현한다. 발화자(utterer)는 알레고리 혹은 다이어그램을 기술하는 대행체이고, 해석자(interpreter)는 그것을 관찰하고 다시 새로운 다이어그램을 기술하는 대행체이다. 둘은 의미의 소통을 지향하며, 기호과정의 목적론적인 행위에 참여한다.

역사와 매체에 따라 변하는 알레고리의 개념은 다이어그램의 개념을 통해 재인식될 것이고, 이는 문학작품의 읽기와 쓰기 개념에 영향을 미칠 것이라 생각한다. 관찰과 추론(재현시스템) 그리고 기술을 통한 알레고리적 쓰기와 읽기는 대행체를 매개로 이루어진다. 따라서 문학작품을 매개로 한 소통은 다이어그램적 추론을 적용한 기호 시스템 내에서 알레고리적 표현과 해석을 의미한다. 다이어그램 추론이 이질적이기 때문에 문학작품의 해석은 이질적 추론에 기반을 둔 알레고리의 코멘터리가 될 것이다. 또한 알레고리는 미학적 기호로서 숭고함과 황홀감(enchantment)을 경험하게 하고, 다이어그램적 추론, 즉 그것이 재현하는 대상과의 관계적 이미지를 추론하는 과정을 통해서 황홀감에서 벗어나 자각[30](disenchantment)의 상태에 이르게 한다. 그리고 알레고리의 미학적 기호가 자각의 상태에서 상상력을 통해 새롭게 통합하는 도상적 이미지를 만들 때, 그것이 지시하는 대상을 경험하게 되는 의도적인 황홀감(willful enchantment)에 도달하게 될 것이다.

30 하이데거는 플라톤의 동굴 비유를 알레고리적으로 설명한다(Mailloux 2010, 254).

참고문헌

권혁웅. 2012. 『입술에 묻은 이름』. 서울: 문학동네.

발터 벤야민. 2007. 『일방통행로/사유이미지』. 김영옥·윤미애·최성만 옮김. 서울: 길.

발터 벤야민. 2008. 『언어 일반과 인간의 언어에 대하여/번역자의 과제 외』. 최성만 옮김. 서울: 길.

임석원. 2003. 『발터 벤야민의 알레고리 연구: '독일비극의 원천'을 중심으로』. 서울대학교 대학원 석사학위논문.

Copeland, Rita and Peter T. Struck. 2010. "Introduction." In *The Cambridge Companion to Allegory*, eds. Rita Copeland and Peter T. Struck, 1-12. Cambridge: Cambridge University Press.

Crawford, Jason. 2017. *Allegory and Enchantment: An Early Modern Poetics.* London: Oxford University Press.

De Man, Paul. 1979. *Allegories of Reading: Figural Language in Rousseau, Nietzsche, Rilke, and Proust.* Hew Haven and London: Yale University Press.

De Tienne, André. 2004. "Is Phaneroscopy as Pre-Semiotic Science Possible?" *Semiotiche* 2: 15-30.

De Waal, Cornelis. 2013. *Peirce: A Guide for the Perplexed.* London: Bloomsbury.

Fletcher, Angus. 2012. *Allegory: The Theory of a Symbolic Mode.* Princeton and Oxford: Princeton University Press.

Hunter, Lynette. 2010. "Allegory Happens: Allegory and the Arts Post-1960." In *The Cambridge Companion to Allegory,* eds. Rita Copeland and Peter T. Struck, 266-280. Cambridge: Cambridge University Press.

Liszka, James J. 1996. *A General Introduction to the Semeiotic of Charles Sanders Peirce.* Bloomington and Indianapolis: Indiana University Press.

Mailloux, Steven. 2010. "Hermeneutics, Deconstruction, Allegory. In *The Cambridge Companion to Allegory,* eds. Rita Copeland and Peter T. Struck, 254-265. Cambridge: Cambridge University Press.

Parret, Herman. 1994. "Peircean Fragments on Esthetic Experience." In *Peirce and Value Theory: On Peircean Ethics and Aesthetics,* ed. Herman Parre, 179-190. Amsterdam/Philadelphia: John Benjamins.

Peirce, Charles S. 1931-1958. *Collected Papers of Charles S. Peirce.* 8 Vols, eds. Charles Hartshorne & Paul Weiss (vols.1-6); Arthur W. Burks (vols.7-8). Cambridge, MA: Harvard University Press. [CP refers to *Collected Papers* followed by volume and paragraph number.]

Peirce, Charles S. 1992. *The Essential Peirce: Selected Philosophical Writings.* Vol. 1 (1867-1893), eds. Nathan Houser and Christian Kloesel. Bloomington and Indianapolis: Indiana University Press. [EP refers to *The Essential Peirce: Selected Philosophical Writings* followed by volume and page number.]

Popova, Yanna B. 2015. *Stories, Meaning and Experience: Narrativity and Enaction.* New York and London: Routledge.

Sheriff, John K. 1989. *The Fate of Meaning: Charles Peirce, Structuralism and Literature.* Princeton, New Jersey: Princeton University Press.

Shin, Sun-Joo. 2002. *The Iconic Logic of Peirce's Graphs.* Cambridge, Mass.: MIT Press.

Stjernfelt, Frederik. 2007. *Diagrammatology: An Investigation on the Borderlines of Phenomenology, Ontology, and Semiotics.* Copenhagen: Springer.

Stjernfelt, Frederik. 2010. "The Extension of the Peircean Diagram Category: Charting the Implication of a Diagrammatical Revolution in Semiotics." In *Studies in Diagrammatology and Diagram Praxis,* eds. O. Pombo and A. Gerner, 57-72. London: King's College Publications.

Vygotsky, L. S. 1987. *Mind in Society: The Development*

of Higher Psychological Processes. eds. M.Cole, V. John-Steiner, S. Scribner, and E. Souberman. Cambridge, Mass.: Harvard University Press.

| 제3장 |

말-그림 사이매체로서의 '디아그람마'

글, 표기, 다이어그램의 매체상호성

강병창

1. 들어가기

전통적인 인문학이 매체-문화학으로 재편, 변용되어 온 과정을 들여다보면, 글[文]로 대표되던 언어 매체의 아성이 허물어지고 그림 또는 이미지가 인식 매체로서 중요한 거점을 차지하게 되었음을 알 수 있다. 지난 세기 90년대부터 선언되어 온 '그림으로의 선회(pictorial turn)'(Mitchell 1992)나 '도상으로의 선회(iconic turn)'(Boehm 1994), '시각으로의 선회(visual turn)'(Jay 2002)를 언급하지 않더라도, 우리는 이미 영상, 시각화, 이미지가 넘쳐나는 시대를 살고 있다. 이러한 시각 매체의 범람은 우리의 감정과 사고, 소통 및 행동 방식에도 지대한 영향을 미치고 있다. 도상/이미지로의 선회는 단순히 이미지가 언어를 대체하기를 옹호하는 것이 아니다. 이 선회는 플라톤 이래로 서구 사회에 만연해 온 이미지에 대한 부정적 사고와, 이성 및 언어가 지배 중심이 되어 온 철학에 대한 반동으로 해석할 수 있다(Bachmann-Medick 2006; 2016). 이 장의 관심은 이미지로의 선회가 목표로 하는 보편적인 이미지 '논리'의 탐구와 '시각문화'의 분석에 있는 것은 아니다. 이 장에서는 이미지와 언어가 공존할 수밖에 없는 현실과 이에 대한 성찰의 문제에 다시 주목해 보려고 한다. 다시 말해, 말과 그림 간의 대척 관계보다는 말과 그림 사이에 존재하는 다양한 혼종의 스펙트럼에 초점을 맞추는 것이다.

이 글에서는 말-그림 혼종으로서의 기호/매체를 '디아그람마'로 일컫고자 한다. 이 용어는 그리스어 '디아그람마(διάγραμμα)'를 그대로 가져 온 것이다. 물론 이 말이 지칭하는 현상들의 중심에는 다이어그램(diagram)이 있다. 그러나 굳이 '디아그람마'를 사용하는 것은 우리가 일반적으로 이해하는 다이어그램을 넘어서, 그 어원적 의미('선을 그어 표시한 형상')에 가깝게, 더 넓은 영역의 지시대상을 포괄하기 위해서이다. 즉, 디아그람마에는 문자와 글, 악보, 무보(舞譜), 수식, 논리식, 프로그래밍 언어뿐만 아니라, 도표, 도식, 그래프, 다이어그램, 설계도, 지도 등이 포함되는 것이다. 이 디아그람마 영역은 오늘날 지식의 축적과 변화가 가속화됨으로써 무엇보다 지식의 '지도'가 중요해지게 된 빅데이터 시대에 데이터 시각화와 인포그래픽의 영역으로까지 확장될 수 있을 것이다.

디아그람마 기호/매체에 대한 학문적 논의는 최근에 와서야 본격적으로 이루어지게 되었다. 그 동안 말-그림 사이존재들은 언어학의 관심사도 이미지학의 관심사도 아닌 채 거의 사각지대에 놓여 있었다고 해도 과언이 아니다. 그러나 이제 디아그람마, 그 중에서도 특히 다이어그램은 철학, 미술사학, 문예학, 기호학, 매체학, 이미지학, 문화학 등 여러 학문 영역에서 관심을 갖는 학제적 연구대상이 되고 있다. 이 분야는 흔히 '다이어그램학(diagrammatology)'[1]으로 불리고 있는데, 지금으로서는 이 영역 전체를 톺아보고 새로운 길을 개척하려는 야심찬 기획을 할 수 있는 단계는 아닌 것 같다. 여기서는 소박한 목표를 세우고자 한다. 이 장에서는 이미지의 시대에 인문학에서 관심을 가져야 할 중요한 한 영역을 개괄적으로 소개하고, 이미지로의 선회 담론 속에서 디아그람마의 인지적 특성이 무엇인지 일별해 볼 것이다. 그리고 비가시적인 것을 가시화하는 디아그람마의 특성을 배경에 두면서 글(문자, 텍스트)의 문제를 다시 고찰해 볼 것이다. 이로써 디아그람마로서 글은 언어이면서 그 이상임을 보이고자 한다.

1 독일어권에서는 이 분야를 일컫기 위해 'Diagrammatologie' 외에 'Diagrammatik'을 사용하기도 한다.

2. '다이어그램으로의 선회'와 디아그람마

서두에서 언급한 이미지(그림/도상/시각)로의 선회는, 사회문화적 현실의 측면에서 보자면, 매체의 디지털화와 이에 따른 개개인의 전지구적 그물망화의 결과로 문자 텍스트 중심의 문화가 이미지 중심의 문화로 넘어갔음을 의미한다. 학문적으로 볼 때 이미지로의 선회는 그 이전의 지배적인 '언어로의 선회'가 언어적인 것을 절대시하던 태도를 교정하고, 이미지성이 우리의 인식 능력을 구성하고 인식론적 대상을 존재하게 하는 데 기여하는 점을 강조한다. 이제 이미지는 인식론과 과학철학에서 합법적인 연구대상으로 인정받고 있다. 물론 당연한 말이지만 이미지(그림, 사진, 영상)가 문자(글, 텍스트)를 완전히 대체할 수 있는 것도 양자가 완전히 서로 '번역'될 수 있는 것도 아니다. 사실 역사적으로 볼 때 언어와 이미지 사이의 관계를 놓고 고대로부터 지금까지 끝임 없는 논의가 있어 왔다. 하지만 양자를 유비(類比)적인 것이나 상호 번역 가능한 것으로 간주한다든지(예컨대 에크프라시스[ekphrasis]의 수사학; 호라티우스의 '시는 그림과 같게[ut pictura poesis]') 완전히 대립적인 것으로 본다든지(예컨대 레싱의 공간예술-시간예술 구분) 하는 극단적인 성찰이 지배적이었다. 보겐과 튀얼레만(Bogen & Thürlemann 2003, 2)이 지적하듯이, 이 과정에서 도외시된 매체/기호가 다이어그램(좀 더 정확하게는 "다이어그램적 형상과 논증")인데, 이 "다이어그램적인 것"은 글과 그림의 단순한 결합, 혼성이 아니라, 기능적으로 볼 때 글, 그림 어느 것으로 대체될 수 없는 "제3의 것"으로서 고유한 기호적 특성을 갖는 것이다. 보겐과 튀얼레만은 디지털 미디어 시대에는 그림보다는 다이어그램의 중요성이 더 커질 것으로 보기 때문에 "이미지로의 선회"보다는 "다이어그램으로의 선회(diagrammatic turn)"를 언급하는 것이 더 적절할 것 같다고 한다(같은 곳, 3).

사실 새로운 세기로 접어들면서 다이어그램 연구가 다양한 학문 분야에서 유행처럼 늘고 있다.[2] 물론 다이어그램은 전통적으로 회화, 소묘, 판화, 사진 등의 '예술적' 이미지에 주목하는 미술사학의 관심권 밖에 있어 왔지만, 옛날부터 존재해 왔고 일상과 학문에서, 교육과 예술에서 중요한 역할을 해 왔다. 다이이그램은 재현의 도구일 뿐만 아니라, 인식의 기능을 수행하면서 지식을 획득하는 데에도 쓰여 왔다. 미술사학자 제임스 엘킨스(Elkins 1999)는 미술은 시각 이미지의 방대한 영역에서 극히 일부만 차지할 뿐이라고 강조하는데, 그는 다이어그램(그의 용어

---

2 최근의 연구 동향을 보여 주는 단행본(저서, 편저)으로는 다음과 같은 것들을 들 수 있다: Gehring et al. (1992); Stjernfelt (2007); Heßler & Mersch (2009); Posner (2009); Bauer & Ernst (2010); Bender & Marrinan (2010); Pombo & Gerner (2010); Engel et al. (2012); Schmidt-Burkhardt (2012); Boschung & Jachmann (2013); Reichert (2013); Depner (2016); Krämer (2016); Krämer & Ljungberg (2016); Schneider et al. (2016); Wöpking (2016); Wentz (2017).

로는 '스키마[schema]'[3])을 '비예술적(nonart)' 또는 '정보적(informational)' 이미지에 포함시킨다.[4] 엘킨스가 이해하는 '이미지(image)' 또는 '시각적 인조물(visual artifact)'은 우리가 보통 이해하는 이미지보다 범위가 넓어서 말하자면 "표면 위에 있는 의미있는 패턴(meaningful patterns on surfaces)"(Elkins 1999, 82) 전반을 가리킨다. 즉, 이미지는 잠정적으로 '글(writing)', '그림(picture)' 그리고 (이들 사이에 있는) '표기(notation)'라는 세 영역으로 구분되고 있다. 이처럼 엘킨스의 이미지는 글과 표기를 포함하기 때문에 우리가 흔히 그림으로 이해하는 이미지보다는 대상 영역이 더 포괄적이다. 물론 엘킨스도 이 문제를 의식하여 여러 대안을 생각하지만 오해의 소지가 적은 신조어 '그람마(gramma)'[5]를 제안한다. '그람마'의 토대가 되는 그리스어 '그람마(γράμμα)'는 그려지거나 쓰여진 일체의 것(그림, 글, 글자)을 나타낸다. 이 글에서도 엘킨스의 제안을 받아들여 글, 그림, 표기 일체를 지칭할 필요가 있을 때는 '그람마'를 사용할 것이다. '표기(notation)'는 넬슨 굿맨(Goodman 1976)에게서 받아들인 용어이다. 굿맨이 의도하는 의미보다 넓게, 엘킨스의 '표기'는 '순수한' 글/문자와 그림 외에 설정되는 제3의 그람마 영역이 된다. 다이어그램은 바로 이 표기 영역에 속한다. 그람마의 세 영역(글, 그림, 표기)은 비교적 순수한 것으로 있는 경우도 있지

---

3 복수형은 'schemata'.

4 엘킨스가 말하는 비예술적 이미지에는 스키마(다이어그램) 외에도 이자체(異字體, allograph: 칼리그라피, 타이포그라피 등), 의미문자(semasiograph), 유사문자(pseudowriting), 이야기 그림글(picture-writing), 부적, 엠블럼 등이 있다.

5 복수형은 'grammae'.

만 대부분은 서로 정도의 차이를 보이면서 겹쳐지는 혼종적 성격을 취한다. 다이어그램은 표기 영역의 비교적 순수한 경우에 속하지만, 실제로 사용되는 경우를 보면 글과 그림 및 그 밖의 표기적 요소들과 융합되어 나타나는 경우가 허다하다.

다이어그램은 넓은 의미의 이미지(그람마) 영역 가운데서 미학적인 부류보다는 정보적이고 실용적인 부류에 속하는 것, 곧 지식을 재현하거나 획득하는 데 쓰이는 인식적 이미지에 속한다고 할 수 있다. 인식적 이미지는 '흔적 이미지(Spurbild)'와 '구조 이미지(Strukturbild)'로 나뉘는데(Beck & Wöpking 2014, 346; Mersch 2006), 다이어그램은 후자에 속한다. 흔적 이미지는 쉽게 말해 데이터와 사건을 그대로 반영하는 이미지로서 기호학적으로는 지표(index) 기호이다. 예컨대 안개상자 궤적, X선 사진, 분광사진 등이 흔적/지표 이미지가 된다. 구조 이미지는 대상에 대해 지각적 유사성이 아니라 구조적 유사성을 보이는 '추상적' 이미지라고 할 수 있다. 구조 이미지인 다이어그램은 대상에 대한 복잡한 정보를 한 눈에 들어오게 시각적으로 명료하게 제시해 주는 역할을 한다. 메르쉬(Mersch 2006, 101이하)에 따르면, 다어어그램과 같은 구조 이미지는 '모사(Abbildung)'라기보다는 '이론(Theorie)'에 가깝다. 흔적 이미지가 물질성에 의존하여 재현적 또는 지시적 기능에 의한 존재 증명을 하는 데 반해, 다이어그램적인 구조 이미지는 비물질적으로 통사적 배열, 기하학적 형상 구조에 의한 모형화를 통해 인식적 기능을 발휘한다.

이런 점에서 다이어그램에 대한 관심은 인간의 사고와 논리를 연구하는 영역(철학, 논리학, 기호학, 언어학, 인지과학, 인공지능학 등)에서도 활발히 일고 있다. 이들 분야에서는 얼마 전까지만 해도 인간의 사고는 대부분 관습, 규약에 의한 재현인 상징(symbol) 기호를 통해 이루어진다는 인식이 지배적이었다. 하지만 최근의 논의에서는 어떤 재현 시스템도 일정 정도에서는 도상성에 의존한다고 보는 견해가 점점 늘고 있다. 도상(icon) 기호, 특히 다이어그램에 의한 사고를 잘 이해하게 되면 문제 해결, 추론, 가설 설정 등을 이해하는 데 결정적인 원동력을 얻게 된다는 것이다. 관련 논의에서 이구동성으로 언급하듯이, 다이어그램의 그러한 잠재력을 어느 누구보다도 체계적으로 탐구한 학자는 찰스 샌더스 퍼스(Charles Sanders Peirce)이다. 퍼스는 스스로 '다이어그램적 추론(diagrammatic reasoning)'이라 칭하는 인식론적 관점을 견지한다.

> 모든 필연 추론은 다이어그램적이다. 그래서 다른 모든 추론이 내놓는 확신적 주장은 필연 추론에 기초해야 한다. 이런 의미에서 모든 추론은 직간접적으로 다이어그램에 의존하는 것이다(Peirce 1976, 314).[6]

퍼스의 이러한 관점에 대한 세부 논의(Arnold 2011; Bellucci 2013; May 1995a; 1995b; Pietarinen & Stjernfelt 2015; Stjernfelt 2000; 2007; 2011 등)는 많지만 여기서 다룰 수 없고, 다만 크래머(Krämer 2009, 107-108)에 정리된 내용을 참고하여 다음과 같이

---

6 "All necessary reasoning is diagrammatic; and the assurance furnished by all other reasoning must be based upon necessary reasoning. In this sense, aiJ reasoning depends directly or indirectly upon diagrams."

간략한 윤곽만 그려 보이겠다.

(i) 도상성: 다이어그램은 지각 가능한 기호이다. 다이어그램 기호는 퍼스의 3항적 기호 유형(도상[icon] 기호, 지표[index] 기호, 상징[symbol] 기호) 가운데 도상 기호에 속한다. 도상 기호는 기호 대상과 유사성(닮음)에 기초하여 기호 관계를 맺는 기호인데, 다이어그램 기호는 대상에 대해 자연적, 외형적 또는 주관적인 유사성이 아니라 구조적, 관계적인 유사성을 보이는 도상 기호이다. 이렇게 볼 때 퍼스의 다이어그램 기호에는 좁은 의미의 다이어그램뿐만 아니라, 수식, 그래프, 지도, 설계도 같은 것도 포함된다. 따라서 도상성은 추상적인 것이 될 수도 있는 것이다.

(ii) 관계 보이기: 다이어그램 기호의 주된 임무는 대상 자체를 시각적으로 보여주는 것이 아니라 대상의 요소들 사이의 관계를 시각화하는 것이다. 다이어그램은 "어떤 대상의 부분들의 관계를 [...] 자체의 부분들에도 있는 그와 유사한 관계를 통해 재현하는"(Peirce: CP 2.777) 하위 도상(hypoicon)이다. 즉, "관계의 형식(the form of a relation)"(Peirce: CP 4.530)을 보여주는 것이 다이어그램이 가장 중요하게 해야 할 일이다. 그런데 이러한 관계는 일반적으로 눈에 보이는 것이 아니기 때문에 다이어그램은 우리의 감각이 직접적으로 포착하지 못하는 것을, 곧 사고를 통해 "이해하는 관계(intelligible relation)"(Peirce 1976, 316; CP 4.531)를 시각화하는 것이 된다.

(iii) 관찰될 수 있는 일반성: 다이어그램은 감각적인 것과 사유적인 것 사이를 매개하는 역할을 한다. 다이어그램은 관찰될

수 있고 조작을 통해 변경 가능한 것이므로 개체적 존재로서의 기호적 출현을 보이면서도 보편적 대상을 제시하며 일반적인 것을 감각적으로 경험할 수 있게 해 준다. 다이어그램은 칸트가 말하는 '스키마(Schema)'와도 상통하는데, "한편으론 관찰 가능한 대상이면서 다른 한편으론 일반적인 것인"(Peirce 1976, 318) 점에서 그렇다.

(iv) 스키마: 다이어그램은 해석 가능한 상징 또는 스키마가 됨으로써 일반성을 나타낼 수 있다. 이때의 다이어그램은 구체적 기입이 이루어진 특정한 것의 차원을 넘어서 일반성을 구현하는 것이 된다. 구체적인 다이어그램은 일단 감각적 지각의 차원에 머물러 있다. 하지만 이것이 '읽히게' 되면, 다시 말해 스키마와 관계하게 되면, 구체적인 개별 다이어그램(토큰[token])의 우연적 속성은 제거되고 추상화가 이루어지는 일종의 '타입(type) 읽기'가 일어나는 것이다.

(v) 증명: 다이어그램은 자체 구성에 이미 포함되지 않은 인식을 가능하게 함으로써 증명을 수행하는 기능을 한다. 그러니까 다이어그램은 시각화의 도구일 뿐만 아니라, 자체에 포함되어 있는 형상과 배열을 변경하여 재구조화하고 이를 관찰함으로써 새로운 지식을 얻게 하는 실험의 도구가 된다. 물론 이때의 지식 영역은 경험적인 것인 아니라 필연적인 것이 된다.

다이어그램을 개략적으로 사태, 정보, 지식에 내포된 구조화된 관계성을 재현, 구성, 분석하는 데 쓰이는 시각적-공간적 표현 형식이라고 규정하게 되면, 이미지와 언어 사이를 매개하는 특성이 부각된다. 다시 말해, 시각적 이미지의 직관성과 개념적-언어적 추상성이 다이어그램에 함께 녹아 있는 것이다. 즉, 다이어그램은 말의 논리만으로도 그림의 현상학만으로도 설명할 수 없는, 양자의 혼종적 성격을 띠는 특수한 매체성을 갖는다. 중립적으로 말해 뭔가를 '나타내는 것'으로서 말과 그림은 다양한 용어를 통해 구분되어 왔다. 말과 그림을 서로 구분하는 특징은 흔히 논변적-도상적, 얘기하기-보여주기, 재현-현시, 자의성-유사성, 디지털-아날로그 등의 다양한 개념 쌍과 결부된다. 그러나 말-그림 양자 구분은 2항 대립적으로 이루어지는 것이 아니라, 양자 사이에는 어느 한쪽으로 귀속시킬 수 없는, 둘의 특성을 공유하는 일단의 '나타내기' 현상들이 존재한다. 다이어그램, 엄밀히 말하면, 다이어그램을 포함하는 '디아그람마'의 영역이 존재하는 것이다. 디아그람마는 엘킨스가 말하는 그람마(글, 그림, 그리고 그 중간 형식을 모두 포괄하는 넓은 의미의 이미지)에서 '순수' 그림을 제외한 영역이라고 볼 수 있다. 디아그람마는 '순수' 언어(앞으로 편의상 '말'이라고 지칭하자)과 '순수' 이미지(앞으로 편의상 '그림'이라고 지칭하자) 사이에 존재하는 것이다. 말-그림 사이존재로서의 디아그람마는, 종래의 다이어그램 논의에서와 달리, 글/문자를 포함한다.

이러한 확장된 디아그람마 개념에 대한 기본 구상은 독일의 매체철학자 지빌레 크래머(Sybille Krämer)의 논의에 기반을 둔 것이다. 크래머(Krämer 2009; 2010; 2014a; 2014b; 2016)는 인문학에서 중요한 문제로 대두되어 온 언어와 이미지의 관계에 천착하는데 그 동안 2항적 대립관계로 파악되어 온 양자 사이에 혼종적인 사이존재가 있음에 특별히 주목한다. 이 중간존재 부류를 크래머는 '다이어그램적인 것(das Diagrammatische/the diagrammatic)'으로 부른다. 즉, '나타내는 것'(기호/매체)의 유형은 크게 '언어 - 다이어그램적인 것 - 이미지'라는 3분 구조로 파악된다. 이것은 엘킨스의 '글 - 표기 - 그림'의 3분 구조와 유사해 보인다. 그러나 엘킨스의 '글'과 '표기'는 크래머의 '다이어그램적인 것'에 포함된다. 이 점에서 두 학자의 입장은 크게 차이가 있다. 그리고 앞에서 언급한 굿맨의 '표기' 개념의 재해석까지 겹치면서 용어의 혼란이 불가피해 보인다. 본고에서는 이런 상황을 고려하고 크래머의 의도를 살리는 차원에서 다음과 같은 개략적 유형분류를 제시한다.

<table>
<tr><th colspan="5">주된 기호/매체('나타내는 것')</th></tr>
<tr><td>말</td><td colspan="4">그람마</td></tr>
<tr><td>말</td><td colspan="3">디아그람마</td><td>그림</td></tr>
<tr><td>말</td><td>글</td><td>표기</td><td>다이어그램</td><td>그림</td></tr>
</table>

표 1. 그람마와 디아그람마의 개략적 유형분류

여기서 '말'과 '그림' 사이에 있는 '디아그람마'는 크래머의 '다이어그램적인 것'을 대신하는 용어로 쓰겠다. 디아그람마는 '글', '표기', '다이어그램'을 포괄하는 개념이다. 글은 일단 문자언어로 이해할 수 있고, 표기는 수식, 논리식, 프로그래밍 언어, 악보, 무보 등과 같은 것으로 본다. 다이어그램은 다소 광의의 것으로서 전형적인 다이어그램을 비롯하여, 도표, 도식, 그래프, 차트, 설계도, 인포그래픽, 지도 등을 포함한다. 여기서 '말'과 '그림'은 비교적 순수한 차원의 전형적인 것으로 이해되어야 할 것으로 설정된 것이다. '말'은 일딘 음성언어로 이해할 수 있는데, 그 속에 내포된 음악성을 배제한, 순수한 언어성을 염두에 둔 개념으로 사용한다. 뒤에서 논의하겠지만, '글'은 음성언어를 시각화한 것으로 볼 수 있으나 한 차원에서 다른 차원으로 변환되는 과정에서 추가되는 많은 요소들이 있어서 단순히 언어성만으로 환원될 수 없는 성질을 띤다.

그렇다면 글, 표기, 다이어그램을 관통하는 공통점은 무엇이고, 어떤 점진성과 변이를 보이면서 구체적인 특성을 갖게 되는가? 디아그람마의 일반 속성에 관한 문제는 다음 절에서 논의한다.

3. 디아그람마의 인지적 특성: 비가시적인 것의 가시화

글, 표기, 다이어그램을 모두 아우르는 디아그람마는 말과 그림 사이에 있으면서 언어성과 이미지성을 공유한다. 가시적-감각적 매체성의 관점에서 보면, 글, 표기, 다이어그램의 최소 공분모는 점, 선, 면이다. 디아그람마는 평면에서 점과 선의 결합으로 실현된다. '말로 하기'와 '보여 주기'가 공조하는 '디아그람마'라는 그래픽 표현은 우리가 흔히 이미지에서 기대해 왔던 미학적 경험뿐만 아니라, 언어의 기본 매개 작용인 인식적 경험 양자가 제휴하는 장(場)이 된다. 또한 디아그람마는 단순히 지식 대상을 재현, 전달, 전파하는 매체 기능을 넘어서 그 대상을 생성하고 개척하여 확장시켜 나가는 조작적 도구가 되기도 한다. 이 절에서는 이러한 디아그람마의 매체적 및 인식론적 특성을 좀 더 구체적으로 살펴보겠다. 이를 위해서 크래머(Krämer 2009; 2010; 2014a; 2014b; 2016)가 논의한 내용의 핵심을 재구성하여 제시할 것이다. 여기서 제시되는 속성들은 늘 서로 명확하게 구분되는 차원들인 것은 아니다. 동일 현상을 서로 다른 관점에서 서술하는 경우도 있다고 봐야 할 것이다.

3.1. 물질성, 평면성, 그래픽성

디아그람마에서 우선적으로 부각되는 점은 그것이 물질로써 구현된 어떤 사물의 평면 위에 볼 수 있게 기입된 것이라는 것이다. 즉, 디아그람마는 물질성(Materialität), 평면성(Flächigkeit), 그래픽성(Graphismus)을 갖는다고 할 수 있다. 이 글에서 '디아그람마'로 지칭하고 있는 대상 역역을 가리키기 위해 크래머는 '다이어그램적인 것(das Diagrammatische)' 외에도 '기입(Inskription)'를 사용하는데, 디아그람마의 그러한 특성을 포착한 것으로 해석할 수 있겠다.

디아그람마가 *물질성*을 갖는다는 것은 디아그람마가 우리 눈앞에 실물로 존재하는 사물이라는 뜻이다. 그런데 이 말은 단순히 디아그람마가 정신적으로 먼저 존재하는 추상적인 대상으로 있다가 나중에 사용 과정에서 물질화되어 표출되는 것이라는 의미가 아니다. 크래머에게는 디아그람마가 정신의 밖에서 물실적으로 존재하는, 감각으로 지각되는 측면이 다른 측면에 우선하는 지위를 갖는다. 물론 디아그람마의 물질적, 감각적 측면은 디아그람마에서 지각되지 않는 측면과 연결된다. 가시적인 디아그람마는 규칙과 관습에 기반하여 실제로 사용되면서 비가시적인 사고와 인식의 흐름을 촉발하고 초개인적인 경험과 상호주관적인 인식으로 이어지는 것이다. 다만 이러한 것의 기반이 디아그람마의 물질성, 공간적 평면성, 그래픽성에 있다는 것이다. 그러나 디아그람마의 물질성은 '내재적(intrinsisch)'인 것이 아니라 '외재적(extrinsisch)'이다. 예술적 이미지가 '내재적 물질성'을 갖는다면, 디아그람마는 '외재적 물질성'을 갖는다. 다시 말해, 예술적 그림은 스스로를 드러내고 가시적일 때 그림의 재료 자체가 결정적인 요인이 된다. 복제된 그림은 이미 물질성이 원본과 다른 것이 되고, 원본의 물질성은 그 어떤 다른 것에도 전달될 수 없는 것이다. 미술의 그림과 달리, 디아그람마는 브뤼노 라투르(Latour 1990)가 말하는 "불변하는 이동체(immutable mobile)"가 되는 기입(inscription)이다. 글/텍스트, 표, 그래프, 다이어그램, 지도와 같은 기입들은 복제, 전송 등을 통해서도 전달될 수 있으며, 여기서 원본과 모사의 차이는 중요하지 않다. 디아그람마 기입들은 물질적 매체(운반체)의 도움으로 시각화되기는 하지만, 그 물질성 자체는 교체될 수 있는 성질의 것이다. 이러한 물질의 교체 가능성은 내용의 불변성을 전제로 한다. 예컨대 어떤 종이에 기입된 것은 다른 종이에로도 옮겨질 수 있는 것이다. 이것은 어떤 지폐에 기입된 가치가 물리적으로는 다른 종이가 되는 같은 액면 지폐의 가치와 동일한 것에 비견될 수 있다. 디아그람마의 물질성의 기능은 일회적인 자체 고유성을 부여하는 데 있는 것이 아니라 단지 구조, 패턴, 형상을 부여하는 데 있을 뿐이다. 이런 의미에서 디아그람마의 물질성은 내재적이 아니라 외재적인 것이다.

디아그람마의 외재적 물질성에서 결국 중요한 것은 재료적, 형상적 고유 가치가 아니라, 구조를 부여할 수 있게 해 주는 물리적 특성이다. 여기서 핵심적인 것은 공간적 평면성이다. 디아그람마는 눈에 보이지 않는 것을 보일 목적에서 물질성을 띠야 하고, 구조를 보이기 위해서는 공간적으로 펼쳐져 있어야 한다.

물질성을 띠고 가시적인 것은 모두 3차원 공간에서 우리 몸과 관계를 맺는다. 그런데 디아그람마 매체는 실질적으로는 3차원 물체이지만 우리가 일반적으로 경험하는 것에서 벗어나는 특별한 공간성을 갖는다. 글과 다이어그램은 우리에게 일반적으로 뭔가가 적혀 있거나 그려져 있는 평면으로 인식되는 것이다. 디아그람마에서는 1차원의 선과 2차원의 면이 중요할 뿐 3차원 입체의 측면은 물리적으로는 존재하더라도 의도적으로 축소되거나 무시된다. 그래서 디아그람마에서는 '위-아래'와 '왼쪽-오른쪽'의 방향이 중요하지 '앞-뒤'(또는 '겉-속')는 무시된다. 미술에서 유화의 경우 붓으로 칠하는 방식에 따라 발생하는 입체성은 미학적으로 무시될 수 없는 반면에, 같은 글자를 종이 위에 쓴 것과 비석 위에 각인하여 겉-속 깊이가 발생한 것 사이에는 기능적인 차이가 없다. 디아그람마의 공간적 평면성이 갖는 중요한 의미는 시각적으로 은폐되는 부분을 생기지 않게 함으로써 전체를 통제 가능하게 조망할 수 있는 관점이 제공된다는 것이다. 3차원 입체인 우리 몸은 앞-뒤가 있고 뒷모습을 우리 스스로는 볼 수 없으며, 겉과 속이 있는 물체는 있는 그대로만으로는 속을 들여다 볼 수 없다. 그러나 평면에서는 두께(깊이)와 그로 인한 앞-뒤(겉-속)를 생각할 필요가 없고, 뒤와 속에 있을 것을 염두에 둘 필요가 없다. 이로써 디아그람마 평면은 말하자면 실제 현실에서는 할 수 없는 '공중에서 내려다보기'를 가능하게 해 주는데, 일람, 조망, 통제가 이루어질 수 있도록 일종의 조감도적 시각을 제공해 주는 것이다. 디아그람마의 이러한 평면성은 현실 공간적인 것이 아니라 가상 공간적인 것이다.

디아그람마가 *그래픽성*을 갖는다는 것은 점과 선이 평면에 기입되어 이들이 상호작용하는 것을 말한다. 그래픽의 어원이 되는 그리스어 동사 '그라페인(γράφειν)'은 원래 첨필(stilus) 같은 것으로 뭔가를 새기는 것을 뜻했는데, '그림을 그리다'와 '글을 쓰다'를 모두 뜻하는 말로 쓰였다. 인간은 '말하는' 동물일 뿐만 아니라 '끄적이는' 동물이다. 뭔가를 나타내기 위해 소리를 이용하는 것은 인간 이외의 다른 동물들도 할 줄 안다. 하지만 뭔가를 나타내기 위해 그리거나 적는 행위는 인간이라는 종 특유의 능력이다. 물론 끄적이는 행위는 인식적-정보적인 측면만 갖는 것은 아니다. 그리거나 적는 행위에는 분명 예술적-미학적인 측면도 있다. 점, 선, 면은 수학적으로는 연장성, 폭, 높낮이가 없는 것이지만, 현실세계에서 구현되는 것은 그러한 성질을 가질 수밖에 없다. 이러한 그림적 특성은 미학적 인상을 주는 데 중요한 역할을 한다. 그러나 지식의 시각화에 쓰이는 디아그람마에서는 그러한 미학적 속성을 넘어 추상적인 점과 선이 보이는 수학적 도식성이 중요하다. 예컨대 지도라는 디아그람마는 경험세계 속하는 물건이고 거기서 영토를 구획하는 선은 두께를 가질 수밖에 없지만, 그 선은 선의 두께로 암시될 수 있는 어떤 중립 영역에 속하지 않은 채, 어느 나라에도 속하지 않은 채, 구획의 역할을 충실히 수행한다. 현실에서 두께 있는 선이 두께가 없는 이상적인 구성체로 작용하기 때문이다. 디아그람마는 경험세계에서 구현되는 것이므로 이 세계에 속하는 것이 거기에 함께 따라 붙지만, 실제 해석에서는 그것들을 무시하는 추상화가 이루어지는 것이다.

3.2. 관계성, 방향성, 동시성

나아가 디아그람마는 평면에서 선의 연결을 통해 관계를 보여주고(관계성[Relationalität]), 평면 자체 내의 기입 방향과 사용자와의 위치관계 설정이 중요하게 작용하며(방향성[Gerichtetheit]), 시간적인 것을 공간화하여 동시적으로 보이는(동시성[Simultaneität]) 장이 된다.

디아그람마는 단순히 대상을 나타내는 것이 아니라, 대상과 대상 사이의 관계를 나타낸다. 디아그람마의 *관계성*은 이중적인데, 관계를 매개로 하여 관계를 나타내는 점에서 그렇다. 간단히 말하자면 디아그람마의 핵심 요소인 선이 이미 관계를 나타내는 연결이고, 이 연결선이 다시 대상의 관계를 나타낸다는 것이다. 어떤 대상과 대상, 사태와 사태 사이의 관계가 이 세계에 실제로 존재하는 것인지 아니면 이 세계를 이해하는 우리 관념 속에 존재하는 것인지는 확정할 수 없지만, 어쨌든 관계라고 하는 것은 디아그람마에서 비로소 감각적으로 지각될 수 있고 탐구될 수 있다는 점이 중요하다. 말하자면 디아그람마는 관계를 생성하는 장소가 되는데, 이 관계는 사고

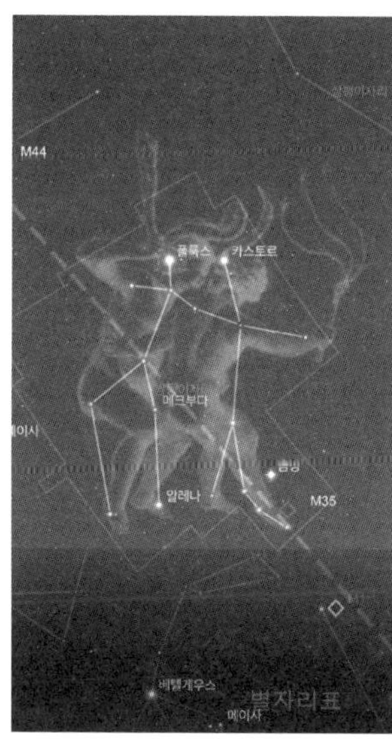

그림 1. 별자리표의 예

의 형상(패턴, 모형)이 되어 인지 영역으로 들어가게 된다. 예컨대 별자리표(성도)(그림 1[7] 참조)는 그러한 관계 생성을 극명하게 보여주는 디아그람마의 예가 된다. 밤하늘에 보이는 별들 사이에는 아무런 연결이 없지만, 이들 사이에 임의 선을 그음으로써 비로소 관계가 형성된다. 이러한 관계와 형상은 자의적이지만 실용적 목적을 위해 실제의 천체를 확인할 때 길잡이가 되는 것이다. 디아그람마의 공간적 관계는 사실 많은 경우 비공간적인 관계를 나타내 준다. 그래프와 같은 경우를 보면, 서로 이질적인 것들이 동일 평면 공간(x축, y축) 속에 들어와서 동질화 배열을 갖게 되면서 상관관계를 표현하게 되는 것이다. 우리가 보통 사고를 한다는 것은 대상과 대상을 관련시키는 일이 되므로, 디아그람마의 관계성은 우리의 인식과 직결되는 속성이 된다.

디아그람마를 사용할 수 있으려면 *방향성*이 필수 조건이 된다. 디아그람마 평면 위의 기입은 일정한 질서에 의해 배열되는데, 이것을 이해하고 올바로 사용하려면 평면 자체의 기입 배열 관계뿐만 아니라, 평면과 이를 이용하는 사용자 사이의 위치 관계도 파악되어야 한다. 이 점은 특히 글을 쓰거나 읽을 때 명확하게 드러난다. 기입 평면에서 위-아래와 왼쪽-오른쪽의 방향은 기본적인 기준이 되는데, 이 범위 안에서 기입의 진행 방향은 문화 고유의 규약에 따라 정해진다. 글이 보이는 이러한 특성은 정도의 차이는 있지만 다른 디아그람마에도 적용된다. 예컨대 그래프의 좌표 화살표라든지 지도의 방위표시 같은 것이

---

7 이미지 출처: 스마트폰 앱 "별자리표"의 캡처 이미지.

그것을 말해 준다. 나아가 디아그람마 평면의 방향성(왼쪽-오른쪽, 위-아래)은 사실 사용자의 몸이 보이는 세 방향 축선(왼쪽-오른쪽, 위-아래, 앞-뒤)에 맞춰져 파생된 것이다. 앞서 평면성과 관련하여 언급했듯이, 디아그람마 평면은 통제할 수 없는 비가시적인 3차원의 앞-뒤 방향이 제거되고 통제 가능한 가시적인 부분(왼쪽-오른쪽, 위-아래)이 남은 것이다.

디아그람마의 이러한 2차원 평면 배열은 선형적으로 연속되는 것을 동시적으로 나란히 배열할 수 있게 해 줌으로써 *동시성*을 구현한다. 시간적 순차성과 대립하는 동시성은 전체를 시각적으로 조망할 수 있게 하는 일종의 '시놉시스(synopsis)'이다. 이러한 동시적 제시, 시놉시스는 그림 그리고 디아그람마의 중요한 특성이다. '동시성'이란 말에는 시간의 차원이 들어있지만 중요한 것은 시간이 아니라 공간이다. 말하자면 동시성은 '동공간성'인데, 모든 것이 한 평면 공간에서 좌우, 상하 배열을 통해 공존하는 측면인 것이다. 여기에는 인간의 감각 가운데 시각이 중요한 역할을 한다. 반면에 청각과 촉각은 순차적 시간에 따른 진행과 결부된다. 시각은 동시성의 감각으로서 조망과 비교에 기초한 인식을 가능하게 해 준다. 회화에서는 일반적으로 투시원근법이 적용된다면, 디아그람마는 기본적으로는 조감(鳥瞰)하는 재현이 된다. 투시원근법에서는 개별 관점 및 소실점이 그림의 전체 평면을 조직하는 핵심 원리가 되는 반면에, 디아그람마의 동시성/시놉시스에서는 상이한 관점들에서 관찰하기가 일어난다. 디아그람마의 이러한 동시적 배열 특성으로 해서 디아그람마의 기입들은 음성 언어처럼 시간적 순서로 출현했다 사라지는 것들과 달리 소실되지 않는 안정성을 갖는다. 이렇게 해서 디아그람마를 다룬다는 것은 시간에 따른 찰나성과 급박성에서 벗어나 느린 진행의 사고와 이에 대한 성찰을 할 수 있게 된다는 뜻이 된다. 이렇게 사고의 결과와 지식이 조감성 있게 형상화되면 이것의 사회적 전파와 상호주관적 경험과 비판도 쉽게 가능해진다. 디아그람마라는 인조물이 없다면 지식의 전달, 전파, 번역도 생각할 수 없는 것이다. 또한 디아그람마에 의한 시놉시스는 지식의 공간적 보존뿐만 아니라, 지식의 시간적, 순차적 실행에서도 중요하게 작용한다. 이 점은 미래의 행위를 지시하는 것들, 예컨대 악보의 연주, 행사나 공연의 프로그램, 가구 조립 안내도, 알고리듬, 컴퓨터 프로그래밍 등을 생각해보면 분명해진다. 이처럼 공간적 동시 배열을 보이는 디아그람마는 시간적인 것을 공간화하고 공간적인 것을 시간화하는 플랫폼이 된다.

3.3. 스키마성과 지시성

앞서 디아그람마의 물질성과 그래픽성을 언급할 때 이미 암시한 바 있지만, 디아그람마에서는 예술작품으로서의 그림에서와 달리 재료의 질감이나 그래픽의 구체적인 미학적 인상이 중요한 요소로 작용하지 않는다. 말하자면 디아그람마에서는 *스키마성*(Schematismus, 도식성)이 중요하다. 우리는 '스키마'라는 말에서 흔히 어떤 사태를 나타내는 데 있어서 그것의 비본질적인 세부 사항들을 제거하고 본질적인 특성만을 보여주는 재현을 떠올린다. 사실 기하학적 도형, 조직도, 회로도, 설계도 등과 같은 디아그람마는 이런 의미에서 스키마이다. 그러나 '스키마' 자체와 '스키마적 재현'은 구분되어야 할 개념이다. 스키마는 단순히 축소시키는 어떤 재현이 아니라, 그러한 실현을 가능하게 하는 어떤 지침이라고 할 수 있다. 예컨대 어떤 글자가 다양한 서체로 실현되는 데는 그 글자의 점-선 그래픽의 특정한 패턴에 해당하는 스키마가 있기 때문에 동일 글자로 인지되는 것이다. 또 어떤 별자리(예컨대 오리온자리)를 나타내는 데도 그 스키마를 구현하는 다양한 실현형이 가능하다. 여기에는 점과 선 외에 그림 형상을 추가할 수도 생략할 수도 있다. 어떤 점에서 보면 스키마는 비가시적인 것이고 스키마적 재현은 감각적으로 가시적인 것으로 파악된다. 그런데 스키마가 비가시적인 것으로 보이는 것은 스키마가 일반적이고 초개인적인 특성을 갖는 데서 비롯한다. 그러나 스키마와 스키마적 재현을 플라톤적으로 이해하여, 스키마는 일반적 타입(type)이고 스키마적 재현은 개별적 토큰(token)일 뿐이며 전자가 후자에 존재론적으로 우선한다는 의미로 오해해서는 안 될 것이다. 어쨌든 스키마로서의 디아그람마는 가시적인 원형으로 있을 수 있고, 이 원형은 쉽게 반복, 복제, 변조될 수 있다. 이러한 모방가능성은 점, 선, 면의 스키마적인 그래픽성에서 비롯하는 것으로 볼 수 있다.

이러한 스키마성은 나아가 디아그람마가 뭔가를 재현하는 기호로 쓰이게 하는 *지시성*(Referenzialität)을 뒷받침해 준다. 예술적 그림은 흔히 자기 지시성을 갖는 반면에 전형적인 디아그람마는 타자 지시성을 갖는다. 다시 말해, 디아그람마의 바깥에 그것과 관계하는 뭔가가 존재한다는 것이다. 그 바깥의 지시대상이 무엇인지는 디아그람마에 따라 다양한 양상으로 드러난다. 디아그람마 기호와 디아그람마 대상 사이의 관계는 별자리의 경우처럼 자의적일 수도 있고, 체온 곡선처럼 자연적일 수도 있으며, 의회의 의석 분포도처럼 경험적인 것일 수도 있고, 기하학의 도형처럼 개념적인 것일 수도 있다. 또 많은 경우 디아그람마의 지시대상은 다른 디아그람마의 기입일 수도 있다. 따라서 어떤 형상의 디아그람마는 그것에 선행하는 데이터, 수치, 목록, 표, 진술 등을 '번역'한 것일 수가 있는 것이다. 이는 인식론적인 목적으로 사용되는 대다수의 디아그람마가 보이는 시각화 방식이기도 하다. 어쨌든 디아그람마가 갖는 지시성의 요체는 디아그람마가 뭔가를 볼 수 있게 시각화한다는 것이다.

디아그람마에 의한 시각화의 특성은 한 마디로 말하자면 '모사(Abbildung)'에 있다. 이 모사는 자연 그대로의 '본뜨기/베끼기'가 아니라, 매핑(mapping) 또는 투사(projection)의 개념에 가까운 '초자연적 모사(transnaturale Abbildung)'이다. 이 매핑에서는 어떤 패턴이 구조를 유지하면서 한 매체에서 다른 매체로 번역된다. 디아그람마는 관계를 나타내는 것이므로, 한 영역의 관계가 다른 영역의 관계로 구조적 유사성을 유지하면서 전이되는 것이다. 예컨대 지형 지도는 단순히 지역의 모습을 그대로 모사하는 것이 아니라, 이 지역에 대한 측량 데이터 상의 지식을 특정한 투영 기법에 따라 재현하여 시각화하는 것이다. 지도가 어떤 지식을 시각화하는지는 그 지도의 용도에 따라 달라진다. 예컨대 지하철 노선도는 노선의 실제 거리와 방향보다는 노선 진행과 승하차 지점 및 연결망에 관한 정보를 보여준다. 또한 구조적/관계적 유사성을 보이는 모사에는 기하학적 도형을 수식이나 등식으로 전환하거나 원을 다원(평면 위의 두 초점으로부터 거리의 합이 일정한 점의 집합으로 만들어지는 곡선)의 특수한 경우로 파악하는 것도 포함된다.

디아그람마의 시각화 매핑은 시각화될 것을 단순히 지시하는 것이 아니라, 그것을 분절, 구성해 내는 측면이 있다. 다시 말해, 여기서 시각화는 디아그람마와 독립하여 이미 존재하여 이미 보이는 것에 직접 접근하여 시각화하는 것이 아니라, 직접 접근할 수 없는, 보이지 않는 것을 만들어내는 일이 되는 것이다. 예컨대 어떤 도시의 지하철망은 직접 눈으로 조망할 수 있는 것이 아니기 때문에 디아그람마 평면을 통한 조감이 필요한 것이다. 그러나 이러한 관계 생성의 측면이 있다고 해서 디아그람마의 타자 지시성이 흐려질 수는 없다. 즉, 디아그람마도 많은 경우 언어적 진술처럼 참과 거짓을 판별할 수 있는 명제를 재현한다. 그러나 디아그람마의 명제성은 시각적인 것에 기반을 두면서도 진리치에 관여할 수 있다는 것이 특징이다.

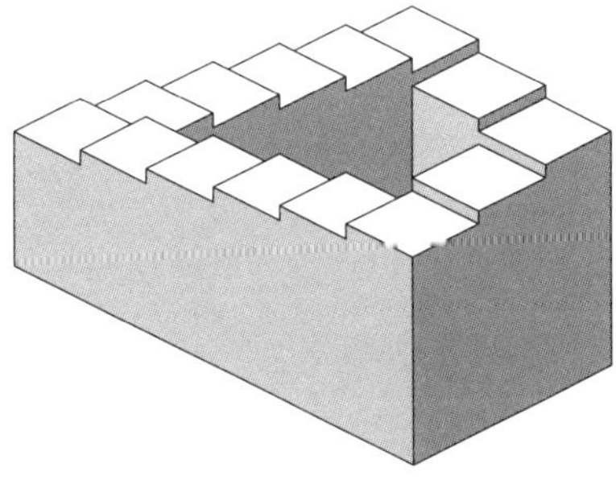

그림 2. 펜로즈(Roger Penrose)의 계단

예컨대 그림 2[8]는 2차원 디아그람마로 실현되어 있는 것이지만 3차원 현실에서는 불가능한 것을 보여 준다.

3.4. 조작성

디아그람마에서는 앞에서 제시된 속성들로 해서 대상의 형편을 시각화해 보이며 재현하는 것이 주된 과제로 부각된다. 하지만 디아그람마는 단순히 사태를 수동적으로 재현하는 것으로만 끝나지 않고 사태에 개입할 수 있게도 해 준다. 디아그람마를 사용한다는 것은 그것을 가지고 무슨 일을, 활동, 조작을 한다는 것이 된다. 디아그람마의 이러한 동적인 측면을 크래머는 '조작성(Operativität)'으로 칭한다.

디아그람마의 이러한 특성은 지도라는 디아그람마가 사용되는 경우를 보면 잘 알 수 있다. 예컨대 스마트폰의 내비게이션 지도를 보면서 모르는 장소를 찾아가는 경우를 생각해 보자. 이 지도는 미지의 지역에서 목표 지향적 이동을 할 수 있게 해 준다. 즉, 지도의 구조공간은, 지표(idex) 기호로 작동한다는 조건에서, 어떤 낯선 지역을 사용자가 실제로 갈 수 있는 공간으로 전환시켜 주는 것이다. 지도의 경우에서 보는 것처럼, 디아그람마는 말하자면 '지식공간'을 열어 주고 여기서 지적인 행동을 통해 방향을 설정하여 '이동'할 수 있게 해 주는 것이다. 그렇다

---

8 이미지 출처: https://commons.wikimedia.org/wiki/File:Impossible_staircase.svg

면 디아그람마가 지식공간에서 일으키는 사고이동의 성격은 구체적으로 어떻게 규정할 수 있을까?

디아그람마의 활동지향적 측면은 그래픽을 통해 지식을 '도해'해 보이는 기능을 하는 것을 넘어서 지식을 발굴하고 확장해 나가는 창조적인 기능을 수행하는 것을 말한다. 이러한 지식 창조의 사고이동은 머릿속에서 관념적으로만 수행되는 것이 아니라, 디아그람마라는 보조수단의 도움으로 가능해진다. 디아그람마 자체에 가시적으로 제시된 그래픽 패턴이 있고 이를 직접 눈과 손을 통해 조작한다는 것은 지적인 행동과 다르지 않다. 디아그람마의 기입된 평면은 행위와 조작의 장소가 되고, 여기서 시각과 촉각의 감각 결합을 통해 시각적 그래픽 패턴을 구성하고 변형함으로써 새로운 지식을 창출하는 것이다. 이를 잘 보여 주는 예로는 노모그램(nomogram)을 들 수 있다. 노모그램은 복잡한 수치 계산을 편리하고 빠르게 할 수 있도록 해주는 계산도표이다. 예컨대 그림 3[9]은 그림 하단에 표시되어 있는 등식을 계산하기 위한 것인데, S = 7.30이고 R = 1.17일 때의 T값을 보여주고 있다. S값과 R값 사이를 직선자로 선을 그어 이어보면 T값이 4.65라는 것이 밝혀진다.

---

9 이미지 출처: https://commons.wikimedia.org/wiki/File:Parallel_Scale_Nomogram.svg

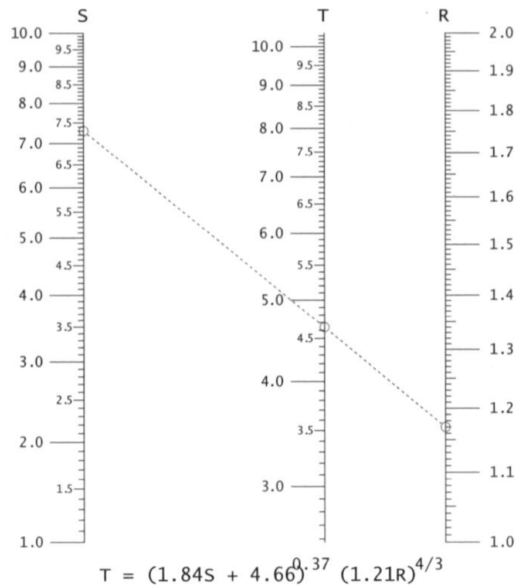

그림 3. 노모그램의 예

이렇게 해서 노모그램은 그래픽적으로 문제를 해결하는 인지적 도구가 되는데, 여기서 중요한 점은 디아그람마 평면에 감각적으로 구체적인 조작만 가했는데도 그 결과는 인지적인 것이 되 새로운 지식이 발생한다는 것이다. 이 노모그램의 예에서 그것이 가능한 것은 수치의 공간적 배열 자체(선, 숫자, 숫자 간격)가 계산 알고리듬을 그래픽적으로 실현하는 것이 되기 때문이다. 이런 의미에서 보면 노모그램의 사용은 '변용(Transfiguration)'의 잠재력을 실현하는 것이 된다. 다시 말해, 기계적인 행위, 즉 직선자, 선 또는 실 등으로 계산될 숫자를 연결하는 일은 읽고자 하는 수치가 존재하는 중간 라인의 특정 지점을 교차하는 일이 되는 것이다. 즉, 온 신경을 기울여 몸으로 공간적으로 움직이는 일은 정신적인 활동을 수행하는 것이 된다. 여기서 변용은 신체-감각적 행위가 인지적, 이론적 인식으로 변환되는 것이다.

그런데 이런 식으로 수행하는 사고행위는 위의 예에서와 같은 문제 해결만인 것은 아니다. 경우에 따라서는 '증명하는 이미지'로서 추론, 정당화, 결론도출, 통찰 등과 같은 인식론적 작용을 할 수도 있다(예컨대 피타고라스의 정리를 유클리드 도형 방식으로 증명하기[그림 4[10] 참조]). 또한 디아그람마의 조작성은 인지적 활동으로만 나타나는 것이 아니라, 몸을 움직이는 실제 행동으로 이어지게도 한다. 예컨대 승마 교본의 원운동 다이어그램이나 조립도를 생각해 보면 알 수 있다.

디아그람마의 조작성은 결국 종이 공간 위에서 배열, 방향, 규칙을 갖는 그래픽 형상이 한편에 있고 다른 편에서는 그래픽을 초월하는 정신적 또는 신체적 패턴이 있는 가운데 이 양자를 연결하는 변용의 잠재력이 존재한다는 것을 뜻한다. 디아그람마의 활동적 측면은 단순히 디아그람마의 인지하고 읽고 관찰하는 동적인 성격만을 말하는 것이 아니며, 해석과 결부되는 기호과정만을 뜻하는 것이 아니다. 디아그람

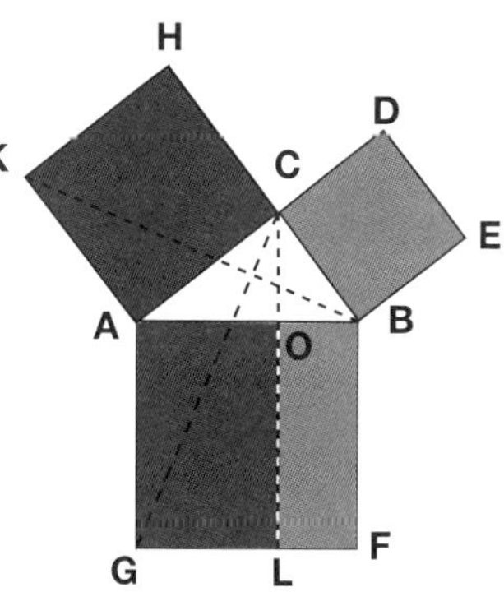

그림 4. 피타고라스 정리의 유클리드식 증명을 위한 다이어그램

10 이미지 출처:https://commons.wikimedia.org/wiki/File:Euclid-1-47-pythagorean-proposition001.svg

마는 어떤 일을 하는 도구로서 새로운 지식과 통찰을 가져다주는 것이다.

3.5. 이미지-텍스트 결합과 사회성

디아그람마가 실제로 사용되는 측면을 더 들여다보면, 디아그람마 자체는 스스로를 설명하지는 못한다는 점이 부각된다. 디아그람마의 발견적, 논증적 기능이 제대로 작동하기 위해서는 설명이나 논평을 하는 글/텍스트가 동반되어야 한다. 디아그람마가 텍스트와 긴밀하게 연계되어 있다는 것은 디아그람마가 늘 글-그림 복합체로 나타나고 있는 것과 상통한다.

디아그람마의 이런 측면은 예술적 그림과 비교해 보면 대조적으로 잘 드러난다. 예술적 그림은 텍스트가 제시되지 않아도 그 자체로서 의미를 지니며 수용될 수 있음으로써 자율성을 지니는 데 반해, 디아그람마는 그렇지 못하다. 디아그람마는 미술의 그림과 달리 텍스트와 독립해서는 의미를 갖지 못한다. 예컨대 그림 4는 글자 부분이 빠진 순수한 도형 형태로는 의미가 없다. 글자가 추가되고 여기에 언어적 설명이 동반되어야 이해가 이루어진다. 디아그람마에 추가적으로 필요한 언어적인 것은 디아그람마에 따라 상이하게 요구될 수 있다. 그림 4의 경우와 같이 장황한 논변에서부터 지도의 범례(legend)와 같이 최소한의 것에 이르기까지 다양하다. 이는 디아그람마가 결국 맥락의존적으로 쓰인다는 것을 말해 준다.

그림이 텍스트 독립적이고 디아그람마가 텍스트 의존적이라고 했는데, 이 텍스트 관련성은 상대적이어서 명확한 경계를 그을 수는 없다. 어떤 디아그람마는 해당 문화의 이미지 기억 속에 깊이 각인되어 있어서 텍스트 도움 없이도 사용될 수 있다. 이런 점에서는 그 디아그람마는 자율적 그림에 가깝다. 서구 사회에 널리 알려진 인구 피라미드 그래프가 그러한 예가 될 것이다. 텍스트 동반이 적어질수록 디아그람마의 그림화 경향은 커진다.

디아그람마는 말과 그림 사이에 있다. 말과 그림 사이에는 글, 표기, 다이어그램, 그래프, 지도 등의 디아그람마가 있는데, 글을 제외한 다른 디아그람마들이 글에 도움을 요청한다는 것은 여러 면에서 의미심장하다. 무엇보다 이미지성은 언어성에 기댐으로써 스스로의 모자라는 부분을 채우고 두 매체의 특성 사이에서 시너지 효과를 거두게 되는 것이다. 이 점에서 글은 매개자 역할을 하는 특별한 지위에 있는 것으로 보인다. 글은 다른 디아그람마의 보조 역할 뿐만 아니라 스스로도 언어성과 이미지성이 혼종적으로 결합된 특성을 보인다. 이 점에 대해서는 제4절에서 개괄적으로 논의할 것이다.

디아그람마가 실제로 사용되는 측면은 *사회성*(Sozialität)이라는 키워드를 통해 좀 더 구체화시켜 볼 수 있다. 디아그람마는 단순히 개인의 주관적 인식의 산물로 끝나는 것이 아니다. 디아그람마는 경험을 초개인적, 초주관적으로 공유하는 방식이기도 한 것이다. 디아그람마를 보고 이해하는 방식은 주어진 지식문화 내에서 보편적으로 통용되는 것이다. 물론 디아그람마를 이해하는 필요한 전제는 예컨대 일기예보 지도처럼 얼마되지 않는 것도 있고, 학문적 소통에 쓰이는 정교한 다이어그램처럼 많은 것도 있다. 디아그람마의 사회성은 그 핵심이 규범성에 있다. 디아그람마가 사용되는 방식은 문화적 관습에 따른다. 예컨대 오늘날 통용되고 있는 지도는 위가 북쪽을 나타내는데, 이것은 문화 보편적인 것은 아니다. 동양에서 일부 지도는 위가 남쪽이 되고 아래가 북쪽이 되는 경우도 있다. 물론 디아그람마에는 자체가 지닌 구조적 유사성에 의해 관습적 재현이 아니라 도상적 현시가 유효하게 작동하기도 한다. 예컨대 1차원 직선의 시간성은 2차원 디아그람마 평면에서 어떤 식으로든 구조적으로 반영된다. 연주회 프로그램 텍스트는 위에서 아래로 제시되며 이것은 실제의 시간 진행에 상응한다.

3.6. 매체성

마지막으로 종합적으로 살펴볼 디아그람마의 근본적인 특성은 매체성(Medialität)이다. 디아그람마는 일종의 기호체계일 뿐만 아니라 매체이기도 하다. 디아그람마의 매체성은 디아그람마의 모든 특성을 관통하는 기본 자질로 봐야 할 것이다.

크래머(Krämer 2008; 2015)의 심부름꾼(messenger) 모델에 따르면, 매체는 '제3자'의 위치에 있는 것이다. 대부분의 매체이론에서는 매체를 메시지 내지 콘텐트를 생성하는 장소로 실체화하는 데 반해, 심부름꾼 모델에서는 매체를 양측 사이에 있으면서 양측을 연결해 주는 심부름꾼으로 본다. 이 양측은 서로 이질적인 세계/영역/체계가 되며, 매체는 이 둘 사이를 중개함으로써 이질적 양자 사이에 상호 관련과 교환이 이루어지게 해준다. 서로 이질적인 것들은 매체가 없으면 연결되지 못한다. 매체는 양측의 차이를 무효화하는 것이 아니라 양측 사이에 다리를 놓아 연결해 주는 것이다. 그런데 매체의 이러한 가교 역할은 매체 자체가 이질적인 양측의 특성을 모두 보이며 혼종적으로 구성되면 더욱 용이해진다. 이러한 혼종성에 의한 매체의 기능은 매체를 '천사(天使, angelus)'에 비유해 보면 더욱 분명해진다. 신과 인간을 연결해 주는 천사는 인간의 특성과 신의 특성을 공유하는 혼종적인 것으로 그려지고, 이 두 특성의 결합에 힘입어 심부름꾼의 역할을 할 수 있는 것이다.

매체의 이러한 제3자성은 인식론적으로는 임마누엘 칸트가 『순수이성 비판』에서 발전시킨 도식(Schema, 스키마) 및 도식작용(Schematismus) 개념과 직결된다. 도식작용은 사유와 직관 사이에 있는 제3자 및 중개자일 뿐만 아니라, 사유와 직관이라는 양극의 특성을 수용하고 구성함으로써 양자를 연결할 수 있는 특성을 갖게 된다. 도식은 사실상 직관적인 것과 개념적인 것을 통합하고 있고 이로써 인식에서 직관과 사유의 연결이 이루어지게 한다. 예컨대 어떤 기하학적 증명을 위해 삼각형을 그린다면, 이 그려진 디아그람마는 개별적이고 경험적인 형상이지만 여기서 보게 되는 것은 추상적이고 이상적인 기하학적 삼각형이다. 이로써 직관적인 것과 개념적인 것이 중개되는 것이다.

디아그람마의 매체성은 사실 직관과 사유(개념) 사이의 교량 역할에만 국한되지 않고 이를 넘어서 다양한 양상으로 전개된다. 디아그람마가 수행하는 이질적인 것들 사이의 '번역'은 넓게 보자면 비물질과 물질, 1차원(시간)과 3차원(공간), 규칙과 실행, 지시와 이행, 가능과 현실 등 다양한 양측에서 이루어질 수 있다. 이러한 특성은 제4절에서 구체적인 디아그람마 예를 통해 다시 확인될 것이다.

4. 디아그람마로서의 글의 매체상호성

디아그람마의 영역은 매우 넓고 그 하위영역 구획도 다양한 방식으로 이루어질 수 있다. 이 영역의 전체 탐사와 매핑 그리고 완전한 분류는 아직도 요원한 일이다. 이 장에서는 디아그람마를 개략적으로 글, 표기, (넓은 의미의) 다이어그램으로 나누었다. 이제 이 절에서는 다이어그램에 대한 논의가 주류를 이루고 있는 상황에서 글을 다이어그램 연구와 관련하여 어떤 시각에서 다시 고찰해야 할지를 개괄적으로 논의해 보려고 한다. 여기서 주된 관점은 글의 '디아그람마성', 좀 더 친숙하게는 '매체상호성(intermediality)'이다. 글의 매체상호성에 대해서는 이미 강병창(2017a, 2017b)에서 논의된 바 있지만, 여기서는 디아그람마 전반의 공유 자질에 주목하면서 글의 매체상호성을 좀 더 일반적인 층위에서 살펴볼 것이다. 이 장에서 이해하는 '글'이라는 용어는 이 한국어 낱말이 보이는 중의성을 그대로 따른 것이다. '글'은 글자(문자)를 뜻하기도 하고 글자로 나타낸 기록(텍스트)을 뜻하기도 한다. 여기서는 이 두 가지를 모두 포함하는 개념으로 사용하며, 구분이 필요한 경우에는 '문자'나 '텍스트'를 언급할 것이다. 전통적으로 글은 말과 그림의 양극에서 볼 때 말의 편에 속하는 것으로 간주되어 왔다. 그러나 여기서 역설하고자 하는 것은 글은 말의 속성뿐만 아니라 그림의 속성도 지니고 있는 혼종적인 매체라는 점이다. 우리는 앞에서 말과 그림 사이에 디아그람마가 있고 디아그람마의 특성(디아그람마성)은 말-그림 혼종에 따른 다양한 양상임을 살펴보았다. 제3절에서 제시한 디아그람마의 개별 특성들은 원칙적으로는 글에도 모두 적용된다. 이 양상을 여기서 세부적으로 다 살필 수는 없고, 몇 가지 특별히 부각되는 특성을 중심으로 하여 글, 문자, 텍스트에 대한 기존의 통념에 관점 전환을 일으킬 만한 고찰 내용을 간략히 제시하고자 한다.

(i) 글은 단순히 말의 보조가 아니다: 글에 관한 대표적인 통념은 말(음성언어)이 일차적이고 글(문자언어)은 부차적인 것이라는 것이다. 글은 말을 지시할 뿐이라는 것이다. 이 관념은 글은 말에서 파생된 부차적이고 종속적인 것이라는 생각으로 이어진다. 말은 물리-감각적으로는 생겼다 사라지는 것이다(기억에 의존해서만 어느 정도 지속성이 확보될 뿐이다). 반면에 글은 이처럼 유동적이고 덧없는 말을 고정시켜 시각화하는 수단이 되는 것이다. 이런 관념으로 파악되는 글은 그림이 아니라 말(언어)의 영역에 속하게 된다. 그러나 지난 세기의 80년대 후반부터 매체성 연구에 힘입어 글이 기호/매체로서 갖는 독자성에 대한 논의가 활발히 이루어짐에 따라(Günther & Ludwig 1994; 1996 참조) 이제 글 또는 문자언어는 언어의 매체적/물질적 출현형식의 하나로서 말(음성언어)과 동등한 지위를 회복하게 되었다. 하지만 말과 글 또는 구술성(orality)과 문자성(literacy)을 둘러싼 논

쟁과 맞물려 이루어져 온 언어의 매체성 논의는 여전히 글의 언어성에만 주목하고 있다. 글이라는 상징체계의 특성은 음성 언어의 순차적인 시간적 진행에 대응하는 선형적인 공간적 진행이라는 선형성 중심의 단순 논리는 극복했지만, 글/텍스트가 선형성을 넘어서는 다른 차원의 중요한 특성을 획득하게 되는 점은 거의 주목하지 못한 것이다. 그 중요한 특성은 바로 디아그람마의 평면성이다. 글은 다른 디아그람마들과 마찬가지로 2차원 평면을 이용하는 것이다. 글을 단순히 선형적인 음성을 다시 선형적으로 그래픽화하는 것으로만 파악하게 되면, 글의 평면성 차원에서 도출되는 다양한 고유 특성들을 간과하게 될 우려가 있는 것이다.

(ii) 글은 말을 그림 쪽으로 '증강'시킨다: 말이 귀로 전달되는 것이라면, 글은 눈으로 전달되는 것이다. 이는 우선 청각성과 시각성의 대립으로 파악되는데, 글의 시각성에는 말의 청각성에는 없는 역량이 있다. 이 시각성은 디아그람마의 물질성, 평면성, 그래픽성과 직결된다. 글이 출현해서 눈에 보이기 위해서는 물질이 필요하고, 그 물질은 평면으로 인지되어야 하며, 이 평면에는 점과 선의 그래픽이 배열된다. 물론 이 평면의 그래픽은 그림이 아니어서 그 평면에서 한꺼번에 전체로 인지되는 것이 아니라 나름의 배열 질서를 가짐으로써 그 기능을 수행한다. 글자(소)와 글자(소) 사이에는 연속적인 이어짐이 아니라 분리하는 공간이 있고, 한 글자소(grapheme)와 다른 글자소는 이산(離散)적(discrete)으로 구분된다. 반면에 말의 흐름은 비이산적이다. 글은 어떻게 보면 말을 분석한 결과라고 할 수 있다. 즉,

글의 차원에서 비로소 글자소 및 음소(phoneme), 낱말, 문장의 구분이 보이는 것이다. 또한 글에서는 말에서 청각적으로 '발음'되지 않았던 부분이 증강되어 나타난다. 서구의 알파벳 언어에서 띄어쓰기, 문장부호, 대소문자 구분, 문단 나누기 등이 그러한 예가 될 것이다. 글의 시각성은 말하자면 볼 수 없던 것을 볼 수 있게 해주는 것이다. 디아그람마가 수행하는 시각화는 이미 존재하는 것을 단순히 시각화하는 것이 아니라, 시각화(매핑) 과정에서 시각화될 대상이 구성되는 것을 의미한다.

(iii) 글은 차원 이동이다: 글의 2차원 평면성은 말의 1차원 선형성을 극복한 것이다. 평면성은 눈으로 볼 수 있어서 통제하고 지배할 수 있음을 의미한다. "육체를 가진 존재인 우리는 시간의 힘에 굴복하지만, 기입이 이루어진 평면은 - 비록 작은 범위에서일지라도 - 시간을 극복하게 해 준다"(Krämer 2016, 16-17). 한번 발설한 것은 되돌릴 수가 없다. 시간의 지배를 받기 때문이다. 하지만 적어 놓은 문장은 다시 고치거나 지울 수가 있다. 평면 공간의 글은 그 위로 공간 이동을 하며 접근할 수 있게 해 준다. 우리가 글을 읽는 행위는 눈 움직임 추적이 알려주듯이 항상 선형적인 것은 아니다. 글은 읽다가 앞으로도 이동할 수 있고 건너 뛸 수도 있다. 글은 말에서는 할 수 없는 시놉시스를 가능하게 해 준다.

(iv) 글은 생각의 그림이다: 글은 단순히 음성언어를 지시하는 것을 넘어서 (음성언어가 지시하기도 하는) 생각을 지시하기도 한다. 글자소와 음소의 대응 관계는 글의 음성언어 지시성을 반영한 것이지만, 그 상위의 다양한 단위화(낱말, 문장 등)는 생각에

대한 관계적 유비의 반영으로 볼 수 있다. 전통적으로 '문법(τέχνη γραμματική, techne grammatike)'은 글자를 가지고 하는 일종의 '계산'으로서 가능한 글자 조합을 규정하는 것이 된다. 잘 계산된 글자 시슬에는 의미가 부여됨으로써 형식과 의미, 꼴과 생각의 연결이 이루어진다. 디아그람마의 핵심적인 특성은 구조적/관계적 유사성에 기초한 도상성이다. 디아그람마적 도상성은 그림의 경우와 같은 물리적-감각적인 형상적 유사성이 아니라 재현대상의 요소들 사이의 관계와 유사한 관계적-인식론적인 유사성이다. 이러한 관계적 도상성은 생각을 '그려 보이는' 글에서 다양한 양상으로 발현된다. 앞서 언급했던 (음성)언어의 비가시적 요소의 가시화(사이공간성, 띄어쓰기, 대소문자, 문장부호, 따옴표, 괄호, 밑줄, 글꼴 등의 사용)를 통해 문법적, 의미적 구분을 시각화하는 것이 관계적 도상성의 대표적인 발현 양상이다. 좀 더 나아가면, 글의 관계적 도상성은 텍스트 구성의 외형적 특성(제목, 단락 구성, 각주, 미주 등)뿐만 아니라, 내용적 특성인 수사적 관계와 정보구조의 측면으로까지 확대되면서 생각을 매핑할 수 있다. 이런 관점을 확장시켜 나가면 글을 '언어의 지도'로도 일컬을 수 있을 것이다.

(v) 디아그람마성을 무시하면 글은 놀이가 될 수 있다: 디아그람마의 특성 가운데 특히 방향성, (이산적) 그래픽성, 스키마성이 무시되거나 의도적으로 지켜지지 않게 되면 글이 의외의 효과를 보이는 놀잇감이 될 수 있다. 이른바 '말장난(language play/word play)' 현상은 잘 알려져 있는데, 그 중에서도 음성언어로는 거의 구현되지 못하는 '글장난'이라고 할 수 있는 몇 가

지 현상들에 주목해 보자. 주목해 보자. 먼저 애너그램(anagram)이 있는데, 이것은 어떤 표현(낱말, 어구, 문장 등)을 이루고 있는 문자들의 순서를 바꾸어 다른 뜻의 표현을 만드는 놀이라 할 수 있다(예: "roast beef - eat for BSE"; "Leben – Nebel" [독일어: 인생 – 안개]; "자살 – 살자"; "문전박대 – 대박전문"). 팰린드롬(palindrome)은 어떤 표현을 읽는 순서를 바꾸어도 같은 표현이 되는 것을 말한다(예: "madam"; "race car"; "다들 잠들다"). 애너그램과 팰린드롬은 좌-우 방향의 순서 바꾸기에 따른 것이지만, 글장난은 위-아래 방향의 전도를 통해서도 일어날 수 있다. 문자의 모아쓰기를 통해 음절 형상을 부여하는 한글의 경우에 이 현상을 볼 수 있는데, 예컨대 "논문"을 위아래로 뒤집으면 "곰국"이 된다. 또는 글을 아래에서 위로 적어 놓고 원래 대로 위-아래 방향으로 읽으면 새로운 글이 되는 경우도 있다. 예컨대 만화에서 "으아아아!!"를 밑에서 위로 세워 쓰기를 해 놓고 위에서 아래로 읽으면 "!!호옹이"가 된다. 알파벳 문자를 쭉 이어 쓰는 서양어들에도 이와 유사한 효과를 얻는 방식이 있는데, 이른바 '앰비그램(ambigram)'이다. 이것은 어떤 낱말을 180도로 뒤집어 읽어도 같은 낱말이 되는 현상인데, 인쇄체 글자로는 불가능하지만 특별한 예술적 칼리그라피가 이용될 때 가능하게 된다

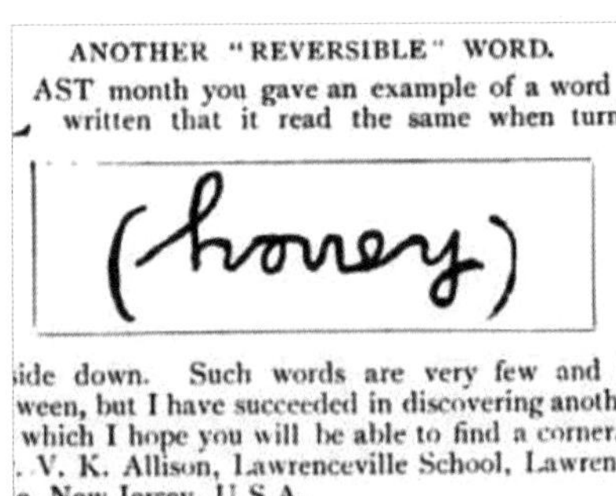
ANOTHER "REVERSIBLE" WORD.

AST month you gave an example of a word
written that it read the same when turn

side down. Such words are very few and f
ween, but I have succeeded in discovering anothe
which I hope you will be able to find a corner.-
. V. K. Allison, Lawrenceville School, Lawrenc
e, New Jersey, U.S.A.

그림 5. 앰비그램의 예

(그림 5[11] 참조). 말하자면 글자의 이산성이 다소 흐려지는, 즉 글자와 그림의 경계가 다소 모호해지는 지점에서 앰비그램 현상이 발생할 수 있는 것이다.

11 https://commons.wikimedia.org/wiki/File:TheStrand-honey-ambigram-august-1908.gif

5. 맺음말

지금까지 이 장에서는 전통적인 '언어-이미지' 대립의 문제를 '언어-X-이미지'라는 3자 관계 도식으로 재구성하고 그 'X'를 '디아그람마'로 치환해 보이면서 접근해 보려고 하였다. '디아그람마'는 말(음성언어)에서 그림으로 이어지는 긴 스펙트럼의 중간에 있는 글, 표기, (광의의) 다이어그램을 포괄하는 개념으로 사용하였다. 디아그람마의 핵심적인 특징은 생각 또는 지식의 시각화라고 할 수 있다. 생각이나 지식의 영역은 비가시적인 것으로서 가시적인 것을 통해서만 접근될 수 있다. 비가시적인 것을 가시화하는 디아그람마의 인지적 의미는 그래서 중요할 수밖에 없는 것이다. 여기서 가시화는 3차원 공간이 아니라 2차원 평면에서 이루어진다는 점이 무엇보다 강조되어야 할 특징이다. 디아그람마는 조작가능한 이산적 그래픽의 평면이다. 2차원 평면에 기입된 것은 다른 차원(1차원, 3차원)에서 진행되는 것이 갖는 한계를 어느 정도 극복할 수 있게 한다. 2차원 평면은 1차원의 선형적 시간에 따른 제약을 극복하게 하며, 3차원의 입체는 가상공간에서 평면화됨으로써 그 물리적 한계가 상상적, 창의적으로 극복될 수 있는 것이다(여기서 디아그람마의 2차원 평면보다 아직은 상용화되기 어려운 3차원 홀로그램의 문제는 일단 유보하자). 디아그람마는 방향성, 그래픽성, 스키마성, 조작성에 힘입어 재현의 기호/매체로서 기능하면서 재현대상의 관계를 지시하며 지식을 구성하고 전달하고 저장하는 문화기술로서 그 사회적 가치를 갖는다. 또한 이러한 디아그람마에서는 한 디아그람마 매체가 다른 디아그람마 매체와 제휴하여 시너지 효과를 확대시킬 수 있다. 디아그람마 매체들은 서로들 사이에 친연성과 상보성이 있어서 외재적 또는 내재적으로 상호작용하여 매체상호성의 발현 장소가 되며, 논증, 설명, 인식, 통찰의 효율적인 시각화 도구로 작용할 수 있는 것이다.

디아그람마의 관점에서 글이라는 매체를 다시 보면, 글은 단순히 말(음성언어)을 시각적으로 번역한 것이 아니라, 말로는 눈에 보이지 않는 요소를 드러내 보이고 말의 한계를 다른 매체성들로 보강해 주는 것이 된다. 말이 귀에 전달되는 언어라면, 글은 눈에 전달되는 언어이다. 말 흐름의 덧없음은 글 평면의 항구성으로 보완되고, 평면이 가능하게 해주는 조감(鳥瞰)은 복잡한 사태를 위상적, 시각적으로 파악할 수 있게 해 준다.

이 장을 마무리하기 전에 글 평면을 둘러싼 현실의 문제에 잠시 눈을 돌려보자. 먼저 글을 재현하는 전광판을 디아그람마의 관점에서 생각해 보자. 이런 성격의 전광판은 평면이기는 하지만 대체로 면적이 작다. 이 좁은 평면에서 글자가 음성언어처럼 흘러지나가는 것을 상상해 보자. 이 경우에는 시놉시스가 매우 힘들기 때문에 전광판이라는 디아그람마 평면 효과는 거의 없다고 봐야 할 것이다. 이것은 2차원에서 1차원으로 다시 역행하는 사례가 될 것이다. 또 다른 현실의 문제는 스마트폰 평면과 관련한 것이다. 이 문제는 사실상 기술적으로 구현되는 모든 '보는 평면'의 문제이기도 하다. 그런데 특히 스마트폰의 평면은 책 평면이나 컴퓨터 모니터 평면에 비해서는 매우 작은 편이다. 이 스마트폰 평면으로 복잡한 내용을 담은 전자책을 읽는 것은 디아그람마 관점에서 볼 때는 문제가 많다. 보는 평면과 시놉시스의 문제는 매우 현실적인 문제로 다가오는 것이다. 그 밖에도 글이 말의 비가시적 요소의 가시화 도구라는 측면에서 보자면, 오늘날 우리의 글 문화는 생각해 볼 거리를 많이 던져준다. 서로 다른 문자체계의 혼용과 관련하여 디아그람마 논의는 어떤 해결책을 제시해 줄 수 있는지, 우리 한글 텍스트에서 문장부호가 서구에 비해 제한적으로 사용되고 있는 현실은 어떻게 보아야 할지, 그리고 서구어의 대소문자의 기능에 상응하는 효율적 방안이 한글 텍스트에서도 마련될 수 있는지 등 다양한 주제가 앞으로의 연구를 기다리고 있다.

참고문헌

강병창. 2017a. "언어기호의 매체상호성." 『독어학』 35집: 1-24.

강병창. 2017b. "매체성 관점에서 세미오시스 다시보기: '글그림'의 매체성을 중심으로." 『세미오시스의 매체성과 물질성』, 세미오시스 연구센터, 3-43. 서울: 한국외국어대학교 지식출판원.

Arnold, Marcus. 2011. "Images, Diagrams, and Narratives: Charles S. Peirce's Epistemological Theory of Mental Diagrams." *Semiotica* 186 (1): 5-20.

Bachmann-Medick, Doris. 2006. *Cultural Turns: Neuorientierungen in den Kulturwissenschaften.* Reinbek bei Hamburg: Rowohlts.

Bachmann-Medick, Doris. 2016. *Cultural Turns: New Orientations in the Study of Culture.* Berlin: De Gruyter.

Bauer, Matthias, and Christoph Ernst. 2010. *Diagrammatik: Einführung in ein kultur- und medienwissenschaftliches Forschungsfeld.* Bielefeld: transcript Verlag.

Beck, Martin and Jan Wöpking. 2014. "Diagrammatik - Graphen - Modelle." In *Bild: Ein interdisziplinäres Handbuch,* eds. Stephan Günzel and Dieter

Mersch, 346-353. Stuttgart: Metzler.

Bellucci, Francesco. 2013. "Diagrammatic Reasoning: Some Notes on Charles S. Peirce and Friedrich A. Lange." *History and Philosophy of Logic* 34 (4): 293-305.

Bender, John and Michael Marrinan. 2010. The Culture of Diagram. Stanford: Stanford University Press.

Boehm, Gottfried. 1994. "Die Wiederkehr der Bilder." In *Was is ein Bild?,* ed. Gottfried Boehm, 11-38. München: Fink.

Bogen, Steffen and Felix Thürlemann. 2003. "Jenseits der Opposition von Text und Bild: Überlegungen zu einer Theorie des Diagrammatischen." In *Die Bildwelt der Diagramme Joachims von Fiore: Zur Medialität religiös-politischer Programme im Mittelalter,* ed. Alexander Patschovsky, 1-22. Stuttgart: Thorbecke.

Boschung, Dietrich, and Julian Jachmann. eds. 2013. *Diagrammatik der Architektur.* München: Fink.

Depner, Hanno. 2016. *Zur Gestaltung von Philosophie: Eine diagrammatische Kritik.* Bielefeld: transcript Verlag.

Elkins, James. 1999. *The Domain of Images.* Ithaca, NY: Cornell Univ. Press.

Engel, Franz, Moritz Queisner, and Tullio Viola. eds. 2012. *Das bildnerische Denken: Charles S. Peirce.* Berlin: Akademie Verlag.

Gehring, Petra, Thomas Keutner, Jörg F. Maas, and Wolfgang Maria Ueding. eds. 1992. *Diagrammatik und Philosophie: Akten des 1. Interdisziplinären Kolloquiums der Forschungsgruppe Philosophische Diagrammatik, 15.-16.12.1988 an der FernUniversität/Gesamthochschule Hagen.* Amsterdam: Rodopi.

Goodman, Nelson. 1976. *Languages of Art: An Approach to a Theory of Symbols.* 2nd ed. Indianapolis: Hackett. (『예술의 언어들』. 김혜숙, 김혜련 옮김. 서울: 이화여자대학교 출판부, 2002.)

Günther, Hartmut and Otto Ludwig. eds. 1994. *Schrift und Schriftlichkeit: Ein interdisziplinäres Handbuch internationaler Forschung.* Bd. 1. Berlin: de Gruyter.

Günther, Hartmut and Otto Ludwig. eds. 1996. *Schrift und Schriftlichkeit. Ein interdisziplinäres Handbuch internationaler Forschung.* Bd. 2. Berlin: de Gruyter.

Heßler, Martina and Dieter Mersch. eds. 2009. *Logik des Bildlichen: Zur Kritik der ikonischen Vernunft.* Bielefeld: transcript Verlag.

Jay, Martin. 2002. "Cultural Relativism and the Visual Turn." *Journal of Visual Culture* 1 (3): 267-278.

Krämer, Sybille. 2008. *Medium, Bote, Übertragung: Kleine Metaphysik der Medialität.* Frankfurt a. M.: Suhrkamp.

Krämer, Sybille. 2009. "Operative Bildlichkeit: Von der 'Grammatologie' zu einer 'Diagrammatologie'? Reflexionen über erkennendes 'Sehen'." In *Logik des Bildlichen: Zur Kritik der ikonischen Vernunft,* eds. Martina Heßler and Dieter Mersch, 94-122. Bielefeld: transcript Verlag.

Krämer, Sybille. 2010. "'Epistemology of the Line': Reflections on the Diagrammatical Mind." In *Studies in Diagrammatology and Diagram Praxis,* eds. Alexander Gerner and Olga Pombo, 13-38. London: College Publications.

Krämer, Sybille. 2014a. "Trace, Writing, Diagram: Reflections on Spatiality, Intuition, Graphical Practices and Thinking." In *The Power of the Image: Emotion, Expression, Explanation,* eds. András Benedek and Kristóf Nyiri, 3-22. Frankfurt a. M.: Peter Lang.

Krämer, Sybille. 2014b. "Zur Grammatik der Diagrammatik: Eine Annäherung an die Grundlagen des Diagrammgebrauches." *Zeitschrift für Literaturwissenschaft und Linguistik* 176: 11-30.

Krämer, Sybille. 2015. *Medium, Messenger, Transmission: An Approach to Media Philosophy.* Amsterdam: Amsterdam University Press.

Krämer, Sybille. 2016. *Figuration, Anschauung, Erkenntnis: Grundlinien einer Diagrammatologie.* Frankfurt a. M.: Suhrkamp.

Krämer, Sybille and Christina Ljungberg. eds. 2016. *Thinking with Diagrams: The Semiotic Basis of Human Cognition.* Berlin: De Gruyter Mouton.

Latour, Bruno. 1990. "Drawing Things Together." In *Representation in Scientific Practice,* eds. Michael Lynch and Steve Woolgar, 19-68. Cambridge, MA: MIT Press.

May, Michael. 1995a. "Diagrammatic Reasoning and Symbolic Interpretation: A Peirceian Critique of George Lakoffs Image-Schematic Account of Logic Diagrams." Paper presented at the Interdisciplinary Semiotic Symposium, The Emergence of Codes and Intentions as a Basis of Sign Processes, October 26-28 1995, Hollufgaard, Odense University.

May, Michael. 1995a. "Diagrammatisches Denken: Zur Deutung logischer Diagramme als Vorstellungsschemata bei Lakoff und Peirce." *Zeitschrift für Semiotik* 17 (3-4): 285-305.

Mersch, Dieter. 2006. "Visuelle Argumente: Zur Rolle der Bilder in den Naturwissenschaften." In *Bilder als Diskurse - Bilddiskurse,* eds. Sabine Maasen, Torsten Mayerhauser, and Cornelia Renggli, 95-116. Weilerswist: Velbrück.

Mitchell, W. J. Thomas. 1992. "The Pictorial Turn." *Artforum* 30 (7): 89-94. Reprinted in Mitchell (1994: 11-34).

Mitchell, W. J. Thomas. 1994. *Picture Theory: Essays on Verbal and Visual Representation.* Chicago: University of Chicago Press.

Peirce, Charles Sanders. 1931-58. *Collected Papers.* 8 Vols. Vols. 1-6, eds. Charles Hartshorne and Paul Weiss, vols. 7-8, ed. Arthur W. Burks. Cambridge: Harvard Univ. Press (quoted as CP).

Peirce, Charles Sanders. 1976. *The New Elements of Mathematics,* Vol. IV: *Mathematical Philosophy,* ed. Carolyn Eisele. The Hague: Mouton.

Pietarinen, Ahti-Veikko and Frederik Stjernfelt. 2015. "Peirce and Diagrams: Two Contributors to an Actual Discussion Review Each Other." *Synthese* 192 (4): 1073-1088.

Pombo, Olga and Alexander Gerner. eds. 2010. *Studies in*

Diagrammatology and Diagram Praxis. London: College Publications.

Posner, Roland. ed. 2009. *Diagrammatische Zeichen.* Tübingen: Stauffenburg Verlag. (= *Zeitschrift für Semiotik* 31 (3-4).)

Reichert, André. 2013. *Diagrammatik des Denkens: Descartes und Deleuze.* Bielefeld: transcript Verlag.

Schmidt-Burkhardt, Astrit. 2012. *Die Kunst der Diagrammatik: Perspektiven eines neuen bildwissenschaftlichen Paradigmas.* Bielefeld: transcript Verlag.

Schneider, Birgit, Christoph Ernst, and Jan Wöpking. eds. 2016. *Diagrammatik-Reader: Grundlegende Texte aus Theorie und Geschichte.* Berlin: De Gruyter.

Stjernfelt, Frederik. 2000. "Diagrams as Centerpiece of a Peircean Epistemology." *Transactions of the Charles S. Peirce Society* 36 (3): 357-384.

Stjernfelt, Frederik. 2007. *Diagrammatology: An Investigation on the Borderlines of Phenomenology, Ontology, and Semiotics.* Dordrecht: Springer.

Wentz, Daniela. 2017. *Bilderfolgen: Diagrammatologie der Fernsehserie.* München: Fink.

Wöpking, Jan. 2016. *Raum und Wissen: Elemente einer Theorie epistemischen Diagrammgebrauchs.* Berlin: De Gruyter.

| 제4장 |

말의 시각적 재구성

조감도 생산에 대한 인류학적 사례

고경난

1. 들어가며

크리스테바(Kristeva 1980)에 의해 널리 알려진 상호텍스트성(intertextuality) 개념은 본래 바흐친(Bakhtin)의 관찰에서 비롯된 것으로, 핵심적 관찰은 개별 텍스트가 단독으로 존재하지 않고 다른 텍스트와 연결되어 텍스트 관계 사이에 존재한다는 것이다. 크리스테바에게 단어로 구성된 텍스트 '공간'은 수평적 축과 수직적 축, 둘을 중심으로 단어가 다른 단어와 이 두 축 사이에서 교차하며 텍스트를 잇게 된다. 이 관점은 그러나 텍스트를 구조주의적 시각에서 완결된 것으로 바라보는 것은 아니다. 크리스테바의 텍스트는 두 축을 기반으로 사회와 역사의 관계 내 존재하는 것이고, 의미는 두 축을 중심으로 역동적으로 생성된다. 김인환(2003, 54)에 따르면 크리스테바는 "'기호'라는 용어를 거의 쓰지 않고 있고... 의미의 전개에 더 관심"을 두었다고 한다. 그럼에도 상호텍스트성 개념이 기호 중심의 분석에 유용한 것은 의미가 텍스트의 연결로서 생성된다는 주된 관찰에 있을 것이다. 알파로(Alfaro 1996, 268)의 말을 빌리자면 크리스테바는 문학 언어를 "공간화"한 바흐친을 발전시켜 "개별 단어(텍스트)는 다른 단어(텍스트들)와의 상호교차점이고, 적어도 다른 한 개의 단어(텍스트)가 읽힐 수 있는 것"이라 했던 것이다.

상호텍스트성 개념은 쓰인 글, 즉 문자 중심의 텍스트 분석에 국한되는 것은 아니나 그동안 문학 분석에서 가장 활발히 사용되고 심도 있게 논의된 것이 사실이다. 그러나 인문·사회과학에서 텍스트의 개념이 문자뿐 아니라 비언어적이고 기호학적인 구성요소를 포함하는 예술작품이나 영상 등에도 확장돼 사용되는 것이므로 상호텍스트성 또한 음악(Hatten 2008)과 연극, 또 문화인류학과 언어인류학 연구에서는 정치적 시위(Lazar 2015; Hartikainen 2017)나 미디어 담론(Hiramoto 2010; Hodges 2016) 등의 분석에 자연스럽게 사용되고 있다. 이러한 확장이 가능한 것은 근본적으로 텍스트가 기호로 구성된 것이고—퍼스(Charles S. Peirce) 기호학 개념을 사용하자면—그것의 기호학적 구성이 해석체에게 의미 작용을 수반할 수 있는 것이라는 이해가 공유되고 전제돼있기 때문이라 하겠다(cf. Sebeok and Danesi 2000, 31).

본 논의는 기호학을 접목한 넓은 관점에서의 상호텍스트성에 관한 탐구이다. 특히 본 연구는 도시계획 조감도(鳥瞰圖)라는 형식의 이미지 생산을 위해 말, 글, 그리고 그림의 다수 매체가 어떻게 상호작용하는가를 퍼스 기호학 개념을 사용해 살펴보는데, 그 목적은 상호텍스트성이 어떻게 상호매체적(intermedial)으로 구성되는가를 탐구하는 데 있다. 문학 작품과 같이 이미 고정화된 텍스트의 상호텍스트성 논의는 주로 그 안의 혹은 그것을 둘러싼 텍스트와의 관계를 읽는(read) 성격의 것이 된다. 그런데 만약 해당 텍스트가 이미 완성된 것이 아니라면,

즉 그 텍스트를 구성하는 요소가 이미 결정된 것이 아니고 또 그 과정이 관찰 가능하다면, 상호텍스트성 논의는 텍스트 구성 요소 간 관계를 읽거나 해석하는 것이 아니라 기호 교환을 매개로 한 관계와 의미 형성 및 구성에 관한 분석적 성격의 것이 될 것이다. 본 연구는 바로 이러한 접근을 택하는 시도로, 민족지적 현지조사 자료를 바탕으로 미국 하와이 주(州) 한 마을의 재개발 계획 조감도가 말/글/그림이 관여하는 실시간적 의사소통을 거쳐 만들어지는 과정을 살펴보고, 담론이 조감도로 재구성되는 과정을 인류학에서 말하는 기호학적 번역(semiotic translation)의 과정으로 풀이해 본다.

2. 지도의 기호학

퍼스의 기호 개념 중 어쩌면 가장 널리 알려진 개념 중 하나인 도상(icon)은 지표(index)와 상징(symbol)과 함께 기호와 그것이 재현하는 대상 간 관계에 관한 퍼스의 삼분법적 구분에서 등장한다. 퍼스가 도상을 언급한 곳은 여러 곳인데, 가장 간단하고 압축적으로는 마리오 칼데로니(Mario Calderoni)에게 보낸 서신에서 그것을 "유사성 혹은 유추에 의해 대상을 재현하는 기호(those signs which represent their objects by virtue of a resemblance or analogy with them)"라고 하였다(*CP* 8.37). 그 외에도 퍼스는 「New Elements」(*EP* 2:307)에서 "도상은 재현하는 자질(quality)을 소유하여 기호로써 사용될 수 있는 것(An icon is a sign fit to be used as such because it possesses the quality signified)"이라 설명했고, 또 「A Sketch of Logical Critics」(*EP* 2:460-461)에서는 "대상과 유사하다는 전제하에 그것을 재현할 수 있는 것(Icons, which serve to represent their objects only in so far as they resemble them in themselves)"이라 했다. 도상은 기호가 그것의 대상과 유사성이라는 기반을 근거로 대상을 드러내는 기호인 것이다.

지도는 플로이드 메렐(Floyd Merrell)이 언급하듯 도상의 대표적인 예로 흔히 손꼽힌다. 그것이 재현하는 영토 또는 지역과 그 표상체의[1] 모습이 닮고 그것을 자질로 소유하므로 기호학에서는 전통적으로 그것을 도상이라고 해왔다. 물론 여기서 말하는 지도는 일반적으로 말하는 지역의 지도, 다시 말해 실제 물리적으로 존재하는 지역을 재현하는 형태라고 해석되는 것을 일컫는다.

"도상은 예로 지도와 그것이 그리는 영토와 같이 그것의 기호학적 대상과 어떤 유사함 혹은 닮음에 의해 상호관계를 맺는 기호다(처칠의 사진은 원래 처칠의 도상). An icon is a sign that interrelates with its semiotic object by virtue of some resemblance or similarity with it, such as a map and the territory it maps (a photograph of Churchill is an icon of the original item)." [Merrell 2005, 31]

지도가 퍼스의 도상에 대한 대표적인 예로 사용되는 것에는 변함이 없으나 지도와 지도제작법에 대한 더 깊이 있는 기호학적 논의, 특히 지표성에 주목하는 논의들이 있다. 예로 시비억(Sebeok)과 다네시(Danesi)는 지도가 인간이 세계를 탐험하는 데 역사적으로 지대한 영향을 주었으며 그것이 "공간에 관한

1 퍼스는 "여러 텍스트에서 다양하게 내린 기호 정의를 통해" 그의 기호학을 발전시켰다(이윤희 2017, 51). 흔히 '기호'라 일컫는 것은 그가 "representamen"이라고 한 것이다. Representamen은 한글로 표상체, 표현체, 기호체, 재현체 등으로 번역되고 있고, 이것은 기호체, 기호매체, 기호 전달체, 운반체 등으로 번역되고 있는 "sign-vehicle"과 호환되며 사용된다.

필수적 지식을 공유하고 기록”한다고 했다(2000, 61). 그런데 그 지식의 공유와 기록은 지도가 대상을 “도상적으로 모델링(iconic modeling)”하기 때문이지만, 사용자가 지도를 통해 공간정보를 획득할 수 있게 되는 것은 지도가 “복합적 지표 형태(composite indexical form)”이기 때문이다(ibid. 60). 대체로 일반적 지도는 그것을 구성하는 세부 요소(기호)가 위치, 방향, 거리 등의 정보를 압축적으로 재현한다. 시비억과 다네시는 이 세부 구성 기호가 공간적 인접성을 띠는 지표적 기능을 갖고, 다시 이 지표기호의 합이 통틀어 지도가 재현하는 공간과 닮은꼴로 모형(模形)된다는 것이다.

이와 같은 지도의 지표성에 관한 관찰은 분명 추상화된 기호 형태로서의 지도를 통상적으로 도상으로만 보는 것에서 좀 더 깊숙이 들여다본 것이고 지도가 기호로 구성되는 과정에 대해 생각해 볼 거리를 제공한다. 여러 기호학자와 지도학자가 이미 언급했듯이 사실 지도는 지표뿐 아니라 언어와 숫자와 같은 다양한 상징 기호도 지도 범례로 사용하는 복합적 기호이다(Nöth 2003, 384; Ljungberg 2004, 427). 또, 지도가 실제 존재하는 영토를 대상으로 삼고 그것을 자질로 소유한다고 보는 것은 지도를 어쩌면 이데올로기적 차원에서만 단순히 바라보는 것일 수 있다. 실재하는 영토를 대상으로 둔다기보다 더 정확하게는 뇌트(Nöth)의 말처럼 “다양한 정보가 지시하는 지리적 세계를 그것의 역동적 대상(dynamic object)으로 삼는” 것이기 때문이다(Ljungberg 2004, 422).[2] 도상의 매우 일반적 사례로 제시되는 지도를 자세히 관찰하면 이렇게 다양한 기호학적인 문제점이 발견된다. 지도를 대표적으로 도상의 예로 꼽는 것은 기호 형식의 추상화일 뿐, 사실 개별 지도는 모든 기호가 그러하듯이 그것의 이해와 사용—맥락에 의존하고, 따라서 경험적 주제로서는 개별적으로 접근돼야 하는 것이다.

본 논의는 조감도에 관한 것으로, 조감도를 지도의 유형으로 본다면 그것은 매우 독특한 유형이라고 보아야 한다. 대개의 경우 소삼도는 일반적으로 말하는 지도와는 달리 이미 존재하는 지리적 세계를 그것의 대상으로 삼지 않는다. 대신 아직 존재하지 않지만 미래에 존재할 수 있는 상상된 지리적 세계를 재현하는—혹은 재현하는 것으로 이데올로기적으로 간주하는—유형의 지도라고 할 수 있다. 본 논의는 이와 같은 특별한 성격의 지도 종류가 어떻게 만들어지는지를 연구자가 현지조사를 통해 수집한 민족지적 자료를 토대로 살펴본다. 이 사례의 특수성은 완성된 소삼도가 단지 상상된 대상을 재현하는 것뿐 아니라 특히 그 미래에 존재할 지리적 세계에 거주할 실제 사람들의 목소리(voice)를 종합하고 수렴하는 것으로 이해됨이 중요했다는 점이다.

아래에서는 앞서 언급한 시비억과 다네시가 말한 지도의 지

2 지도 발달의 역사와 기호로서의 지도와 사진의 도상성과 지표성을 비교한 뇌트는 지도의 발전이 "지도제작의 세미오시스를 드러내는 교과서적 사례(textbook example of cartographic semiosis)"라며 제작에 요구되는 기술의 발달에 따라 지도는 점차 지표성보다 도상성이 강조되는 기호로 변했다고 한다(Ljungberg 2004, 427).

표적 구성요소의 합성(composite)을 통한 대상의 도상화를 염두에 두면서 어떻게 한 마을의 미래 도시계획이 그곳 주민의 목소리를 기호학적으로 조감도(그림 1과 그림 6) 형태로 전환함과 동시에 지표하고, 다시 종합적으로는 그 목소리의 합과 '같다'는 해석을 유도할 수 있도록 메타기호학적으로 도상화되는지, 그 과정을 탐구한다. 이 과정은 기호학적이자 동시에 문화과정(cultural process)의 성격을 지니는데 기호학적인 이유는 서로 다른 종류의 매체가 사용되는, 즉 담론과 그림(또는 디자인) 간 의미 관계 규정과 재편을 통해 조감도가 생산되기 때문이고, 문화과정이라 하는 이유는 참여자들과 조감도를 생산하는 사람이 지역 문화에 대한 이해와 그것의 재현을 조감도 생산을 통해 공유하고 조율하기 때문이다.

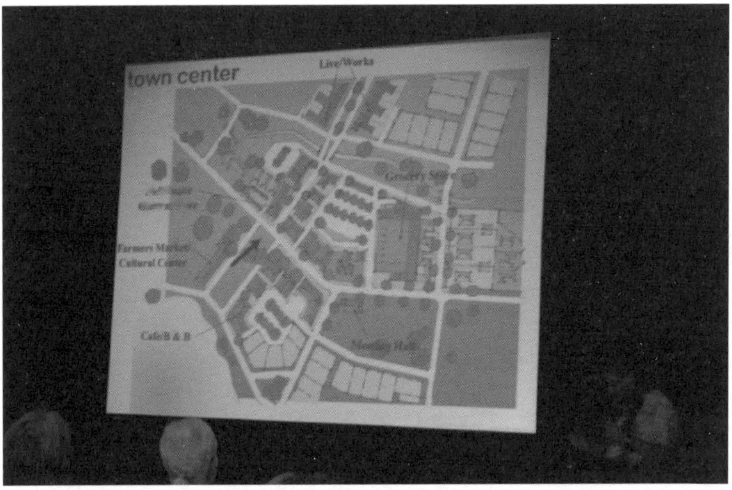

그림 1. 미래 마일레(Mailē, 가명) 마을의 마을센터 조감도

3. 문화의 공간적 의미

하와이 한 섬의 산 중턱에 위치한 마일레(Mailē, 가명[3]) 마을은 역사적인 파인애플 농장 마을이다. 이 지역은 해변에 위치한 유명 관광지역에서 떨어져 있고, 마을 주민은 섬의 여러 지역으로 출퇴근을 하는데 그중 일부는 파인애플 농장으로 하기도 한다. 마일레는 주로 하와이에서 나고 자란 하와이 거주민과 현지인을 지칭하는 로컬 "카마아이나(kamaʻāina)"가 사는 한적한 지역인 것이다. 파인애플 농장을 비롯한 많은 마일레 지역의 땅은 현지조사 당시 파인애플 회사로 출발해 리조트 사업과 토지 경영사업으로 사업을 다양하게 분화했던 하와이안 랜즈 주식회사(Hawaiian Lands Company, Inc., 가명) 소유였다. 저자는 하와이안 랜즈에서 이 년간 현지조사를 했고, 본 사례는 하와이안 랜즈가 주최하고 마을 주민들이 참여한 주민참여 재개발 도시계획 행사에서 수십했다.

하와이안 랜즈는 회사는 지속가능성(sustainability) 사업의 일환으로 마일레를 문화·경제적으로 그리고 환경적으로 지속

3 인류학적 관습에 의거, 정보제공자를 유추할 수 있는 명칭은 가명으로 처리한다.

가능한 마을로 재정비하고 새로운 임대수입을 창출할 구상을 가지고 있었다. 그래서 이 계획을 수립하면서 섬의 카마아이나 주민에게도 뉴스매체를 통해 알리고 관심을 유도하려 했다. 마일레의 새로운 미래를 위한 도시계획은 전문가와 주민참여 방식으로 이루어질 것이라고 했다. 그리고 마일레의 마을과 땅과 가장 "가깝고" 따라서 그것을 "가장 잘 이해하는" 사람들, 즉 주민의 기억과 소망을 담은 모습으로 재탄생시킬 것이라 했다. 하와이안 랜즈는 마일레의 재개발에 근래 지속가능성 담론이 옹호하는 참여적 개발(participatory development) 전략을 택한 것이다. 참여적 개발 방식은 세계은행(World Bank)과 아시아개발은행(Asian Development Bank, ADB)과 같은 국제기구가 개발이나 원조 등을 목적으로 개입할 때 그 개입으로 인해 직접적인 영향을 받는 NGO 등의 정책관여자 혹은 주민과 같은 이해관계자(stakeholder)를 과정에 참여시킴으로써 효과를 극대화한다는 이론에 의존한다. 이 개념과 방식은 국제기구뿐 아니라 지역 커뮤니티와 연관된 사업을 하는 각종 기관 및 단체에 의해 수용되고 있고, 하와이안 랜즈의 마일레 재개발 사업도 사용됐다.

마일레 사업의 진행 기조였던 이 참여적 개발 방식은 조감도의 참여적 디자인(participatory design) 작업으로 이어졌다.[4] 참여적 디자인은 디자인 계획을 정확하게 설정하기 어려운 경우 디자인 과정 중에 사용자의 의견이나 요구를 듣고 아이디어

---

4 저자는 기업이 주도하는 참여적 디자인 작업을 민족지적 관점에서 기업의 사회적 책임(CSR) 담론의 물질적 재현 문제로 분석한 바 있다(Koh 2015).

그림 2. 주민참여 도시계획 작업장에서의 상호작용

를 얻는 방식인데, 하와이안 랜즈는 이를 위해 "거주민 커뮤니티 미팅" 행사를 개최하여 마일레 주민의 참여를 적극적으로 요청했다. 이 주민참여 디자인 행사는 일주일간 진행됐고, 주민뿐 아니라 개발과 관련된 다양한 전문가 의견의 수집을 목적으로 했는데, 하와이안 랜드 회사는 이를 위해 마을 중심에 위치한 교회 인근 공터에 임시 건물(trailer)을 몇 개 설치하고 학교의 체육관을 빌려 회사 개발부서 직원들, 외부 위탁한 전문 도시계획 디자이너들, 그리고 주민 및 지역전문가들 사이의 활발한 상호작용이 이루어질 수 있도록 했다. 이 과정은 그 대화적 상호작용이 근본적으로 상호매체적[5] 의사소통의 성격이었다. 그림 2는 주민참여 디자인 행사가 진행 중일 때 외부에 위탁한

5 이현경·강병창(2017, 122)이 인용하는 라예프스키(Rajewsky)에 따르면 상호매체성은 "관습적으로 서로 구별되는 것으로 인지되는 둘 이상의 매체가 관련되는 현상"을 말한다.

마일레 마을의 도시계획 디자이너들이 작업하는 공간의 모습이다. 디자인 행사에 참여하는 모든 사람은 누구나 이 작업장에 자유로이 드나들며 디자이너들의 작업에 질문하며 관여하고 관찰할 수 있었다.

마일레 마을의 재개발 디자인 과정 중 시작부터 끝까지, 다시 말해 행사 개시를 알리는 타운홀 미팅(town hall meeting)에서부터 조감도의 완성을 발표하고 전시하는 마지막 날까지 행사주최자와 디자이너가 주민에게 한 중심적 질문은 "마일레는 여러분에게 어떤 의미입니까(What does the community mean to you)?"였다. 행사 주최 측은 이 질문을 통해 주민으로부터 그들이 생각하는 마일레의 이상적 공간 구성에 관한 정보를—물론 말과 글의 형식으로—수집하고자 하였다. 그들은 도시계획과 조감도의 완성을 위해 그 지역을 가장 잘 아는 사람들의 "과거에 대한 기억, 현재에 대한 지식, 그리고 미래를 위한 꿈(memories of the past, knowledge of the present, and dreams for the future)"을 듣고 싶다고 했고, 그 기억, 지식, 그리고 꿈이 개개인에게 매우 주관적이고 개별적임을 알기 때문에 일일이 구두 혹은 글로 표현해 전달해 달라고 부탁했다. 참여적 디자인에서 '참여' 활동이란 땅과 지역 문화사에 관한 지식, 현재 거주하는 이웃에 대한 정보, 그리고 후대에 물려주고 싶은 시설과 문화 등의 이야기를 언어로 표현해 전달하는 것이었다.

그림 3은 주민이 조감도 디자인에 피드백을 제공하기 위해 원탁회의(roundtable)에 참여하는 모습을 담은 사진이다. 사진에서 확인할 수 있듯 참여자가 앉은 테이블 위에는 지역을 대

Citizen planners at work

그림 3. 참여적 디자인에서의 말과 이미지의 상호매체성
(하와이안 랜즈 주식회사 뉴스레터 3권 6호에서 이미지 발췌)

략 그린 조감도 초안이 놓여 있고, 주민들은 그 이미지를 보면서 주최 측의 질문 "마일레는 여러분에게 어떤 의미입니까"를 둘러싼 각자의 의견을 교환한다. 연구자가 관찰한 테이블에 있던 주민참여자들은 지역에 현재 거수하는 가정의 대략적 가족 구성원 패턴, 거주자들의 출퇴근 습관 및 교통 환경, 마을에 필요한 공공시설, 그리고 섬 내륙에 위치한 마을의 전반적 경제·문화적 환경 등을 주제로 이야기를 나누었다. 한 주민은 마을을 관통하는 도로가 대부분 이 차선이어서 파인애플 농업 차량과 일반 승용차 간 길 나눔("road sharing")이 가장 큰 문제라고 지적했다. 그리고 이전부터 농업 차량은 일반 차량과 섞이지 않으려 노력을 하고 있음을 알고 있다며 그 문화적 습관이 미래 마을의 순환교통 계획에 반영되면 좋겠다고 했다.

이 이야기는 다시 다른 주민참여자에 의해 마일레가 백 년 된 농업지역이고 그래서 확대가족 형태의 가구가 많다는 이야기로 이어졌고, 또 각 가구는 대개 경제활동을 하는 인원수만큼의 차량을 보유한다는 설명으로 연결됐다. 이 논의는 다른 참여자에 의해 다시 적절한 구간에 로터리 순환교통 환경을 마련하는 것이 효율적일지에 관한 대화로 이어졌고, 더 나아가 마을 중심지에 관광객과 주민을 위한 상업시설 개발의 가능성, 또 자전거 도로의 필요 등에 대한 상상적 성격의 이야기로 진행됐다. 원탁회의에는 현 주민 백여 명 정도가 참여했다. 이렇게 주민들이 서로 구두로 교환한 의견은 그림 3에서 볼 수 있듯 (진행요원 상의를 입은) 회사 직원들에 의해 글로 기록됐고, 다시 그림 4와 같이 벽에 붙일 수 있는 포스터에 정리되어 디자이너들의 작업공간(그림 2)에 전시됐다.

그림 4. 말과 글의 매체 간 전환

4. 텍스트성의 상호매체적 구성

마일레의 미래 도시계획을 논의하는 이 주민참여의 장은 미래에 관한 것임과 동시에 과거와 현재에 대한 포괄적인 논의의 장이었고, 또한 지역 문화에 대한 기억과 상상의 메타문화적(metacultural) 담론 교환 및 수렴의 장이었다. 여기서 주민들은 마을에 대한 이야기를 어떤 정책적, 공학적, 도시 계획적인 차원에서 전문적으로 나누지 않았다. 하지만 대화는 주어진 조감도 초안이라는 이미지 형식을 기준으로 오갔고 그 내용이 다시 의견 수렴자(즉, 주민참여 디자인 주최 측이었던 회사의 개발부서 직원들)에 의해 전문적이고 간결한 언어로 글로 변화한다. 이 매체간 이동을 기호학적 관점에서 자세히 살펴보면 이때 일차적으로 기호학적 전환(transduction)이 벌어짐을 알 수 있다. 여기서 말하는 전환이란 언어인류학자 실버스틴(Silverstein 2003)을 따르는데, 실버스틴은 일반적으로 번역이라고 지칭되는 소스 언어에서 타깃 언어로의 변화 중, 소스 언어의 지표적 대상이 타깃 언어에서 그대로 유지되는 변화를 기호학적 전환이라 하고, 기호뿐 아니라 그것이 가리키는 대상 또한 변하는 것을 기호학적 변형(transformation), 그리고 온전히 문법 차원에서의 변화만을 번역(translation)이라 하자고 주장했다. 다시 말해 앞서 기술한 카마아이나 주민 간 대화는 글이라는 타깃 기호로 매체 차원에서 변화하는데, 이 변화는 말(소스)과 글(타깃)을 구성하는 기호의 합 모두 그것이 가리키는 대상이 행사 참여자(해석체)들에게 같고—즉, '우리 주민들이 기억하고 상상하며 꿈꾸는 마일레 지역사와 문화'—따라서 실버스틴의 번역 유형 구분에서 전환에 해당한다. 예를 들어 그림 4의 마을센터("town center")에 대한 문자적 정리는 대화에서 여러 사람이 이야기한 미래 마일레의 상업시설에 대한 상상과 구상을 그대로 재생산하고 있다.

그런데 조감도의 완성은 이 말과 글 사이의 일차적 매체 변화와 전환에 그치지 않고 다시 이차적으로 의미의 매체 간 이동과 전환이 이미지 차원에서 발생해야 가능하다. 조감도 완성에는 글이 다시 시각적 기호 매체로 변하는 상호매체적이자 상호텍스트적인 과정이 수반된다는 것이다. 사실 일주일 동안 이어진 주민참여 디자인 행사에서 가장 중요한 것은 조감도의 완성과 전 주민에게의 발표였고, 그것을 위해 행사는 진행됐다. 원탁회의를 포함한 다양한 행사 참여자들 간 대화는 그래서 궁극적으로 도시계획 디자이너들에게 피드백을 제공하는 것을 지향했다. 마일레에 관한 다양한 메타문화적 담론은 궁극적으로—정보제공자의 단어 선택을 사용해 보자면—조감도에 "반영(reflect)"되는 것을 그 목적으로 두었기 때문이다.

앞서 제시된 그림 1은 참여적 디자인 행사 마지막 날에 발표된 여러 조감도 중 특히 마을센터 지역을 그린다. 이 그림의 완성을 위해 그림 4 등과 같은 글로 수집된—기호의 역동적 대상

(dynamical object)을 정리한—포스터가 디자인 작업공간에 전시됐고, 디자이너들은 그들끼리, 또는 하와이안 랜즈 개발부서 직원들 및 작업공간을 방문한 주민과 여러 방면의 지역전문가와 함께, 그 내용을 상의하고 그림과 비교하며 조감도 제작을 이어갔다. 이 디자이너 팀은 하와이안 랜즈가 초청한 외부 전문가였고 하와이나 마일레에 관한 지식이 거의 없는 미국 본토 다른 주 사람들이었다. 따라서 디자인 팀원들은 미래 마일레 도시계획을 어떻게 그림으로 옮겨야 할지에 관한 그들만의 특별한 신념이나 관념을 지니지 않았고, 그래서 상대적으로 좀 더 '투명하게' 수렴된 메시지의 상호매체적 기호 전환을 수행할 수 있다고 할 수 있으며, 또한 그 이유로 이미지로의 기호학적 전환이 마일레 지역에 실질적으로 가능한 것인지에 관해 지역민과 논의 및 조정을 해야 했다.

그렇다면 시간상 이차적으로 발생한 상호매체 간 변화는 일차적 변화와 마찬가지로 기호적 차원에서는 그 지시하는 대상이 같이 유지되는 전환 성격의 것이었다고 보는 것이 적절하다는 연구자의 판단이다. 글로 텍스트화된 지역주민의 요구사항(메시지)이 다시 조감도로 이미지화되는 데에는 특별히 다른 회사 직원이나 주민이 아닌 지역 사람의 의견이 개입되지 않았고, 원 메시지를 보존하는 기호화와 시가화가 어떻게 가능할지가 조감도 디자이너들의 주된 관심사였기 때문이다. 주민참여자가 제공한 혹은 제공했다고 스스로 믿는 말로 전달된 "기억, 지식, 그리고 꿈," 더 정확히 그것의 문자적 기록은, 조감도를 실제로 제작하는 디자이너들에게 지표적 대상이 된 것이고, 디자이너들로 하여 그것을 재현할 적절한 디자인적 기호를 찾도록 해 주는 공통 기반(common ground)으로 작용했다.

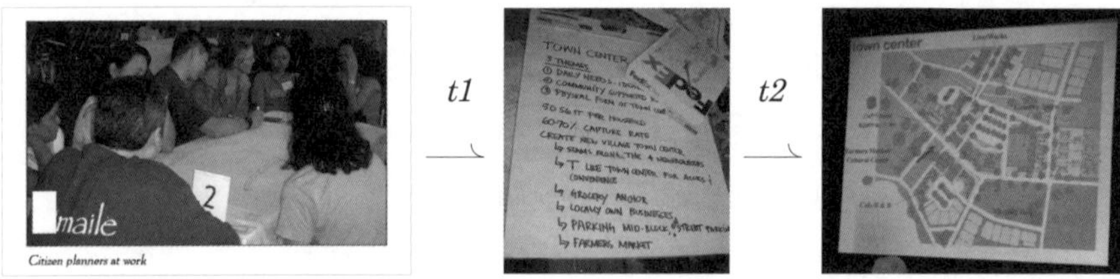

그림 5. 대상의 상호매체적 전환("t")과 조감도 텍스트성의 구성

이 사례에서 조감도 완성이 어떤 매체 간 변화를 동반했는지 편히 볼 수 있도록 그림 1, 3, 4를 그림 5에서 재배치해 본다. 조감도가 완성되기 위해서 먼저 미래에 마일레가 재개발됐을 때 '중심부에 주민과 관광객이 머무를 수 있는 상업시설이 있었

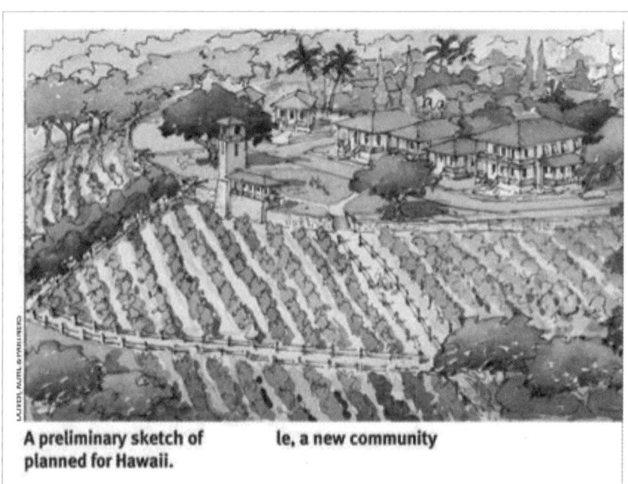

그림 6. 마일레(Mailē, 가명) 도시계획 조감도의 재생산
(하와이안 랜즈 주식회사 홍보물에서 이미지 발췌)

으면 좋겠다'는 원탁회의에서 수렴된 의견이 일차적으로 글로(t1) 요약돼 정리되는 상호매체적 그리고 기호학적 전환이 있다. 그 후, 요약된 글이 대상화되어 이차적으로 디자이너들에 의해 적절한 이미지 기호로 상호매체적 또 기호학적으로 전환하는 과정이 있다(t2).

이 두 차례의 매체 차원에서의 메시지 이동과 기호 차원에서의 번역적 전환을 거쳐 조감도의 텍스트성은 시각적 지표 기호의 합으로 구성됐다. 조감도 텍스트를 구성하는 개별 기호는 '마을에 관한 기억과 상상'을 언어로 표현한 주민참여자 개개인의 목소리를 시공간적으로 가리키고, 이미지 전체는 그것을 합성하도록 조합된 것이다. 다른 구성 요소의 예를 통해 재차 정리하면 (1) 한 주민이 마을을 "우리는 이 차선 도로 느낌이 마을이다(We're a two-lane-road kind of town.)"라고 한 말은 (2) 포스터 벽보에 "이 차선 도로, 보행자에게 친숙한 거리, 산책로(2-lane roadways, pedestrian friendly streets, greenways)"로 쓰이는 매체적 변화와 기호학적 전환을 거쳤고, 이것이 (3) 다시 완성된 조감도에서는 보행자·자전거 전용 도로와 주변 녹지 유지로 (1) 과 (2) 의 대상을 대신하도록 시각기호화됐다. 이러한 상호매체적 변화과정을 통해 수많은 조감도의 구성 기호의 형식이 결정됐고, 그것을 한 이미지에 삽입 그리고 합성함으로써 조감도는 '참여자들이 지닌 마을 미래 계획'에 관한 메타기호학적 도상으로 완성된 것이다.

5. 나가며

본 논의는 조감도를 하나의 특수한 지도 유형으로 접근하고 민족지적 사례를 사용해 그것이 여러 이질적인 매체 간 기호학적 전환(소위 '번역')을 거쳐 하나의 이미지 텍스트로 구성되는 과정을 분석해 보았다. 전통적으로 퍼스 기호학에서는 지도를 도상의 대표적인 예로 언급해 왔다. 그러나 지도를 더 면밀하게 살펴보는 근래 연구는 지도를 전체적 이미지 차원에서 도상이라고 규정하는데 머무르지 않고 지도의 구성에 지표와 상징 기호도 다양하게 사용되는 "복합적 기호"라는 의견을 제시한다(Nöth 2003, 384). 특히 본 논의가 참고한 시비억과 다네시의 경우, 지도는 그것을 구성하는 수많은 각종 지표 기호가 합성돼 종합적으로 대상과 닮은 형태로 재현된다는 의견을 제시했다. 본 논의는 퍼스 기호학을 인류학에 응용하는 연구로, 현지조사 자료를 토대로 미래 도시계획 조감도 제작과정을 관찰했고, 이 제작과정이 다수의 매체가 관여하여 조감도 이미지라는 텍스트가 상호텍스트적으로 말/글/그림 간 대상(의미)의 교환을 통해 생산되는 것임을 설명했다. 마일레 마을의 미래 도시계획은 말이 글로, 그리고 글이 다시 시각 기호로 변화되는 과정에서 조감도가 궁극적으로 대신하는 대상, 즉 마일레 주민의 기억과 상상을 세부적으로 (구성 기호의 지표화를 통해) 가리킴과 동시에 (이미지 텍스트의) 종합적 형태로는 그것을 모방하도록 구성됐다.

퍼스 기호학에서 지도는 실제와 반드시 같이야 하는 것이 아니며 상상된 혹은 심지어 허구적 영토도 지도의 대상에서 배제하지 않는다(ibid.). 본 사례는 미래 시점에 존재하게 될 마을의 조감도 생산 사례였고, 여기서 그것이 궁극적으로 재현하는 정신 혹은 상상적 측면은 현재 마을 주민의 지역사와 지역 문화에 관한 "기억, 지식, 그리고 꿈," 즉 조감도 생산을 추진하던 측에서 주민에게 제시한 질문의 대답의 합인 셈이다. 상호텍스트성의 연구는 하나의 텍스트가 다른 텍스트와 연결되거나 관계를 맺으며 반복과 변형과 같은 현상이 드러남을 설명해왔다. 본 논의는 반복과 변형이 상호매체적 차원과 상호텍스트적 구성 차원에서 어떻게 탐구될 수 있는지를 이미지 텍스트의 실제 생산사례를 통해 제시해본다. 이 사례에서 발견된 기호학적 전환, 즉 지표적 의미의 매체 간 재생산이 모든 조감도 생산과정에서 발견되는 과정이라고는 할 수 없다. 그러나 논의된 의미/대상의 매체 간 이동과 사용되는 기호 차원의 변형, 그리고 텍스트 의미/대상의 이어짐 또는 반복은 여러 사람이 관여되어 단일한 이미지를 생산하는 경우 흔히 관찰될 수 있을 것이라고 추측한다. 다양한 참여자가 관여하는 경우, 이미지의 형태는 그 참여자의 의견을 재현하려는 지향점을 갖고, 또 의견들의 전달과 이해에는 다수의 매체가 관여될 것이기 때문이다. 그러나 이미지의 상호텍스트성과 상호매체적 옮김의 관계에 대한 일반적인 성격의 기호학적 분석에는 더 많은 사례가 누적돼야 하고, 이 부분에 대한 후속 연구가 필요하다는 말로 본 논의를 맺으려 한다.

참고문헌

김인환. 2003. 『크리스테바의 문학 탐색』. 이화여자대학교출판부.

이윤희. 2017. 『찰스 샌더스 퍼스: 컴북스이론총서』. 커뮤니케이션북스.

이현경·강병창. 2017. “언어와 미술 사이의 상호매체성-가브리엘레 단눈치오의 『쾌락』에 나타난 에크프라시스.” 『이탈리아어문학』 50: 121-147.

Alfaro, María Jesús Martínez. 1996. “Intertextuality: Origins and Development of the Concept.” *Atlantis* 18 (1/2): 268-285.

Hartikainen, Elina I. 2017. “Chronotopic Realignments and the Shifting Semiotics and Politics of Visibility in Brazilian Candomblé Activism.” *Signs and Society* 5 (2): 356-389.

Hatten, Robert S. 2008. “The Place of Intertextuality in Music Studies.” *The American Journal of Semiotics* 3 (4): 69-82.

Hiramoto, Mie, and Joseph Sung-Yul Park. 2010. “Media Intertextualities: Semiotic Mediation across Time and Space.” In *Media Intertextualities*, 1-10. Amsterdam: John Benjamins Publishing.

Hodges, Adam. 2016. "Hunting for 'Racists': Tape Fetishism and the Intertextual Enactment and Reproduction of the Dominant Understanding of Racism in US Society." *Journal of Linguistic Anthropology* 26 (1): 26–40.

Koh, Kyung-Nan. 2015. "Representing Corporate Social Responsibility, Branding the Commodity as Gift, and Reconfiguring the Corporation as 'Super-'Person." *Signs and Society* 3 (S1): S151-S173.

Kristeva, Julia. 1980[1977]. "Word, Dialogue, and Novel." In *Desire in Language: A Semiotic Approach to Literature and Art,* ed. Leon S. Roudiez. 64-91. New York: Columbia University Press.

Lazar, Sian. 2015. ""This is not a Parade, It's a Protest March": Intertextuality, Citation, and Political Action on the Streets of Bolivia and Argentina." *American Anthropologist* 117 (2): 242-256.

Ljungberg, Christina. 2004. "Logical Aspects of Maps." *Semiotica* 148: 413-437.

Merrell, Floyd. 2005. "Charles Sanders Peirce's Concept of the Sign." In *The Routledge Companion to Semiotics and Linguistics,* 44-55. New York: Routledge.

Nöth, Winfried. 2003. "Semiotic Foundations of the

Study of Pictures." *Sign Systems Studies* 31 (2): 377-392.

Peirce, Charles S. 1905. "Letters to Mario Calderoni." In *The Collected Papers of Charles Sanders Peirce, Vol. VIII: Reviews, Correspondence, and Bibliography,* 205-213. Cambridge: Harvard University Press.

Peirce, Charles S. 1998. *The Essential Peirce: Selected Philosophical Writings, Vol 2,* ed. Peirce Edition Project. Bloomington: Indiana University Press.

Sebeok, Thomas A., and Marcel Danesi. 2000. *The Forms of Meaning: Modeling Systems Theory and Semiotic Analysis*. Berlin: Mouton de Gruyter.

Silverstein, Michael. 2003. "Translation, Transduction, Transformation: Skating 'Glossando' on Thin Semiotic Ice." In *Translating Cultures: Perspectives on Translation and Anthropology,* eds. Paula G. Rubel and Abraham Rosman, 75-105. Oxford: Berg.

| 第5장 |

조선전기 성리학 도설(圖說)의 '다이어그램적' 특징과 의미

<천명도(天命圖)>의 형태론적 분석을 중심으로

엄소연

1. 들머리

오늘날 흔히 사용하고 있는 다이어그램(diagram, 圖表)은 “시각전달을 위해 단순화된 기호, 점, 선으로 그린 도식으로, 말이나 글로 표현하기 어려운 내용을 설명할 때 유용하며 특히 언어를 초월한 커뮤니케이션 수단으로 채택하는 경우가 많다”(김광철 2012, 92)로 정의되고 있다. 즉, 표현 대상의 설명과 소통을 위하여 일정한 시각적 양식[圖式]으로 수치화[1]하거나 관계[2] 등을 그려[圖] 나타낸[表] 것이다. 원래 ‘그림 도(圖)’자는 쌀 창고[啚]가 있는 경작지의 사방을 둘러[圍의 고어 囗] 경계를 명확히 하는 축도(縮圖), 즉 지도(地圖)라는 의미의 회의문자(會意文字)에서 비롯한다. 여기서 ‘그림’, ‘지도’와 같은 명사, 그리고 ‘그리다’, ‘헤아리다’[度]와 ‘다스리다’, ‘꾀하다’ 등의 동사가 파생한 것이다(민중서림 2018, 429). ‘도’자의 어원에 이미 일정한 대상을 관찰하고 그 대상이 속한 전체 구조와의 관계 속에서 간추린 정보를 시각화[圖示]하여 전달하는 ‘다이어그램적’[3] 측면이

---

1 기상도, 구조도, 해부도 등을 예로 들 수 있다.

2 예를 들면, 수치화되기 힘든 조직도, 계보도, 계통도 등이다.

내포돼 있다고 할 수 있다.

다이어그램은 이처럼 일반적인 언어의 말(음성/청각언어)과 글(문자언어)의 소통적 한계를 보완하는 또 하나의 '시각언어'로 사용해 왔으며, 이를 통해서 우리는 정보 내지 지식의 원활한 상호이해를 위하여 시각적으로 함축한 생각이 어떠한지 추출할 수 있을 것이다. 근래 논구되고 있는 다이어그램학(diagrammatology)의 관점에서 말하자면, "다이어그램은 이해에 활용가능하도록 그려진 대상의 부분과 사고 과정 사이의 상호관계(interrelation)를 보여준다"(Stjernfelt 2007, ix). 또한, 시각적으로 함축된 다이어그램은 말·글·그림 매체간 조합이란 '글그림성(Schrifibildlichkeit)'의 '융합적 매체상호성(intermediality)'[4]으로 상호이해와 소통을 도모할 뿐 아니라, 지식의 수행이란 인지(cognition)의 차원과 연관된다.

이러한 맥락에서, 본고는 다이어그램의 표현방식 중 하나인 도설(explanatory diagram, 圖說)에 주목하고, 그 '다이어그램적' 특징과 의미를 살펴보고자 한다. 말 그대로 도설은 "그림을 넣어 설명함, 또, 그 책"(민중서림 2018, 430)으로 주된 언어정보의 일부가 시각정보로 전환되는 가운데 말·글·그림[융합 이미지]과

---

3 도표, 도식, 지도 등에 나타나는 지식의 획득·전달 등의 수행역할에 주목하는 넓은 의미의 다이어그램을 말한다.

4 이와 관련하여, 입말 매체와 그림 매체가 하나로 융합된 글 매체의 융합적 매체상호성이 각각의 한계를 극복함으로써, 단지 의사소통 차원의 효과를 넘어 인지(Kognition) 차원에서도 중요한 기능을 수행한다고 논의한 강병창(2017)과, 문자체계의 근본적 인식론적 단절을 지적하고 언어·문자·이미지의 기호학적 삼투(semiotic osmosis) 및 재매개화(remediation)를 논구한 김성도(2010)를 참조하기 바란다.

설명문[텍스트]이 결합된 양상을 보여주는, 또 다른 텍스트라고 할 수 있다. 이러한 결합방식은 지식 체계가 방대하고 난해할수록, 일반적인 언어로 설명[說]하는 한계를 보완하기 위하여 그 관계망을 압축하고 간략화한 시각언어[圖]를 통해서 이해도와 정확도를 높이는 역할을 하도록 한다. 그 결과, '눈으로 볼 수 없는 것'(추상적·이론적 지식)을 '인지하려는 자'는 '설명하려는 자'가 구조화(structuration)한 다이어그램(구상적·시각적 이미지) 통해서 지식을 '눈으로 보고 이해'하며 '생각의 시각 공간'에서 끊임없이 공유하고 소통하게 된다.

이를테면, 서구 중세시대에 활발히 제작된 기독교 관련 도설[5]이 있었듯 우리의 경우에는 '성리학(性理學) 도설의 시대'가 있었다. 성리학을 국시(國是)로 삼았던 조선시대이다. 성리학은 유학은 물론 도가와 불교사상 외에 음양오행론, 천인감응론 등 여러 이론을 포함하므로, 경전 자체를 연구하는 경학(經學)이 발달할 만큼 다수의 경전을 근간으로 하고 있다.[6] 따라서 성리학에 일가견이 있다할 문인들이 주로 도설을 제작했는데, 『양촌선생입학도설(陽村先生入學圖說』(이하 『입학도설』)을 지은 양촌(陽村) 권근(權近, 1352-1409)을 필두로 남명(南冥) 조식(曹植, 1501-1572), 퇴계(退溪) 이황(李滉, 1501-1570), 추만(秋巒) 정지운(鄭之雲, 1509-1561), 율곡(栗谷) 이이(李珥, 1536-1584) 등이다. 성리학 도설

---

5 중세 필사본을 다이어그램학의 관점에서 논의한 Vorholt (2014)를 참고할 만하다.

6 유교경전의 기본 13경(經)은 역경[周易]·서경[尙書]·시경[毛詩]·주례(周禮)·예기[禮記: 유교의 사서(四書)에서 대학(大學)과 중용(中庸)으로 나뉨]·의례(儀禮)·춘추좌씨전(春秋左氏傳)·춘추공양전(春秋公羊傳)·춘추곡량전(春秋穀梁傳)·논어(論語)·효경(孝經)·이아(爾雅)·맹자(孟子)를 말한다.

은 하나의 모델로 고착됐던 것이 아니라 조선시대의 사회적 맥락과 궤를 같이하며 갱신되고 전수된 지식체계이자, 성리학을 교조로 인식하고 규범으로 실천한 집단의 상호 이해와 관계 맺기를 위한 기제였음을 보여준다.

위 도설 중에서 본고는 성리학이 사회규범으로 뿌리 내리던 조선전기에 그 핵심 개념이라 할 수 있는 '천(天)·인(人)·심(心)·성(性)'[7]을 다룬 양촌, 추만, 퇴계의 <천명도>[8]를 중심으로 성리학 도설의 '다이어그램적' 특징과 의미를 형태론적 분석을 통해서 논의해 보고자 한다. 이를 위한 전제로 성리학 도설의 구성·모티브·방위의 측면으로 '선이해(preunderstanding)'를 설정한 후, 각 <천명도>의 구조를 '글그림성'의 융합성·상호 관계성·'사이공간성''[9]의 관점에서 형태론으로 분석함으로써 '다이어그램적 인지공간'으로 입체화된 특징을 밝혀보고자 한다. 나아가 이러한 '생각의 시각공간'이 다이어그램을 '보는 자'와의 관계 속에서 어떤 의미를 갖게 되는지 살펴보게 될 것이다.

---

7 성리학 및 그 도설에 대한 내용은 최근덕 외(2001), 금장태(2001), 한국사상연구회(2000), 서경요(2005) 참조.

8 우주론 중심의 중국철학에서 인간심성론 중심의 한국유학으로의 전환에 있어 관문이자 중심축이다(금장태 1995, 233-234).

9 글의 그림성은 단순히 '그래피즘(Graphismus)'이 아니라 '사이공간성(Zwischenräumlichkeit)'이다(S. Krämer, "Sprache und Schrift oder: Ist Schrift verschriftete Sprache?", Zeitschrift für Sprachwissenschaft 15(1), 1996: 101f., 강병창 2017, 16에서 재인용).

2. 예비적 고찰: 〈천명도〉 분석을 위한 선이해

2.1. 도설의 제작여건: 성리학 다이어그램의 구성

조선시대에 240여명의 유학자들이 제작한 다수의 도설은 경전의 체계와 핵심적 내용이나 이념과 그것을 지지하는 원리를 다이어그램[圖]으로 해명[說]한 것들이다. 이중에서 성리학의 핵심 개념을 담은 <천명도> 등은 특히, '소장품'으로 인기가 있어 많이 제작되기도 하였다(유권종 2007, 7). 단, 조선 개국의 전후시기에는 성리학에 대한 관심을 충족시킬 정도의 저작물이 아직 저변화되지 못한 실정이었으므로, 초학자(初學者)나 '지식의 변방'인 지방에 있는 학자들은 성리학의 이해에 한계를 느낄 수밖에 없었다. 이러한 상황에서 성리학 도설의 원형으로 평가받는『입학도설』이 제작되는데 그 서문에서 양촌은 다음과 같이 언급하고 있다(권근 1974, 21).

> 홍무(洪武) 경오년(庚午年, 1390) 가을, 금마군(金馬郡, 현 전북 익산)에 귀양을 와서 있자니, 나에게 와서『대학』과『중용』을 배우는 초학자들이

한둘 있었는데, 거듭 자세히 설명을 해주어도 분명히 이해하지를 못한 다. 이에 주자(周子)의 그림 <태극도(太極圖)>를 근본으로 하고, 『장구[中庸章句]』의 설을 참작하여 그림을 그려 보이고, 다시금 선현들의 격언(格言)을 취하여 그 의미를 해석해주었다. 또 학생들의 질문이 있으면 거기에 대하여 일일이 대답을 해주었는데, 그 문답한 내용을 기록하여 그 뒤에 붙였으니 이름하여 『입학도설』이라 하였다. 그 밖에 다른 경서(經書)도 그림으로 그릴만한 것은 모두 그렸고, 때때로 제각기 나의 억설(臆說)을 더 붙여 놓았는데, 선배 선생들께 교정을 받고 싶어도 향간(鄕間)에 그럴 만한 분들이 없고, 몸은 귀양살이에 매어 있는터라 오직 뒷날을 기다릴 수밖에 없을 것 같다. 독자들이 그 잘못된 것을 너그러이 용서하고 가르침이 있으시기를 바라 마지않는다…

이와 같이, 성리학이란 동일 체계를 논의하더라도 수준 차이에서 원활한 이해와 소통이 이루어지지 못할 때, 다른 모델을 참조한 다이어그램을 직접 '그려 보이고', 다른 텍스트의 주요 개념들을 취해서 의미를 해석해준 뒤에, 또 다시 문답을 거치는, 일련의 '대화'를 나누고 있다는 것이다. 이러한 과정은 언어의 한계를 다이어그램이 보완하는 양상을 보여준다. 아울러 양촌은 스스로 제작한 다이어그램 및 설명 텍스트에 대해서 자신보다 수준이 높은 선생들의 감수를 통하여 그의 견해가 독단에 빠지지 않고 의미 있기를 바라고 있다.

추만의 도설이 입문자를 위한 교육적 목적으로 '대화체'였다면, 군왕(君王)을 특정한 '읍소체'로 도설을 제작한 경우도 있었다. 예컨대, 퇴계가 선조(宣祖, 재위 1567-1608)에게 올린 <진성

학십도차병도(進聖學十圖箚幷圖)>(이하 <성학십도>)의 주차(奏箚: 임금에게 올리는 짧은 글)이다.[10]

…도(道)는 형상(形象)이 없고 하늘은 말이 없습니다. 하도(河圖)와 낙서(洛書)가 나오면서 성인(聖人)이 이것을 근거로 하여 괘효(卦爻)를 만들었으니, 이때부터 비로소 도가 천하에 나타났습니다. 그러나 도는 넓고 크니 어디서부터 착수하여 들어가며, 옛 교훈이 천만 가지인데 어디서부터 따라 들어가겠습니까. 성학(聖學:儒學)에는 강령(綱領)이 있고 심법(心法:心學)에는 지극히 요긴한 것이 있습니다. 이것을 드러내어 도(圖)를 만들고, 이것을 지목하여 해설을 만들어서 사람들에게 도(道)에 들어가는 문(文)과 덕(德)을 쌓는 기초를 보여 주니, 이것 역시 후현(後賢)이 부득이하여 만들게 된 것입니다…당초에 글을 올려 학문을 논한 말들이 이미 성상의 뜻을 감동시켜 분발하게 해 드리지 못하고, 그 뒤로도 성상을 대하여 여러 번 아뢴 말씀이 또 성상의 예지에 조금도 도움이 되지 못하였으니, 미력한 신의 정성으로는 무엇을 말씀드려야 할지 모르겠습니다. 다만 옛 현인과 군자들이 성학(聖學)을 밝히고 심법(心法)을 얻어서 도(圖)를 만들고 설(說)을 만들어 사람들에게 도에 들어가는 문과 덕을 쌓는 기초를 가르친 것이 오늘날 세상에 행해져 해와 별같이 환합니다. 이에 감히 이것을 가지고 나아가 전하께 진술하여, 옛 제왕(帝王)들의 공송(工誦)과 기명(器銘)[11]의 끼친 뜻을 대신하고자 합니다…

---

10 이하 <성학십도> 주차의 내용은 『退溪先生文集』 卷 7, 箚, 進聖學十圖箚 幷圖(한국고전종합DB, a029-197d) 참조.

11 '공송'은 악공(樂工)이 시를 지어 임금에게 들려주는 것이며, '기명'은 임금의 일용 기물에 명문(銘文)을 새기는 것이다. 이를 통해서, 임금을 깨우치고 경계하도록 한다는 것이다.

여기서 우리는 성리학 도설이 필요하게 된 근본 이유, 그리고 도설의 자질과 기능이 무엇인지 알 수 있다. 즉, 무형(無形)의 도(道)와 무언(無言)의 천(天)이 기호[卦爻]로 함축되었으나, 그 풀이가 광대하여 쉽게 알 수 없었기에 성학과 심학의 핵심을 도시(圖示:有形)하고 이를 설명[有言]하여 입도(入道)의 문·덕을 '보여주기' 위한 도설을 제작하게 된 것이다. 이러한 유형적·언어적 결합이 도설의 자질이라 할 수 있다. 또한, 도설의 기능은 이미 검증된 방식이므로 퇴계는 백 마디 말의 언어적 한계를 보완하여 선조가 <성학십도>를 직접 보며 공부하는 지침이 되도록 한 것이다.

앞서 양촌과 같이 퇴계 역시 <성학십도>에 대해서 자신보다 수준 높은 문관(文官)의 검증을 받도록 청하고 있다.

> …이 밖에 또 세 개는 그림은 비록 신이 만들었으나 그 글과 뜻이 조목(條目)과 규획(規畫)에 있어서 한결같이 옛 현인이 만든 것을 풀이한 것이지 신의 창작이 아닙니다. 이것을 합하여 〈성학십도〉를 만들고 각 그림 아래에 또 외람되게 신의 의견을 덧붙여서 삼가 정사(精寫)하여 올립니다…혹여 물리치지 않으신다면, 이것을 경연관(經筵官)[12]에게 내리시어 상세하게 논의해서 바로잡고 사리에 어긋난 것을 수정하여…

이들의 바람을 형식적인 겸양의 예의로 볼 수도 있지만, 방

12 고려·조선시대, 경연에 참여한 관직이다. 국왕에게 유교의 경서를 강론하는 등 학문지도, 치도(治道) 강론을 하고, 때로는 국왕과 함께 현안 정치문제를 토의하는 등 가장 명예로운 관직으로 학문과 인품이 뛰어난 문관을 임명하였다.

대하고 심오한 성리학의 내용을 헤아려 다이어그램으로 만들고 자신의 해석을 가할 수 있을 만큼 학문적 역량이 있을 때, 그 자격을 인정받았던 만큼 양촌과 퇴계의 언급은 스스로 그러하다는 자신감이 반증이라 할 수 있다. 실제 성리학 도설들은 자신이 추종하는 학설이나 자신의 해석에 따라 이전의 것을 원용·차용·변용하는 등의 다양한 경로를 통하여 그 구조를 갱신하며 공유해 나갔다.

2.2. 〈태극도(太極圖)〉: 〈천명도〉의 모티브

태극이란 개념이 처음 등장한 기록은 『주역(周易)』「계사전(繫辭傳)」의 "역에는 태극이 있고 태극이 양의를 낳으며, 양의가 사상을 낳고 사상이 팔괘를 낳는다(易有太極 是生兩儀 兩儀生四象 四象生八卦)"이다(박일봉 역 1986 참조). 태극은 선진(先秦)의 본원(本源) 유학에서 말하는 천(天) 개념과 연관되며 송명(宋明)유학인 성리학에서는 우주만물의 모든 존재와 가치의 근원이 되는 궁극적 실체(實體) 내지 본체(本體)를 의미한다. 성리학의 기틀을 세운 염계(濂溪) 주돈이(周敦頤, 1017-1073)는 『주역』의 본체관을 상세화하기 위하여 무극(無極)·동정(動靜)·오행(五行)의 개념을 더한 『태극도설(太極圖說)』을 저술하는데, <태극도>와 이에 대한 249자의 설명을 내용으로 하고 있다.[13](그림 1)

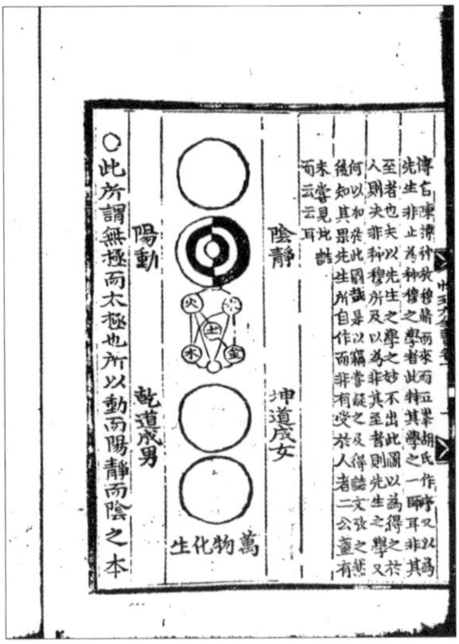

그림 1. <태극도> 『성리대전서(性理大全書)』 권1(명나라, 1415년).
정조년간(1777-1800) 재간행본(출처: 장서각 디지털아카이브)

<태극도>는 염계의 우주론과 인성론 즉, 우주의 근본 및 그 전개가 현실 대상의 존재와 어떤 관계구조를 갖는지 객관적 근거·원리로 규명한 다이어그램이다. 그는 먼저 "무극이면서 태극이다(無極而太極). 태극이 동하면 양이 되고, 정하면 음이 된다(陰靜陽動)."라고 설명한다. 말하자면, 미분화된 원기(元氣)인 무극이 음양을 품부(稟賦: 선천적으로 타고남)한 태극의 본체이고, 태극의 '음정양동'으로 오행과 묘합(妙合)하여 천지의 이기(二氣)인 건도성남(乾道成男)과 곤도성녀(坤道成女)[14]를 낳으며 만물화생(萬物化生)하니 마침내 만물은 하나의 음양으로, 그리고 음양은

13 『태극도설』은 우주의 생성[宇宙論]과 인간의 근원[人性論]을 설명한 성리학의 요체라 할 수 있다. 이와 관련해서는 함현찬(2007), 주광호(2007) 참조.

하나의 태극으로 돌아간다("오행이 음양이고, 음양이 태극이며, 태극이 무극이다.")는 것이다. "이러한 우주론 전개를 가능케 하는 근거가 되는 것은 우주론의 대상으로서의 외부 사물에는 당연히 천(天)-천명(天命)-성(性)이라는 인간 존재의 내부구조가 투영되어 있다는 유학의 전통적인 사유체계라고 할 수 있다."[15] 따라서 <태극도>를 통하여 염계가 그의 우주론·인성론을 구조화한 다섯 가지 개념들 -①무극이태극, ②음정양동, ③오행, ④건남곤녀, ⑤만물화생- 은 우주천지의 공간관(空間觀)인 '천존지비(하늘은 높고 땅은 낮음)'의 '천' 관념, 그리고 '극(極: 매우 높고 요원함)'·'태(太: 크고 지극함)'자의 뜻과 맞물려, '상하고저(上下高低:↑↓)'의 유행(流行)을 반영하여 시각화된 것이다. 이에 따라 태극은 다이어그램 중앙의 최상단에 위치한다.

이러한 <태극도>의 구조화를 그림 1을 통해서 보자면, 지면(地面) 중앙 상단의 무극(①)부터 하단의 만물화생(⑤)까지 순차적인 전개도 방식으로 구성되는데 본체 자체(①), 그 작동과정(②-③), 결과(④, ⑤)는 각각 '사이공간'으로 구분되어 있다. 또한, ①을 표상하는 원형(圓形)은 ②의 중심원으로 또한, ③에서는 오행의 묘합의 결과를 표상하는 작은 원으로 그려져 있다. ④, ⑤ 역시 원형으로 ①이 내재되어 있음을 일관되게 시각화한 것

14 공자의 우주관·사물관을 설명하는 '천존지비(天尊地卑)' 부분에 수록된 말이다. "건[天]의 성(性)은 순양(純陽)으로 강건(剛健)이다. 이 건의 도에 의해서 남성이 이루어진다. 곤[地]의 성은 순음(純陰)으로 순종(順從)이다. 이 곤의 도에 의해서 여성이 이루어진다"(박일봉 역 1986, 543).

15 李基東, 『東アシアにおける朱子學の地域的展開』, 東京:東洋書院, 1987, 97(함현찬 2007, 71에서 재인용).

으로 보이며, ④ 보다 ⑤를 더 크게 그린 것은 ①이 극에 달하여 다시 ①로 돌아감을 강조하기 위한 의도로 보인다. 한편 ②의 경우에는 ①을 표상하는 원을 중심으로 세 개의 원형을 둘러 절반으로 나눈 뒤, 그 왼쪽은 ①이 '움직여 낳은' 양[陽動]을 또한, 그 오른쪽은 ①이 '고요하여 낳은' 음[陰靜]을 각각 하양색과 검정색으로 분별하고 있다.

이상의 형태론적 내용을 재구성한 것이 그림 2이다.

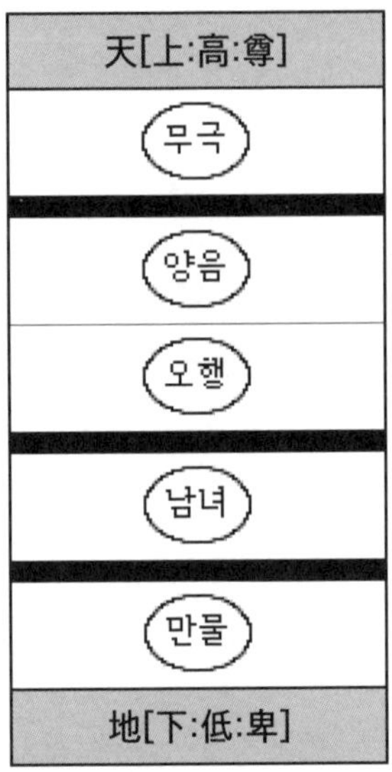

그림 2. <태극도>의 형태론
(■ = '사이공간')

한편, 주희[朱子]는 염계의 <태극도>를 달리 해석한다. 즉, "무극은 소리·냄새·방향·형체가 없으나 이(理)는 있다(無形而有理)." 또한, '무극이태극'은 곧 '무극이므로 태극일 수 있는' 본체의 양면이라는 것이다. 따라서 그가 말하는 무극은 보편적·형이상학적 존재인 동시에 현실의 만물에 내재하는 개별적 '존재인(存在因)'이 된다. 이러한 주희의 해석은 보다 현실적인 인간론에 중점을 둔 이기론적(理氣論的) 우주론에서 비롯한다.

> 논리적으로 이는 기에 선행하는 형이상학적 존재이다. 하지만 현실적으로 세상 만물의 생성에 있어 이는 그 자체로 아무런 능력이 없다. 따라서 이와 현실 존재를 매개하는 어떤 중개 항이 요구된다. 주희는 그 중개항을 바로 '기'라고 생각한다. 다시 말하자면, 현실에 있어서는 이가 구체적인 사물에 앞서서 존재[理先]하는 것이 아니다. 먼저 기가 존재[氣先]하고서 비로소 형이상의 원리인 이는 현실적 존재의 근거를 얻고, 사물의 있음에 구체적으로 관여할 수 있게 된다는 것이다(이용주 2003, 137).

그러므로 주희가 해석하는 <태극도> 역시 그림 2와 동일한 '사이공간'을 갖지만, 이때의 무극은 기선(氣先)한 무형의 것이되 이(理)가 있어 태극의 '음정양동'의 끊임없는 순환을 가능하게 하는 것이다. 또한, ⑤는 객관적·외면적 사물과 현상[形化]이며 주관적·내면적 본성을 인식하는 인간(④)[氣化]의 근거로 분별된다. 궁극적으로 주희는 염계가 제시한 천도(天道)에 대하여 이기론을 적용, 논리적으로 체계화된 인도(人道)를 상소함으로써, 주자성리학의 기본 체계를 수립한 것으로 볼 수 있다. 예컨대, 퇴계가 <성학십도>에서 염계의 <태극도>를 <제1태극도>로 택하고, 그 선정이유 및 중요성, 『태극도설』의 주요 내용과 주희의 해설, 그리고 자신의 해석을 도설한 이유도, 그 만큼 <

태극도>가 성리학의 기본원리와 사상체계를 함축한 다이어그램으로 중시된 것을 반증한다.

> …무릇 성인(聖人)을 배우는 사람이 근본을 여기(『태극도설』)에서부터 추구하고…힘써 노력하여, 그 효과를 거두는 날에 이르러 하나의 근원을 거슬러 올라간다면, 이것이 이른바 '이(理)를 궁구하고 성(性)을 다하여 명(命)에 이른다.'는 것이며 이른바 '신묘함을 궁구하고 조화를 알아 덕이 성대해진다.'는 것입니다.[16]

이와 같이, <태극도>는 염계가 포섭한 『중용』의 '천명지위성(天命之爲性)'의 관념 및 성(誠) 개념으로 현실 대상에 보편적으로 내재한 천도(천명-태극-성)를 확인함으로써 '천인합일'의 근거를 마련한 것이며(함현찬 2007, 71), 이를 '이기론'으로 논리화·체계화한 주희의 사상을 토대로 성인(聖人)에 이르도록 해주는 성리학의 핵심적 다이어그램인 것이다. 조선전기의 성리학자인 양촌, 추만, 퇴계 등이 <태극도>를 근본으로 삼아 <천명도>의 제작에 몰두한 것도 여기서 비롯한다고 볼 수 있다.

그런데 <태극도>에서 우주론·인성론의 근원인 무극[太極:天命]의 위치는 남쪽이다. 그 이유에 관해서는 다음 절에서 보다 상세히 논의하겠지만, 일단 성리학 다이어그램을 제작할 때에 원리·개념을 시각화하는 중요한 요소의 하나로 방위가 관계한다는 것을 알게 해준다.

---

16 『退溪先生文集』 卷 7, 箚, 進聖學十圖箚 幷圖: <제1태극도> 설명부분.

2.3. 방위의 관점:
다이어그램과 '보는 자'의 관계

<태극도>에서 무극[太極]은 하늘의 상제(上帝)[17]로부터 천명(天命)[18]을 받아 천인합일(天人合一)[19]이 이루어지도록 하는 존재의 출발점이자 만물의 극치로 맨 위에 그려진다. 그러나 통상적인 위치인 북쪽이 아닌 남쪽이다. 이러한 <태극도>의 역전(逆轉)에 대하여 퇴계는 다음과 같이 설명하고 있다.[20]

> …<태극도>가 굳이 위에서 시작한 것에 대해 그 연유를 말하겠습니다…이(理)와 기(氣)를 근원하여 조화의 기틀을 드러내어 상천(上天)이 만물에 품부해 주는 도리를 표시해 놓은 까닭에 위에서 시작하여 아래에 이른 것입니다. 그렇게 한 이유는 하늘의 위치가 실로 위에 있어 본성을 내려 주는 천명을 아래서부터 위로 올라간다고 할 수 없기 때문입니다…<태극도>는 이미 만물에게 명령하는 것을 위주로 하였으니 그 도식의 위쪽은 바로 상제(上帝)가 본성을 내려 주는 최초의 근원으로 만물의 근저(根柢)의 극치가 되어…도식의 체(體)는 다만 한가운데 세워서 곧장 보아 내려가는 것이지 편벽되게 남방(南方)을 위로 하지 않은 것이

---

17 지고무상(至高無上)한 지위를 가진 천신(天神)이다.

18 천명사상은 하늘이 명령을 내려주는 것은 오직 사람의 도덕으로 말미암아 결정된다는 것이다.

19 천인합일사상은 하늘의 뜻과 인간의 마음속에 있는 본래성(本來性)의 움직임을 일치시켜야 한다는 것이다.

20 『退溪先生文集』 卷 41, 「雜著」, 天命圖說後敍 附圖(한국고전종합DB, a030_405a) 참조.

분명합니다…

퇴계의 해석을 풀어보면, 태극은 원래 상천(上天)으로 북방에 위치하지만, <태극도>에서는 태극으로 변화생성된 '만물화생'의 전모로부터 그 근거인 태극을 설명하기에 부득이 남방에 자리하게 되었다는 것이다.

이러한 방위관과 원리의 관계는 다이어그램을 이해하기 위한 독법(讀法)과 직결된다. 조선시대의 전통적인 텍스트 독법은 오른쪽에서 왼쪽을 향한다. 성리학 도설도 이와 다르지 않다. 단, 도설은 다이어그램 이미지와 텍스트가 조합된 또 다른 이미지로 전면을 구성하기 때문에, 그 이해를 위해서는 상(上)·하(下)·종(縱)·횡(橫)의 방향에 따른 디코딩의 경로가 중요하다. 그러므로 방위에 따라 도설이 놓이는 정위(定位)의 관점이 설정된다. 즉, 음양오행의 방위관은 '보이려는 자'와 '보는 자'의 이해관계 방식을 결정하는 요소로 작동한다.

앞서 살펴봤듯이 <태극도>는 <하도(河圖)>·<낙서(洛書)>처럼 지면의 상단을 남쪽[陽]으로 설정하고 있다. 이에 따라 ②(음정양동)는 양동(陽動)이 왼쪽[東:陽]에 또한, 음정(陰靜)이 오른쪽[西:陰]에 그려져 있다. 마찬가지로 ④(건남곤녀)에서 건남(乾男)은 왼쪽에 위치하며 곤녀(坤女)의 위치는 오른쪽이다. 이러한 방위체계는 이후 살펴 볼 조선전기 성리학 도설들과 정반대로 논점이 되었다.[21]

이에 대하여, 양촌은 『입학도설』에서 그 이유를 문답식으로 설명한다.

문: 염계의 <태극도>에서는 양의(陽儀)가 왼쪽에 있고 음의가 오른쪽에 있어 음양의 방위가 각기 바른 자리에 얻었는데, 지금 선생의 도표[天人心性合一之圖]에서는 양이 오른쪽에 있고 음이 왼쪽에 있어 오른쪽이 동이 되고 왼쪽이 서가 되니, 어쩐 일인가?

답: 염계의 <태극도>는 나를 주(主)로 해서 도표를 상대하므로, 나는 북쪽에 있고, 그림이 남쪽에 있기에, 왼쪽이 동이 되어 양의가 거기 위치하고, 오른쪽이 서가 되어 음의가 거기 위치한다. 그러나 이 <천인심성합일지도>에서는 도표가 주가 되고 내가 그것을 바라보고 있으므로, 도표가 북쪽이고 내가 남쪽이 되며, 따라서 동이 오른쪽이고 서가 왼쪽이 된다. 이와 같이 단지 빈(賓)과 주(主)가 서로 대하는 차이가 있을 뿐, 결코 음양의 방위가 바뀐 것은 아니다.

퇴계 역시 문답식으로 '천명도설후서(天命圖說後敍)'에서 다음과 같이 해설하고 있다.

문: <천명도>가 <태극도>에서 본받은 것이 있다고 하는 그대의 말은 그럴듯하다. 그러나 <태극도>에는 좌가 양이 되고 우가 음이 된다. 이것은 <하도>·<낙서>에 앞에는 오(午)가 있고 뒤에는 자(子)가 있으며, 좌에는 묘(卯)가 있고 우에는 유(酉)가 있는 방위에 근본한 것이니, 이는 진실로 만세에 변할 수 없는 정해진 분수이다. 그런데 이 <천명도>[天

21 도표 상 바른 방위의 위치 방식을 도표와 도표를 보는 자의 주빈(主賓)관계와 성리학적 인간의 시선으로 논의한 한자경(2006)의 논문이 주목할 만하다. 양촌과 퇴계의 설명은 같은 글 6, 8에서 재인용하였다.

命新圖][22]에는 일체가 이와 반대되게 바꾸어 배치하였으니, 이는 그 잘못이 너무 심한 것 아닌가?

답: 그렇지 않다. 이는 방위를 바꾸어 배치했기 때문이 아니라, 단지 보는 자가 도표에 대해 빈·주의 차이를 갖고 있을 뿐이기 때문이다. <하도>·<낙서>이하 모든 도표의 위치는 모두 북을 주로 하고, 보는 자 또한 북을 주로 하여 북으로부터 도표를 보고 있어, 도표와 보는 자 간에 빈·주의 분별이 없다. 그러므로 전·후·좌·우와 동·서·남·북이 모두 바뀌지 않는 것이다. 그러나 이 <천명도>는 도표가 주가 되어 북쪽에 있고 보는 자가 빈이 되어 남쪽에 있어, 빈으로서 주를 향하며, 남으로부터 북을 보고 있다. 그러므로 그 전·후, 좌·우가 보는 자의 향배에 따라 서로 바뀌었을 뿐, 천지의 동서남북의 본래 위치가 변한 것은 아니다. 그 곡절이 서로 다른 것 같지만, 그 뜻에는 같지 않은 바가 없다.

이처럼 양촌과 퇴계 모두 자신들의 도설의 방위가 <태극도>의 것과 다르지 않음을 강조한 이유는 무엇인가. 무엇보다 성리학의 근간은 '천지지심(天地之心)'에 있으며 그 조화로운 유행(流行)으로 올바른 '인륜지심(人倫之心)이 파생될 수 있기에 우주[天地]의 방위는 정위(正位)여야만 하기 때문이다. 조선 성리학 도설 중에서 특히, <천명도>가 '빈(賓: 보는 자)-주(主: 다이어그램)'의 관계로 정위(定位)를 설정하며 북쪽을 상위(上位)로 둔 것은, '상

---

22 1553년(명종 8) 추만이 자신이 제작한 <천명구도(天命舊圖)>(1537년)에 대한 퇴계의 증정(證正)을 청하자, 퇴계가 염계의 <태극도>와 소옹(邵雍)의 <선천도(先天圖)> 등을 절충하여 수정한 다이어그램이다.

천'의 천명을 분명히 하여 이기(理氣)를 매개로 한 '천도'와 '인도'의 유기적 관계를 보다 극명히 하려는 의도와 함께, 도학(道學)의 성격상 실천적 수행자 즉, '보는 자'를 고려한 조치로 보인다. 이러한 측면에서, <태극도>는 방위관이 달라진 것이 아니라 '주(보는 자)-빈(<태극도>)'이 모두 '남향의 시선(빛의 시선)'을 향하도록 설정된 것으로 해석되고 있는 것이다(한자경 2006, 6-10)(그림 3).

결국, 조선전기 성리학 도설은 성리학의 핵심 원리를 '보이려는 자'가 시각화한 다이어그램과 이를 '보는 자'의 이해 및 수행의 관계 속에서 형성된 시각언어임을 알 수 있다.

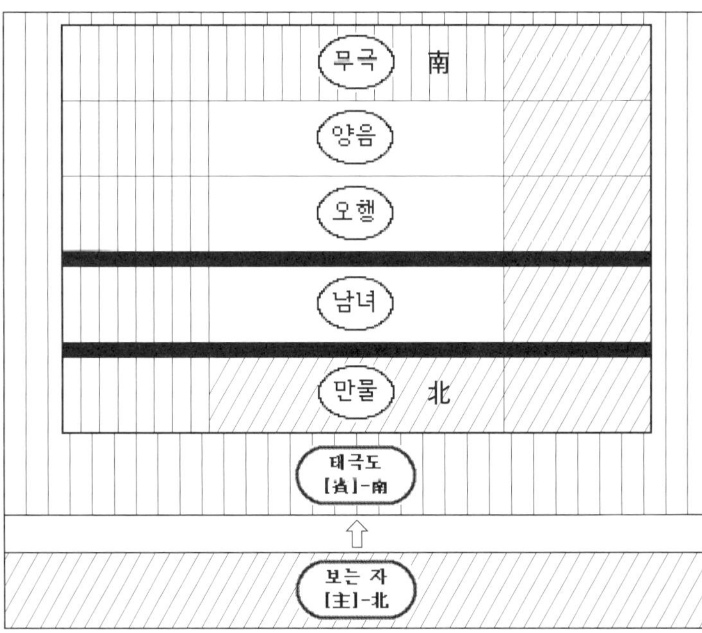

그림 3. 방위의 관점으로 본 <태극도>
(▥= 양[陽:南:東], ▨= 음[陰:北:西])

3. 분석 1: 〈천인심성합일지도(天人心性合一之圖)〉

3.1. 양촌의 제작의도

고려말기의 거유(巨儒) 양촌은 익주로 귀양 갔을 무렵인 1390년(공양왕 2), 현지의 초학자의 질문에 응대한 내용과 우선적으로 알아야 할 도학(道學)의 원리를 간추려 40여개의 다이어그램을 만들었다.[23] 7년 후 김이음(金爾音, ?-1409)이 양촌의 저작을 『입학도설』로 간행하고 발문을 달았는데, 그 내용을 요약하면 다음과 같다; 첫째, 초학자를 위한 입문서이다. 둘째, 다이어그램은 염계의 <태극도>를 근본으로 한다. 셋째, 정주(程朱)의 격언을 근거로 한 도설로 의의가 있다. 넷째, 초학자의 길라잡이가 될 만큼 천·인·심·성의 해석과 점획(點劃)이 정밀하다. 다섯째, 사서(四書)의 절차와 강요(綱要), 오경(五經)의 전체와 대용(大用)을 뚜렷하고 알기 쉽게 논의하여 시골 학당의 후진들에게 밝은 스승을 대신해준다. 여섯째, 이 책을 마음으로 자세히 공부하면, 성리학의 과반을 알게 된다.[24]

23 『입학도설』에 관해서는 권근(1974), 권근(1982), 강문식(2013) 참조.

이와 같은 『입학도설』의 의의에서 주목되는 점은 양촌이 제작한 다이어그램의 기능과 성격이다. 즉, 성리학의 기본 원리를 포괄하되 변방의 초학자를 위한 교육용 입문서가 될 수 있도록 알기 쉽고 명확히 이해하는데 주안점을 두었고, 이를 위하여 <태극도>를 근본으로 명세(明細)한 40여개의 다이어그램을 만들었다는 것이다.

본 장에서는 조선 성리학 도설의 정초(定礎)이자 성리학 다이어그램의 원형을 제시하였다(유권종 2007, 15)고 평가받는 『입학도설』 중에서 특히, '천·인·심·성의 해석과 점획(點劃)이 정밀하다'고 언급된 <천인심성합일지도>(이하 <합일도>)를 중심으로 그 형태론을 분석해 보고자 한다.

3.2. 형태론적 분석

<합일도>(그림 4)는 염계의 <태극도>와 중국불교의 체용론(體用論)을 원용한 주자(朱子)의 『중용장구(中庸章句)』의 성리설(性理說)에 의거, 천인(天人)관계의 심성론적 구조[理氣心性論]와 수양론(修養論)을 집약하여 표현한 것이다. 양촌이 말하는 인간 존재의 가치는 우주의 원리(천명-태극)가 작동하는 천(天)과 합일되도록 끊임없이 학문을 닦고 수기(修己)하는 '마음[心性]'에 있으므로, 이를 통한 치밀한 공부로 하늘이 품부한 인간의 본성

24 권근(1974, 23)을 필자가 요약 정리한 것이다.

을 바르게 하여 일반인[凡人:衆人]도 군자(君子)는 물론 천(天)과 합일된 경지인 성인(聖人)에 도달할 수 있다는 것이다.[25] 성인은 염계가 『태극도설』에서 밝혔듯이 "중정인의(中正仁義)[26]를 가지고 표준을 정하고 주정(主情) 공부를 통하여 인극(人極)[27]을 세웠다."는 주체이자 성리학적 인간존재의 최고봉이라 할 수 있다. 이에 주자는 태극에서 파생된 인간의 도체(道體)를 강조하는 "태극이야말로 도리의 큰 두뇌가 되는 곳이요, 또 백세(百世) 도술(道術)의 연원이다"[28]라고 역설한 것이다.

그래서인지 <합일도>의 전체 도상은 <경혈도>(그림 5)와 같은 인체의 형상을 연상시키는 픽토그램(pictogram, 회화문자)[29]을 보여준다. 이를테면, 그림 5에서 정면을 향한 중심을 따라 '머리-얼굴-목-가슴-배'가 그려지고, 왼쪽 팔다리(화면 오른쪽)와 오른쪽 팔다리(화면 왼쪽)가 좌우대칭으로 그려져 있는 것처럼 그림 4 역시 이를 따른 '몸그림' 안에 '천인심성' 관련 개념을 그려 넣었다. 즉, 본체인 천(天)·명(命)은 머리에 두고, 목에 이

---

25 양촌의 주요 사상과 <합일도>에 대해서는 금장태(2001), 허광호(2017), 전재성(2006), 서경요(2005) 참조.

26 『中庸章句』 首章: "희로애락이 발(發)하지 않는 것을 중(中)이라 하고, 그것이 발하여 절도에 맞는 것을 화(和)라 한다. 중과 화를 극치(極致)로 하면, 천지(天地)가 위치를 바로 하고 만물이 생육된다." 중(中)은 지나치거나 모자람이 없이 정도(正道)에 맞는 것으로 인(仁)과 함께 태극의 체[體:靜]이고, 의(義)는 정(正)과 더불어 태극의 용[用:動]이다.

27 인간에 내재한 태극이란 뜻으로 인간의 최고의 존재상태를 가리키는 말이다.

28 『退溪先生文集』 卷 7, 箚, 進聖學十圖箚 幷圖: <제1태극도>에 대한 퇴계의 설명 부분.

29 이에 관해서는 김성도(2007)를 참조하기 바란다.

(理)[30], 가슴에 심(心)·성(性)·정(情)·의(意), 배에는 경(敬), 왼쪽 팔다리에 성(誠), 오른쪽 팔다리에 욕(欲)을 배치하여 천명과 인성의 구조를 도시(圖示)하고 있는 것이다.

특히, 이러한 그림 4의 형태는 단순히 그림 5의 인체의 형상 이미지만을 차용한 것이 아니라 경혈(經穴)의 원리까지 고려한 것으로 보인다.

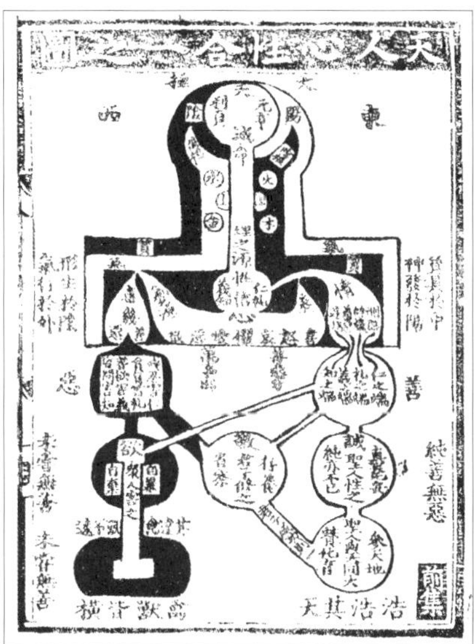

그림 4. <천인심성합일지도>
진주목본(晋州牧本,) 1425년(세종 7)
(출처: 장서각 디지털 아카이브)

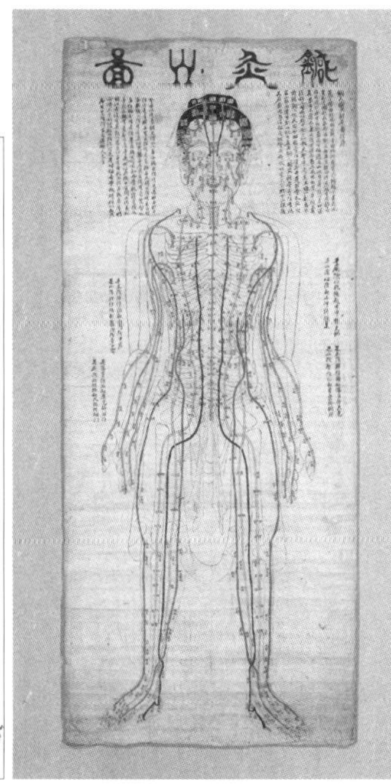

그림 5. 경혈도[鍼灸之圖]
조선시대, 114.6x48.5cm
국립중앙박물관

30 이(理)의 근원은 성(性)이다(理之原性)'란 개념이 목 부분에 그려진 것은 천명과 인성을 하나의 통로로 연결하여 그 상호관계성을 나타내려는 것이다(유권종 2007, 31).

예컨대, 그림 5의 화면 중심은 여러 경혈 중에서 급소에 해당하는 경혈들이 머리부터 낭심까지 일직선을 이루고 있는데, 그림 4 역시 그 부분을 따라 주요 개념(天-命-理-性-心-敬)을 배치하고 있다. 또한, 경혈이 "장부(腸腑)와 통하는 경락의 기(氣)가 체표로 발현되는 틈이나 공간"으로 온 몸의 운행과 직결되어있듯, 그림 4에서는 "모든 조화의 근원인 천(天)"을 경외하는 마음[心性]으로 인간의 기질(氣質)을 수양하지 않으면, 욕망에 빠져 금수(禽獸)가 되는 타락의 경로(화면 왼쪽 팔다리 부분, 검정색으로 표현)를, 그렇지 않고 '성심(誠心)을 다하는' 수양을 통해 군자에 이르러(화면 오른쪽 팔다리 부분, 왼쪽과 대비됨) '경(敬)'하면, 마침내 하늘과 상응하여 일치하는[天人相應] 성인(聖人)의 길을 '유기적'관계로 도해(圖解)하고 있다.

따라서 <합일도>의 인체형상은 범인(凡人)이자 성인(聖人)임을 중의적으로 표현한 것이다. 마찬가지로, 마음(心)은 인체의 심장인 동시에 인간이 '천인합일'을 이룰 수 있게 하는 정요(精要)로서의 '심성(心性)'을 뜻한다. 양촌이 <심도(心圖)>를 <합일도>의 중심축에 둔 이유가 여기에 있다. 특히, 그는 <심도> 부분의 사각형 안에 아예 '심(心)'자를 그려 넣었다. 그 이유는 양촌이 <합일도>에 이어 제작한 <천인심성분석도(天人心性分釋圖)>(이하 <분석도>)에 따로 도설한 '심자(心者)'(그림 6)의 설명에서 찾아볼 수 있다.[31]

31 자세한 내용은 전재성과 서경요의 앞의 글을 참조하기 바란다.

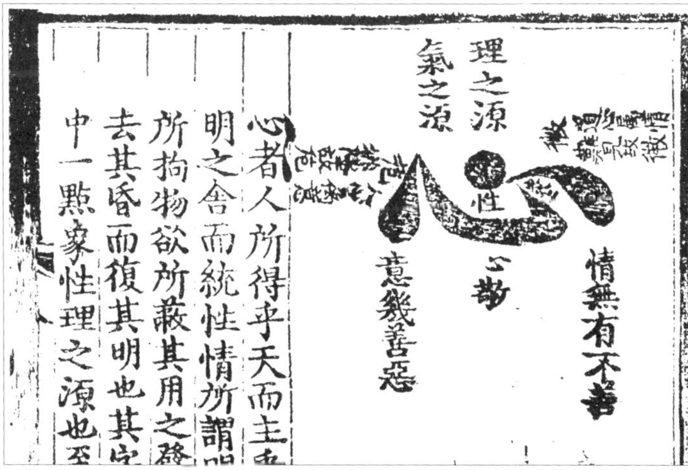

그림 6. <천인심성분석도>-심자(心者) 부분
(출처: 장서각 디지털 아카이브)

여기서 양촌은 '천인심성'의 원리와 작용으로 '심(心)'자[32]의 소형(造形)을 설명하는 독특한 방식을 보여준다(권근 1974, 33-34).

…그 글자 모양이 네모진 것은 사방 한 치 되는 곳의 중앙에 있음[方寸][33]을 본뜬 것이요, 중앙의 한 점은 성리(性理)의 근원을 본 뜬 것이니, 지극히 둥글고 지극히 발라[正]서 한쪽으로 치우치거나 기운 바가 없는 마음의 본체가 된다. 그 밑으로 오목 파인 것은 그 속이 허(虛:虛靈)[34]한

32 심장 모양의 상형으로 '마음'의 뜻을 나타낸다. 원래 '심'자는 1. 마음-知·情·意의 본체, 의식, 정신[心神], 생각[心情], 뜻 2. 염통-오장 중 가장 중요, 정요(精要) 3. 가슴 4. 가운데, 중앙 5. 근본. 근원. 본성을 의미한다(민중서림 2018, 755).

33 사람의 마음은 가슴속의 한 치 사방의 넓이에 깃들어 있다는 뜻으로, '마음'을 달리 이르는 말이다.

34 잡된 생각 없이 마음이 신령(神靈)함, 또는 포착(捕捉)할 수 없으나 그 영험(靈驗)이 불가사의(不可思議)함을 뜻한다.

것을 본뜬 것이니 텅 비어 있기 때문에 모든 이(理)를 갖출 수가 있는 것이다. 그 머리끝이 위에서부터 아래로 내려온 것은 기(氣)의 근원을 나타내고 있는데, 묘(妙)가 합쳐 마음을 이루는 것을 말해주고 있으며, 그 꼬리가 날카로워 밑으로부터 위로 삐친 것은 마음이 오행으로는 불에 속하는 바, 그 불꽃이 피어오름을 본뜬 것이다. 그러므로 능히 광명이 발하고 동하여 만사에 대응하게 되는 것이다. 그 오른쪽의 한 점은 성(性)이 발하여 정(情)이 됨을 본떴으니 마음의 작용을 나타내고, 왼쪽의 한 점은 마음이 발하여 뜻이 됨을 본떴으니 이것 역시 마음의 작용인 것은 매일반이다…

이처럼 '심'자는 단순한 글자체의 그래피즘(Graphismus)이라기보다 마음의 존재성 자체[心性]로서, '성리'를 본원으로 하는 '것[體]'이자 그 총체적 '작용[用]'이라 할 수 있다. 양촌이 <합일도>에서 인체의 형상 이미지, 픽토그램, '심'자의 상형(象形) 등 여러 매체를 조합한 이유 역시 '심'이 함축하는 의미의 중요성을 강조하기 위한 것은 아닐까. 이것은 곧, 성리학의 대표적 명제들과 대비하여 '심'을 강조하는 양촌의 해석, 이를테면 그의 '사단칠정설(四端七情說)', '인심도심설(人心道心說)'[35]을 전달하기

---

35 '사단칠정설'에 대하여 양촌은 "사단(四端)은 이(理)의 근원 즉, 성(性)의 발(發)한 것이니 순선(純善)하고, 칠정(七情)은 기(氣)의 근원 즉, 심(心)의 발한 것이니 선악(善惡)이 겸하여 있다."라고 말하는 '사칠상대설(四七相對說)'의 관점을 취하였다. 또한, '인심도심설'에 관해서는 천인(天人)·심성(心性)이 "하나면서 둘이고 둘이면서 하나이다[一而二 二而一]" 또는, "심의 체[體:性]는 하나이며, 용[用:情·意]은 둘이다"라고 언급하였다. 즉, 양촌은 마음의 작용을 '의지로 드러난 마음[心發爲意]'과 '감정으로 드러난 본성[性發爲情]'으로 나누고, 전자를 인심(人心)이라 하고, 후자를 도심(道心)으로 본 것이다(서울대학교 철학사상연구소 2004 참조).

위한 '다이어그램적' 의도에 있다고 하겠다.

이상의 형태론적 분석에 따라 그림 4를 재구성한 것이 그림 7이다.

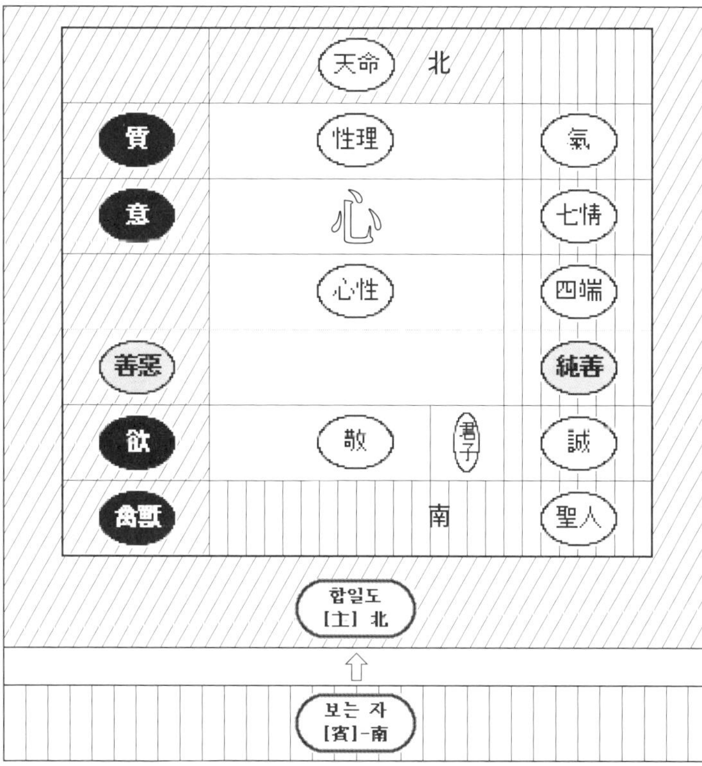

그림 7. <천인심성합일지도>의 형태론
(▥= 양[陽:南:東], ▨= 음[陰:北:西])

4. 분석 2:
〈천명구도(天命舊圖)〉

4.1. 추만의 제작의도

양촌이 <합일도>를 제시한 14세기 이후, 추만의 생존 시기인 16세기는 사림파(士林派)의 등장으로 심학(心學) 위주의 왕도정치가 강조되면서 기존 훈구파와의 대립과 갈등으로 사화(士禍)가 빈번하였다. 추만은 '천인합일설'을 정치에 본격적으로 구현하려던 '기묘사림(己卯士林)'의 일원으로, 이들의 정치사상을 집약·정리한 『천명도해(天命圖解)』(1543년)를 저술하고, 퇴계의 수정을 받아들인 『천명도설(天命圖說)』(1553년)로 편찬하게 된다.[36] 이때 추만이 먼저 제작한 <천명도>를 <천명구도(天命舊圖)>(그림 8)[37]라 하며 퇴계의 수정본을 <천명신도(天命新圖)>로 부른다.

---

36 목판본은 1640년(인조 18) 전주부윤(全州府尹) 한흥일(韓興一, 1587-1651)이 발간했다. 여기에는 퇴계의 서(序)와 택당(澤堂) 이식(李植, 1584-1647)의 발(跋)이 수록돼있다. 추만과 『천명도설』에 대해서는 세종대왕기념사업회 편집부(2007)와 유정동(1986), 박성순(2014), 유권종(2007) 참조.

37 원본에는 <천명구도>가 한 면에 수록돼 있지 않고 절반씩 두 장에 걸쳐 제본돼 있으나, 본고에서는 편의상 한 면으로 합하였다.

비록 『천명도설』의 내용이 추만의 새로운 학설은 아니지만, 성현(聖賢)에 근본을 둔 성리학 제설의 총서이며, <천명구도>는 '천인합일'의 근거를 '이(理)'에 둔 도통론(道通論) 및 심설(心說)의 체계적 다이어그램이라는 것을 택당의 발문을 통하여 알 수 있다.

> …모재(慕齋·金安國)와 사재(思齋·金正國) 두 분 선생의 학설일 뿐만 아니라, 이에 염계의 <태극도>, 소강절(邵康節)의 <선천괘위도(先天卦位圖>), 주치도(趙致道)의 <성기도(誠幾圖). 정자(程子)의 견심학(見心學) 등의 도설이고 또 퇴계 선생에게 절충하였으니, 대개 합하여 말하면 천인(天人)의 이(理)가 여기에 갖추어져 있다…

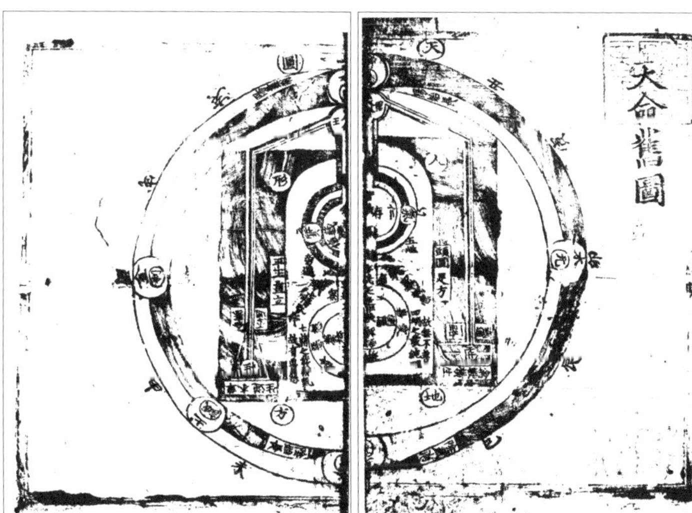

그림 8. <천명구도> 1640년(인조 18), 목판본
(출처: 장서각 디지털 아카이브)

4.2. 형태론적 분석

그림 8은 '천명(天命)-인성(人性)'의 관계를 열 가지 개념들 즉, 천명지리(天命之理), 오행지기(五行之氣), 이기지분(理氣之分), 생물지원(生物之原), 인물지수(人物之殊), 인심지구(人心之具), 성정지목(性情之目), 의기선악(意幾善惡), 기질지품(氣質之品), 존성지요(存省之要)로 체계화한 것이다. 앞서 살펴봤듯이, 추만은 '천명합일'의 실천적 수심(修心)에 주력하는 도학(道學) 내지 심학(心學) 계통에 속하기에, 『중용』의 대지(大旨)[38]를 바탕으로 마음의 자질 및 동인의 논구에 중점을 두게 된다.

예컨대, 마음[心性]의 사단·칠정에 대하여 추만은 '사단리발 칠정기발(四端理發 七情氣發: 사단은 이에서 발동하고, 칠정은 기에서 발동한다)'을 주장한다. 또한, 존성(存省: 인간이 타고난 본심을 보존하고 자기를 성찰하는 것)의 요체를 경(敬)에 둠으로써, 주체적 의식과 노력으로 천명과 하나가 될 수 있다고 보고 있다.

추만은 염계의 <태극도>를 본도(本圖)로 삼고 '천원지방(天圓地方)'의 관념과 인체의 형상을 본 떠 <천명구도>를 독창적 방식으로 구조화하였다. 즉, 원형으로 십이지(十二支)와 오행(五行)의 '천명권(天命圈)'을 설정하고, 그 안에 사각형의 '지방권(地方圈)'을 바탕으로 천명의 중심과 이어진 '인물권(人物圈)'을 두고 <태극도>의 다섯 층위인 '무극-양음-오행-남녀-만물'을 집약한 것이다[39](그림 9).

38 "天命之謂性 率性之謂道 修道之謂教".

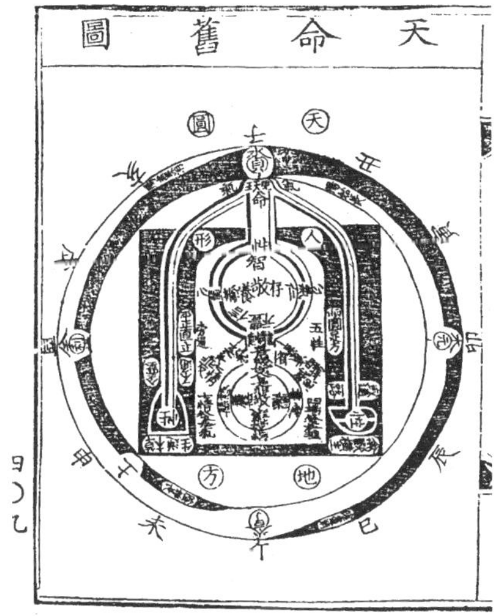

그림 9. <천명구도>『退溪先生文集』卷 41,『雜著』, 天命圖說後敍 附圖, 목판본(1843년) (출처: 한국고전종합DB)

특히, '인물권'의 전체적인 형태는 양촌의 <합일도>에서 보았던 인체 형상 보다 단순화된 형태인데, 추만은 머리가 '천명권'에 걸쳐지도록 하고, 몸과 늘어난 양팔 역시 '천명권'과 이어지도록 하는 한편, '인(人) 형(形)' 개념을 명시한 '지방권'(검정색 사각형 부분)과 연계한다. 아울러 다이어그램의 중앙에는 마치 심방(心房)처럼 생긴 '심권(心圈:人性圈)'을 크게 설정한다. 즉, "'천명'이 '인형'과 만나는 핵심 부분에 텅 빈 원형으로 '심권'이 설정되어 있으며, 그 '심권'은 '이권[理圈:天命圈]'과 '기권(氣圈)'으

39 대개 조선시대의 <천명도>는 세 개의 권역 즉, 천원권(天圓圈)·지방권(地方圈)·인물권(人物圈)으로 구분된다. 이것은『주역』「설괘전(說卦傳)」의 삼재설(三才說)에 바탕을 두는데, 하늘의 운행원리·땅의 존재양상·인간의 삶의 이치는 원래 하나로 연결된 것이므로, 이러한 천지(天地)에 일치하는 삶이 곧 인간으로서 최고의 삶이 된다는 것이다.

로 구별되고, '이권'에는 사단의 본성이 표상되고, '기권'에는 칠정의 근거가 되는 기질의 성(性)이 표상되어 있는 것이다. 또한, '심권' 바깥으로 의(意)를 경유한 칠정이 선악의 두 갈래로 나뉘어 각각 직선과 곡선으로 표상하고 있다."(유권종 2007, 32).

이와 같은 추만의 도식은 앞서 살펴 본 양촌과 유사점을 보여준다. 말하자면, 양촌의 '천인합일설', '사칠상대설', '인심도심설'을 반영하여 '심'을 강조하는 인체 형상적·유기적 관계의 다이어그램을 제작한 것이다. 다만, 추만은 제 이론을 '천명권', '지방권', '인물권', '심권' 등의 권역으로 구분하고, '천원지방'의 단순화된 도형으로 함축하는데 그 특징이 있다고 하겠다. 이상의 형태론적 분석에 따라 재구성한 것이 그림 10이다.

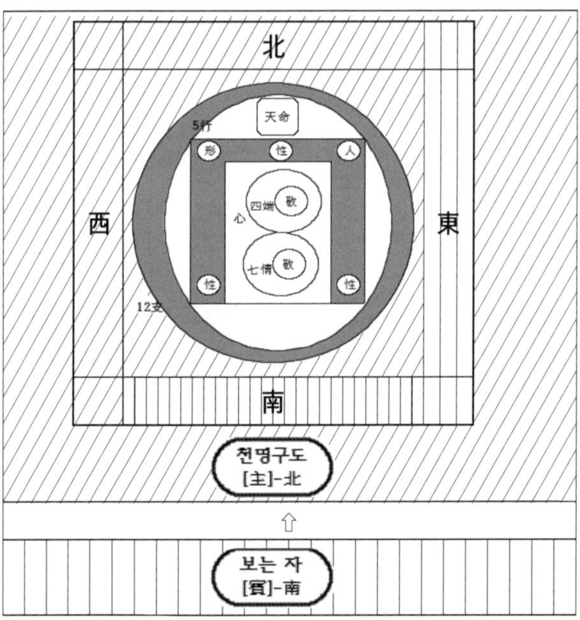

그림 10. <천명구도>의 형태론 (▥= 양[陽:南:東], ▨= 음[陰:北:西])

5. 분석 3:
〈천명신도(天命新圖)〉

5.1. 퇴계의 제작의도

퇴계[40]는 추만의 청을 받아 <천명구도>를 고정(考訂)하면서 "주자(朱子)의 말씀을 가지고 태극의 본도(本圖)에 근거하여 『중용』의 대지(大旨)를 기술하여, 드러난 것으로 인하여 은미한 이치를 알아서 상호 간에 발명하며 쉽게 깨닫게 하려는" 의도에서 <천명신도>(그림 11)를 제작하였다.[41]

그렇다면, 퇴계가 추만의 <천명구도>에서 수정한 <천명신도>의 내용은 무엇인가. 바로 미음의 '사단칠성'에 관한 부분이다. 앞서 추만이 '사단리발 칠정기발'이라 주장한데 대해서 퇴계는 '이발기수 기발이승(理發氣隨 氣發理乘: 사단은 이가 발해 기가 따르는 것이고, 칠정은 기가 발해 이가 타는 것)'으로 본 것이다. 이처럼

40 퇴계와 <천명신도>에 관해서는 금장태(2001), 장지연(2009), 최영진(2007), 유권종(2007), 이정환(2014) 참조.

41 이하 퇴계가 <천명신도>에 대하여 언급한 내용은 『退溪先生文集』 卷 41, 「雜著」, 天命圖說後敍 附圖에서 인용하였다. 단, <천명구도>가 추만의 원도가 아니며 <천명신도>는 1560년 중반까지 아직 완성되지 않았다고 보는 견해도 있다(이정환 2014, 6).

그림 11. <천명신도>『退溪先生文集』卷 41,『雜著』, 天命圖說後敍 附圖, 목판본(1843년) (출처: 한국고전종합DB)

이(理)의 자발성(自發性)으로 이기(理氣)가 사단칠정에 포함되어 있다고 보는 퇴계의 이른바 '이기호발설(理氣互發說)'은 이후 '사칠논변(四七論辨)'을 야기하게 된다. 이러한 퇴계의 주리적 이기관(主理的 理氣觀)은 현실의 대상이 '혼륜(渾淪)'하며 상호 관계한다는 현상인식을 바탕으로 하는데[42] <천명신도>의 <태극도>에 대한 '대화체'의 설명도 이를 반영하고 있다.

…손님이 발끈하여 말하기를 "그대가 나를 속이려 합니까. 주자(周子)의 <태극도>에서는 태극에서 오행(五行)까지 세 개의 층(層)으로 되었고, 기화(氣化)와 형화(形化)가 또 두 층으로 되었는데, 이 도식에서는 덩

42 『朱子大全文集』, 卷46, 答劉叔文: 사물상으로 보면 이 두 가지(이·기)는 혼륜해 있어 나누어 각각 다른 곳에 존재할 수 없다(在物上看 則二物渾淪 不可分開 各在一處).

그러니 동그라미 하나뿐이니, 어찌 그와 같다 할 수 있겠습니까."하여, 내가 대답하기를, "손님은 참으로 태극과 음양(陰陽)과 오행(五行)이 세 개의 층이 있다고 여기며, 기화와 형화가 또 이 세 가지 밖에서 나와서 따로 두 층이 있다고 여깁니까? '오행은 하나의 음양이요, 음양은 하나의 태극이다.'하였으니, 음양의 조화는 바로 하나의 태극이 하는 것입니다. 따라서 혼륜(渾淪)하여 말하면 단지 하나뿐입니다. 다만 주자(周子)가 <태극도>를 만들어서 사람들에게 보일 적에 부득이 다섯으로 나누었던 것뿐입니다."하였다…

퇴계가 혼륜의 관점과 '이기호발설'로 새롭게 해석한 <천명신도>의 심성론은, 심성의 사단칠정의 근거를 외부의 본체(천명-태극-성) 보다는 이(理)의 자발성에 따른 내면의 도덕적 준거에 둠으로써 자기존재의 주체적 결정을 강조한 것이다. 다시 말해서, 성[性:四端][43]과 그 발현인 정[情:七情]이 일맥으로 순선(純善)에 이른다는 '심통성정(心通性情)'[44]의 차원이다. 궁극적으로 퇴계가 모색한 것은 심성의 도덕적인 '본연지성(本然之性)'의 올바른 실현 방법으로, '천인합일'의 이상이 현실에서 가능할 수 있는 '천아무간(天我無間)'의 철학적·수양적(修養的) 주체에 비중을 둔 것으로 볼 수 있다.

---

43 <성학십도>-<제6심통성정도>의 <중도(中圖)> 설명 부분: …기품(氣稟) 가운데 나아가서 기품이 섞이지 않은 본연(本然)의 성(性)을 가리켜 말한 것이니, 자사(子思)의 이른바 '천명의 성[天命之性]'과 맹자의 이른바 '성선의 성[性善之性]'과 정자(程子)의 이른바 '즉리의 성[卽理之性]'과 장자(張子)의 이른바 '천지의 성[天地之性]'이 곧 이것입니다. 그 성을 말함이 이와 같은 까닭에 그것이 발현하여 정이 된 것도 모두 그 선한 것을 가리켜 말하였으니….

5.2. 형태론적 분석

앞서 살펴 본 <천명구도>와 같이, 퇴계의 <천명신도>도 <태극도>를 모티브로 하며 '천원지방'을 근간으로 권역을 설정하여 내용을 함축하는 추만의 구조화 방식과 크게 다르지 않다.(그림 12, 그림 13) 단, 퇴계는 추만의 '심권'에 대하여 "심정(心情)의 미발권(未發圈:性)과 이발권(理發圈:情)이 하나로 이어지도록 함으로써, 양 권이 실상 하나의 심권 속에 있도록 표상된 것이 중요한 차이이다"(유권종 2007, 32).

또한, 그림 12와 달리 그림 13은 '천원권-지방권-인물권'을 연계하는 팔모양의 선이 생략되어 있다.[45] 그 이유에 대해서 퇴계는 '천명도설후서'에서 다음과 같이 설명한다.

> …'오행은 하나의 음양이요, 음양은 하나의 태극이다.'하였으니, 음양의 조화는 바로 하나의 태극이 하는 것입니다. 따라서 혼륜(渾淪)하여

44 <성학십도>-<제6심통성정도>의 <하도(下圖)> 설명 부분: …이(理)와 기(氣)가 합한 것으로 말한 것이니, 공자의 이른바 '서로 유사하다'는 성과, 정자의 이른바 '성이 곧 기(氣)요, 기가 곧 성'이라는 성과, 장자의 이른바 '기질의 성[氣質之性]'과, 주자의 이른바 '기(氣) 가운데 있으나 기는 기요 성은 성이어서 서로 섞이지 않는다'는 성이 곧 이것입니다. 그 성을 말함이 이와 같은 까닭에 그것이 발현하여 정이 된 것도 이(理)와 기(氣)가 서로 의지하거나 서로 방해하는 곳을 가지고 말하였습니다. 예컨대 사단(四端)의 정은 이(理)가 발현함에 기(氣)가 따르니 자연히 순선(純善)하여 악이 없지만, 이가 발현하여 미처 이루어지지 못하고 기에 가리어진 뒤에는 불선(不善)으로 흘러갑니다….

45 <천명신도>는 앞서 '심권'의 표현과 이 부분을 제외하면, 다이어그램의 구조적 측면에서 <천명구도>와 큰 차이가 없기에, 본고에서는 그 형태론을 재구성한 다이어그램을 따로 제시하지 않았다.

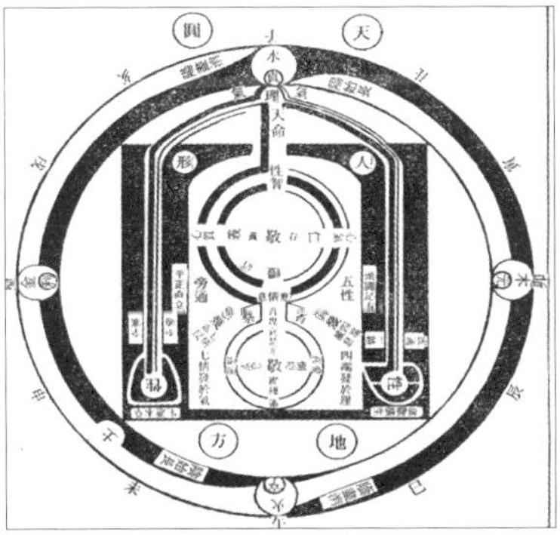

그림 12. <천명구도>의 도식
(출처: 한국고전종합DB)

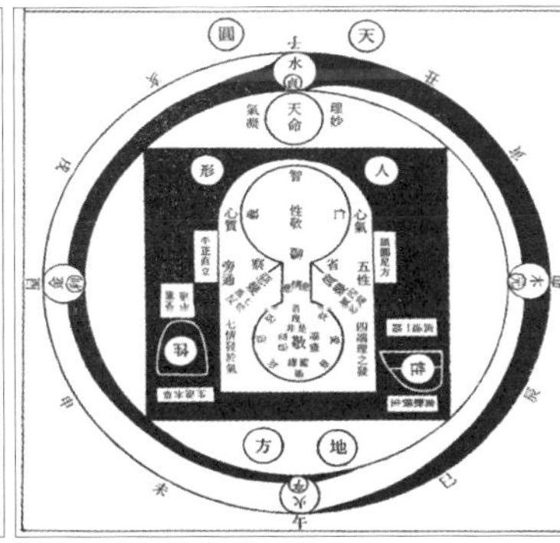

그림 13. <천명신도>의 도식
(출처: 한국고전종합DB)

말하면 단지 하나뿐입니다. 다만 주자(周子)가 〈태극도〉를 만들어서 사람들에게 보일 적에 부득이 다섯으로 나누었던 것뿐입니다…이 도식은 사람과 물건의 타고난 것으로 인하고 이와 기의 화생(化生)을 근원하였으니, 합하여 하나로 만들지 않으면 그 위치가 제대로 되지 않기 때문입니다…지(地)와 인물(人物)의 형체의 경우도 『태극도설』에서 가져온 것입니다…이른바 '태극의 진(眞)과 음양·오행의 정기(精氣)가 묘하게 합하여 남자를 이루고 여자를 이루어 만물이 화생한다. 만물이 생기고 또 생겨서 변화가 끝이 없다.'한 것이 인물이 아니고 무엇입니까. 내가 본래 '이 <천명도>는 사람과 물건의 타고난 것을 인하고, 이와 기의 화생(化生)을 근원하여 만들었다'하였으니, 지(地) 또한 하나의 물체입니다. 그렇다면 인물을 형용하면서 아울러 땅을 형용한 것이 모두 조술(祖述)한 바가 있는 것인데, 그대는 어찌하여 거기에 있고 없고 같고 다른 것을 의심합니까?…

퇴계는 결국 사람[人]과 물건[形, 地]이 모두 하나의 하늘[太極]을 근본으로 하므로, 굳이 각각을 구분하지 않고 천원(天圓)의 권역에 하나로 묶고자 했던 것이다. 다시 말해서, 천명을 "하나의 권역[一圈子]"으로 보고, 천명으로부터 순선한 성(性)과 그로부터 발현되는 사단칠정에 이르는 선(善)의 일맥을 표현하는 "혼륜(渾淪)"의 관점이다(이정환 2014, 9).

특히, 퇴계는 '일권(一圈)'의 다이어그램으로 시각화하면서 도형 이미지를 분별하여 사용하고 있어 주목된다.

> …천명의 원(圓)은 곧 주자(周子)가 이른바 '무극의 진(眞)과 음양·오행의 정기(精氣)가 묘하게 합하여 응결한다.'는 것인데…<천명도>를 만드는 데는 마땅히 태극에서 시작해야 할 것인데, 지금 묘하게 합하여 응결하는 데서부터 시작한 것은 무슨 까닭이겠습니까. 사람과 물건이 생겨난 이후로부터 시작하여 그것을 미루어 올라가서 묘하게 응결하는 곳까지 이르면 이미 극치가 되기 때문에 이것으로 도식의 상면에 해당시켜 천명을 처음 받는 곳으로 만든 것입니다. 오행과 음양 이상은 실로 천원(天圓)의 한 도식에 갖춰져 있으며, 소리도 없고 냄새도 없는 태극은 묘사할 필요도 없이 심원하여 그치지 않음[於穆不已]이 그 가운데 뻗쳐 있는 것입니다…손님이 말하기를, "사람과 금수와 초목의 형체를 방(方)·원(圓)과 횡(橫)·역(逆)의 유형으로 나눈 것은 어디에 근거한 것입니까?" 하여, 대답하기를, "이것은 본래 선유(先儒)들의 설로써 정이(靜而:추만)가 변론해 놓은 데서 다 얘기하였으니, 내가 더 자세히 말하지 않아도 될 것입니다."…

말하자면, 천명의 본체 및 그 묘합은 '천원(天圓)'의 원형으로 시각화하는데 비해서, 사람과 물건의 형체(人與禽獸草木之形)의 경우에는 사각형[方]·원형[圓]·가로[橫]·세로[逆][46]의 네 가지 요소로 유형화(以方圓橫逆之類分之)하여 특정적으로 표현되고 있다는 점이다. 위 글에서 '방원횡역'의 분류에 대한 상세 설명이 생략되어 있어 더 이상의 논의는 힘들지만, 이 유형이 성리학의 원리를 다이어그램으로 만드는 최소 단위로 오랜 기간 사용되어 왔음은 분명하다고 하겠다.[47]

46 원래 '역'자는 '역상(逆上)' 즉, '거슬러 올라가다'를 뜻하지만, '횡'자와 상호관계가 있다고 보고 '세로'로 번역하였다.

47 이러한 측면에서 '방원횡역'을 조선전기 성리학 도설의 '다이어그램적' 자소(Graphem)의 하나로 간주해 볼 수 있을 것이다.

6. 마무리를 대신하며

지금까지 본고에서는 다이어그램학이 논의하는 말·글·그림의 매체가 조합된 '글그림성'의 '융합적 매체상호성'에 주목하고, 우리의 전통적 다이어그램에 나타난 시각언어의 표현방식을 고찰하여 '다이어그램적' 특징과 의미를 규명해 보고자 하였다. 이를 위하여, 본고에서는 조선전기 성리학 도설을 대상으로 구성·모티브·방위의 측면에서 '선이해'를 설정한 후, 당시의 대표적인 도설인 양촌, 추만, 퇴계의 <천명도>를 중심으로 각각의 평면적 시각공간을 융합성·상호관계성·'사이공간성'의 관점에서 형태론적으로 분석함으로써, 입체적 인지공간으로 구조화·체계화되는 '다이어그램적' 특징을 개관해 보았다.

오랜 시간 광범위하게 축적된 '천명'의 개념과 원리를 함축하여 단지 한 면(面)의 다이어그램으로 시각화하기 위해서, '작도자(作圖者)'는 주요 텍스트와 이론, 그리고 선작(先作)의 다이어그램을 참조하되, 자신의 새로운 해석에 의한 설명과 도법(圖法)으로 '보는 자'의 이해를 도모하였다. 그 과정에서 선작의 변형 이미지, 인체 형상의 픽토그램, 문자, '방원횡역' 이미지 등 다양한 매체들을 조합하여 핵심 개념 간 유기적 관계를 도시

(圖示)하였으며 이를 텍스트로 부연한 또 다른 이미지로 창출하였다. 이러한 언어와 이미지의 혼종은 '보는 자'가 <천명도>를 '한 눈에 보고 알기'에 용이하도록 '작도자'가 고안한 시각언어라고 할 수 있다. '보는 자'는 또한, '작도자'의 해석 -이미지[圖]와 텍스트[說]- 을 병독(竝讀)하고 검증하면서, 여러 의미층위의 인지절차라는 일련의 '다이어그램적' 과정을 통하여 근원적 본체인 '천명'의 요체를 이해하게 되는 것이다.

그렇지만, <천명도>가 함의한 지식의 습득만이 목적은 아니다. 그 보다는 다이어그램을 매체로 자신만의 지혜를 갖는 것이 더 중요하다. 말하자면, "다이어그램은 또 다른 이미지에 불과할 수도 있지만, 순지(純知, pure intelligence)의 세계로 진입하도록 하는 해결책이기도 하다"(Mitchell 1981, 633)[48] 퇴계는 이러한 자신만의 생각을 '마음의 직책'이라 보며 다음과 같이 설명한다.[49]

> …일찍이 듣건대, 맹자(孟子)의 말에, "마음의 직책은 생각하는 것이니, 생각하면 얻고 생각하지 못하면 잃어버리고 만다."하였고, 기자(箕

48 원문은 "The diagram is, of course, nothing more than another image, "a mere playing, or a toy / To sense embodied"; but it is also the antidote for "a mind beset / With images," an entrance into the world of pure intelligence."

49 『退溪先生文集』卷 7, 箚, 進聖學十圖箚 幷圖: <제6심통성정도>에 대한 퇴계의 설명 부분. 퇴계는 <제1도>부터 <제5도>까지는 "천도(天道)에 기본을 두었는데, 공부는 인륜을 밝히고 덕업(德業)을 힘쓰는 데 있습니다."라며 이들이 배움의 필요성에 관한 것임을 밝혔다. 또한, <제6도>에서 <제10도>는 "심성(心性)에 근본을 둔 것인데, 요령은 일상생활에서 힘쓰고 경외(敬畏)를 높이는 데 있습니다."라며 '경'의 실천궁행에 관한 것임을 역설하였다.

子)가 무왕(武王)을 위하여 홍범(洪範)을 진술할 적에 또, "생각함은 지혜롭다. 지혜로움은 성스러움을 만든다."하였습니다. 대개 마음은 방촌(方寸)에 갖추어 있으면서 지극히 허령(虛靈) 하고, 이치는 도(圖)와 설(說)에 나타나 있으면서 지극히 현저하고 지극히 진실합니다. 지극히 허령한 마음을 가지고 지극히 현저하고 진실한 이치를 구하면 마땅히 얻지 못할 것이 없을 것입니다. 생각하여 얻고 지혜로워 성인이 되는 것이 어찌 오늘날에 징험되지 못 하겠습니까. 그러나 마음이 허령하다 하더라도 주재(主宰)하는 바가 없으면 일을 당하여도 생각하지 못하고, 이치가 현저하고 진실하다 하더라도 조관(照管)하지 않으면 항상 눈앞에 있을지라도 보지 못하게 됩니다. 또한 이 도식(圖式) 때문에 깊이 생각하는 것을 소홀히 하여서는 아니 됩니다…

무엇보다 퇴계는 다이어그램 자체에 의존하는 것을 경계하고, 그 함축 의미에 대하여 배움과 생각을 겸하는 '공부'와 올바른 현상 적용이 되도록 하는 '경(敬)'의 준수를 강조하면서, 이를 위한 다이어그램의 구체적 독법을 제시한다.[50]

…그리고 또한 경(敬)을 지킨다는 것은 생각과 배움을 겸하고 동(動)과 정(靜)을 일관하며, 안과 밖을 합일하고 드러난 곳과 은미(隱微)한 곳을 한결같이 하는 도(道)입니다. 이것을 하는 방법은 반드시 삼가고 엄숙하고 고요한 가운데 이 마음을 두고, 배우고 묻고 생각하고 분별하는 사이에 이 이치를 궁리하여, 보이지 않고 들리지 않는 곳에서 경계하고

50 『退溪先生文集』 卷 7, 箚, 進聖學十圖箚 幷圖.

두려워하기를 더욱 엄숙하고 더욱 공경히 하며, 은미한 곳과 혼자 있는 곳에서 성찰하기를 더욱더 정밀히 하는 것입니다. 어느 한 그림을 두고 생각할 적에는 마땅히 이 그림에만 마음을 오로지해서 다른 그림이 있다는 것을 알지 못하는 것처럼 하고, 어떤 한 가지 일을 습득할 적에는 마땅히 이 일에 오로지하여서 다른 일이 있다는 것을 알지 못하는 것처럼 합니다. 아침저녁으로 변함이 없이 매일매일 계속하고, 혹 새벽에 정신이 맑을 때에 그것을 되풀이하여 그 뜻을 이해하고 혹 평상시에 사람을 응대할 때에 몸소 경험하고 북돋우면, 처음에는 혹 부자연스럽고 모순되는 불편을 면하지 못하고 또 때로 극히 고통스럽고 쾌활하지 못한 병통이 있기는 하지만, 이것이 곧 옛사람들이 이른바 장차 크게 향상하려는 징조요 좋은 소식의 징조라고 하겠으니, 절대로 이런 문제로 인해서 스스로 저상되어서는 안 됩니다…처음엔 각각 그 하나에만 오로지하던 것이 나중에는 하나의 근원에서 만나게 될 것입니다. 이것이 실로 맹자가 논한 바, "깊이 나아가기를 도로써 하여 자득하게 된 경지"이며 "생겨나면 어찌 그만둘 수 있겠는가"라는 말의 증험입니다…두려워하고 공경함이 일상생활에서 떠나지 않아 중화(中和)를 극치(極致)로 하여 천지 만물의 위육(位育)[51]에 참여하는 공(功)을 이룰 수 있으며, 덕행이 떳떳한 인륜에서 벗어나지 않아 천(天)과 인(人)이 합일하는 묘리를 얻을 수 있을 것입니다…

조선전기 성리학의 본령이 심법을 강조하는 도학이라는 점을 상기한다면, 다이어그램의 진정한 의미는 마음의 공부와 수

---

51 만민이 그 생활에 만족하고 만물이 충분히 육성된다는 뜻이다.

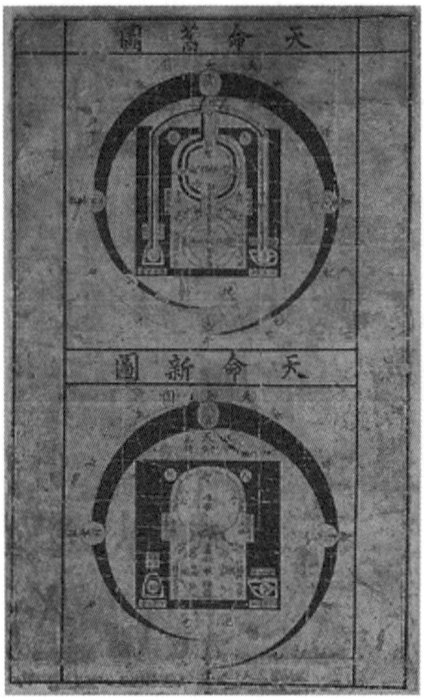

그림 14. <천명도 족자>
조선시대, 135x88cm, 국립민속박물관

양의 반복으로 다이어그램이 내포한 고도의 원리 내지 하나의 근원을 만나는, 자득(自得)의 경지에 있으며 이때, 비로소 '보는 자'는 중화(中和)의 극치(極致)를 얻어 '천인합일'의 성인(聖人)에 이르게 된다는 것이다. 예컨대, 퇴계가 도설 중의 다이어그램만으로 <성학십도> 병풍을 제작하여 선조의 거처에 놓도록 권하고, 작은 수첩으로도 만들어 책상 위에 놓고 "기거동작(起居動作) 때마다 보고 살피도록" 청한 것도, 생활 속에서 다이어그램이 함의한 의미를 '자기 것으로 체화'하도록 하는 일종의 "체화된 마음(Embodied Mind)" 내지 "체화된 인지(Embodied Cognition)"로 볼 수 있다. 퇴계가 다이어그램을 텍스트와 분리하여 선조의 일상 속에 밀착시킨 이유도 바로 '체화'의 중요성 때문이라 하겠다.

그 결과, 다이어그램은 텍스트와 분리되어 생활 속의 지침서나 병풍 그림으로 다시 매체전환된 것이다. 이러한 양상은 <천명도>의 경우에 두드러진다. 이를 테면, 그림 14에서 족자의 위아래로 배열된 <천명구도>와 <천명신도>를 '보는 자'는 또한, 그림으로 전환된[簇子圖] 다른 이미지의 '관람자'이기도 하다. 그럼에도 불구하고, '보는 자'이든 '관람자'이든 그림 14를 보며 '자기 것으로 체화'하기 위해 끊임없이 노력하는 도[天命]의 '수행자'로 마음을 다하면, 그림 14의 시각공간의 질서는 생각과 수양(修養)의 시간의 질서 그리고, 족자가 놓인 일상적 공간의 질서와 상호관계하며 도학의 세계로 진입하게 해주는 매체로 그 진정한 의미를 발하게 될 것이다.

참고문헌

강문식. 2013. "<입학도설>의 편간 경위와 경학론." 『장서각』 29: 102-127.

강병창. 2017. "언어기호의 매체상호성." 『독어학』 35: 1-24.

금장태. 2001. 『성학십도와 퇴계철학의 구조』. 서울: 서울대학교출판부.

금장태. 1995. "퇴계에 있어서 <태극도>와 <천명신도>의 해석과 상관성." 『퇴계학보』 87-1: 214-234.

김광철. 2012. 『광고사전』. 서울: 프로파간다.

김성도. 2010. "한국 매체 문화사의 구상 - 문자·활자·책의 상호 매체성을 중심으로." 『기호학연구』 27: 9-36.

김성도. 2007. "이미지의 시원." 『영상문화』 12: 1-11.

권근. 1974. 『入學圖說』. 권덕주 옮김. 서울: 을유문화사.

권근. 1982. 『入學圖說 全』. 안동권씨 서울화수회 편집실 옮김. 서울: 경문사.

민중서림 편집국 편. 2018(1966). 『漢韓大字典』. 파주: 민중서림.

박성순. 2014. "추만 정지운 저술 『천명도설』의 사상사적 위상." 『동양고전연구』 54: 253-288.

박일봉 옮김. 1986. 『周易』. 서울: 육문사.

서경요. 2005. "한국 성리학의 도설학적 이해." 『유교사상문화연구』 24: 179-210.

서울대학교 철학사상연구소. 2004. 『조선 전기 이기론』. 서울: 도서출판 관악.

세종대왕기념사업회 편집부. 2007. 『국역 국조인물고』 34. 서울: 세종대왕기념사업회.

유권종. 2007. “『입학도설』과 조선 유학 도설.” 『철학탐구』 21: 5-39.

유정동. 1986. “「天命圖解」 考.” 『동양철학의 기초적 연구』. 서울: 성균관대학교출판부.

이용주. 2003. 『동아시아사상 ‘전통’의 형성: 주희의 문화 이데올로기』. 서울: (주)이학사.

이정환. 2014. “퇴계 『천명도설』과 <천명도>에 대한 철학적·도상적 재검토.” 『퇴계학보』 135: 5-53.

장지연. 2009. 『조선유교연원』. 서울: 명문당.

전재성. 2006. “권근의 성리론 고찰.” 『한국사상과 문화』 34: 283-309.

주광호. 2007. “주돈이 <태극도설>의 존재론적 가치론적 함의.” 『한국철학논집』 20: 7-34.

최근덕 외. 2001. 『조선조 성리철학의 구조적 탐구』. 서울: 성균관대학교출판부.

최영진. 2007. 『퇴계 이황』. 파주: 살림.

한국사상연구회편. 2000. 『도설로 보는 한국유학』. 서울: 예문서원.

한자경. 2006. “도표의 정위(定位)와 인간의 시선-<하도>·<낙서>·<태극도>와 <천인심성합일지도>·<천명도>의 뒤바뀐 정위에 대한 양촌과 퇴계의 변(辨)을 중심으로.” 『철학』 88: 1-21.

함현찬. 2007. 『주돈이, 성리학의 비조』. 서울: 성균관대학교출판부.

허광호. 2017. “주돈이와 권근의 천인합일사상 비교.” 『동양고전연구』 66: 251-276.

『退溪先生文集』卷 7, 箚, 進聖學十圖箚 幷圖(한국고전종합DB, a029-197d).

『退溪先生文集』卷 41,「雜著」, 天命圖說後敍 附圖(한국고전종합DB a030-405a).

Mitchell, W. J. T. 1981. "Diagrammatology." *Critical Inquiry* 7-3: 622-633.

Stjernfelt, Frederik. 2007. *Diagrammatology: An Investigation on the Borderlines of Phenomenology, Ontology, and Semiotics.* Dordrecht: Springer.

Vorholt, Hanna. 2014. "Wissenstransfer und Erkenn tnisprozesse in einer enzyklopädischen Sammelhandschrift aus dem Umfeld der Universität Leuven." In *Diagramm und Text: Diagrammatische Strukturen und die Dynamisierung von Wissen und Erfahrung,* eds. Eckart Conrad Lutz, Vera Jerjen, and Christine Prutzo, 95-121. Wiesbaden: Dr. Ludwig Reichert Verlag.

| 제6장 |

뉴 포이에시스, 감각의 인터미디어를 향하여

김예경

1. 들어가기

예술에 테크네(technc), 즉 능숙한 '솜씨'의 문제가 있다면, 예술에는 또한 포이에시스(ποίησις, poiesis)의 문제가 존재한다. 포이에시스는 그리스인들이 쓰던 일상어로서 의미 그대로는 인간의 모든 '제작 활동'을 뜻한다. 예술가들의 제작 활동 내지는 과정에 대한 의미의 부여는 분명 상인이 아닌 교양인(인문학자)-예술가의 개념이 형성되는 르네상스에 와서 시작된다. 그러나 이 제작 활동에 대한 관심이 보다 구체화된 것은 현대이며, 그것은 미학의 연구방향성을 새롭게 하는 데 기여한다. 이러한 기여에 우리는 폴 발레리(Paul Valery)를 들수 있으며, 1937년 그는 현대 미학의 새로운 연구방식이 될 '포이에티크(poïétique)'의 개념을 제시하였다. 고대 그리스어 포이에시스에 근거하였지만, 포이에틱은 예술의 모든 제작행위에 대한 접근 방식을 기존과는 달리한다. 기존의 미학이 결과물인 창착물에 치중하거나(예를 들어 예술품 안에 최종 표출된 미적 형식에 대한 관심 - 특히 고대 미학의 논의가 그러하다), 심미적 효과에 관심을 두었다면(예를 들어 작품이 관객의 주관에 일으키는 정서적인 반응에 대한 관심 - 특히 근대 미학의 논의가 그러하다), 포이에틱은 이것과 학술(學術)의 방향을 달리

한다는 것이다. 포이에티크는 작업 행위(시안과 구성, 우연의 역할, 형식 등에 대한 작가의 선택 등), 작업 환경(문화, 주위의 조건), 기술적 행위(테크닉, 도구의 활용, 재료의 적용방식) 등(Souriau 1990), 제작 과정 전반에 주목하며 그 안에 내포된 인간학적인 것과 기술적인 것 모두를 연구의 대상으로 한다. 그리고 그것에 대한 과학적이고 철학적인 연구를 수행한다. 이러한 새로운 학술의 창출은 미학에서의 인식 활동의 전환을 의미하며, 이것은 제작행위를 새롭게 발견하는 계기를 마련해 주었다.

이러한 미학의 연구 방향성의 변화는 결코 홀로 생겨난 것이 아니다. 그것은 현대 예술가들의 제작활동의 변화를 동반하기 때문이다. 그렇다면 현대 예술가들의 제작행위 변화나 그것을 추동해온 요인은 크게 무엇인가? 이 질문과 관련해 다니엘 벨(Daniel Bell: Bell 1976)이나 뤽 페리(Luc Ferry: Ferry, 2002)등의 이론가들은 근·현대 예술가들의 드라마틱한 자의식의 성장과 고독(기성 사회와의 분리를 초래하는 고립)에 주목하였다. 이러한 성장 과정에서 현대 예술가들은 예술의 본질에 대해, 이를테면 '예술의 근본원리는 무엇'이며 '예술의 개별 매체들의 본질적인(또는 배타적인) 토대는 무엇인가?'와 같은 자기성찰적 질문을 던질 수 있었기 때문이다. 1960년대 아서 단토(Arthur Danto: 단토 2007)는 예술 스스로에 의한 예술의 본질 또는 개별 매체의 근본원리에 대한 질문은 현대예술의 특성이 되었으며, 예술가는 이제 철학자가 되었다는 것을 선언했다. 그리고 예술가들 스스로가 던진 이러한 질문들은 현대예술의 탈경계적, 횡단적, 탈매체적, 융합적, 등의 자유로운 제작행위의 출현과 불가분의 관계를 갖는다.

오늘날 현대 미학은 예술의 다-감각화와 감각의 키아즘(chiasm), 다양한 매체들의 복합적 적용과 상호작용 등의 현상들을 마주하고 있고, 조형예술에 관해서는 여기서 설치미술의 다원화된 형식과 디지털 뉴미디어 아트의 예술과 과학이 융합된 형식을 환기시키는 것만으로도 족할듯하다. 영상 분야의 경우, 사진, 영화, 게임, 만화 등의 서로 다른 매체들이 긴밀히 영향을 주고받으며 서로를 횡단한다거나 특성이 교차하는 상호매체적 양상을 쉽게 발견할 수 있다(사진의 양식을 활용한 영화나 만화 기법을 삽입한 영화, 영화 필름의 형식을 빌려 수직적 축으로 길게 이어지는 인터넷 만화, 게임의 몰입적 관점을 도입한 영화, 영화가 게임의 형태로 출시되는 현상, 등...). 문학에서도 역시 탈 경계적인 양상의 새로운 형식들이 등장하고 있다(비주얼 노블, 그래픽 노블, 테크노 픽션 등...). 이러한 현상을 내부로부터 촉진하는 중요한 요소 중에 하나는 자르기, 새롭게 붙이기, 변형하기가 기술적으로 용이한 현대의 디지털 기술이 될 것이다.

그렇다면 또한 '예술의 개별 매체들의 근본적인(또는 배타적인) 원리'에 대한 질문이 대두된 것은 언제인가? 그것이 학문계를 통해 부상한 것은 18세기이며, 특히 독일의 문예 비평가인 레싱(Lessing)에 의해서이다. 매체의 개별원리에 대한 레싱의 이론은 특히 그 유명한 『라오콘 또는 회화와 문학의 경계에 대하여』에서 전개되며, 그 안에서 레싱은 서로 다른 매체들의 근본원리를 설명하게 된다. 이때 그가 활용하는 것은 시와 회화 간의 관계이다. 고대 그리스에서 유래한 'ut pictura poesis, 시는 회화처럼'은 르네상스를 거쳐 시와 회화의 상호매체적 관계를 대변하는 개념이 되었다. 이에 레싱은 전통적인 ut pictura poesis에 대한 반론을 통해 시(문학)와 회화(조형예술)의 특성을 명시화하였고, 매체의 근본원리에 따라 두 매체를 구별할 것을 주장하였다. 이러한 레싱의 논의에 예술가 스스로가 귀를 기울이게 된 것은 19세기 말에서 20세기 초기 사이이다(타타르 키비츠 1999, 150). 이 시기 전위예술가들(avant-gardist) 또는 모더니스트들(modernist)은 레싱의 논의를 신중히 검토하였고 그것을, 옹호하거나 또는 부정함으로써, 전통을 넘어서는 중요한 원동력으로 삼았다. 그리고 그들이 취한 상대적인 방향에 따라, 기이한 작업 방식만큼이나 낯설고 독자적인 작업을 가져왔다.

레싱의 서로 다른 매체의 특질에 대한 주장과 그것에 대응하는 전위예술의 두 가지 상반된 방향성 중 하나를 대변하는 것은 추상미술이다. 그리고 이 추상미술은 제2차 세계대전을 거치며, 현대미술에서 어쩌면 가장 독단적이며 배타적인 경향의 매체에 대한 이론을 창출한다. 이러한 창출의 주인공은 클레먼트 그린버그(Clement Greenberg)이다. 그는 예술의 개별적 매체들의 본질과 배타적인 경계를 명시하였고, 명목상 레싱을 잇고 있지만 실은 그를 훌쩍 뛰어넘어, 개별 매체들의 자기 한계성에 바탕을 둔 제작행위를 강력히 지지하였다. 그러나 레싱의 이론 지닌 의의를 그린버그 이론의 등장으로 수렴시킬 수는 없을 것으로 보인다. 이유는 그것의 영향이 그다지 단선적이지 않기 때문이다. 즉, 예술의 근본적 특질과 배타적 경계에 대한 레싱의 이론이 18세기에서 20세기로 이어지며 그린버그류의 극단적인 이론을 불러오는 데 어쨌든지 간에 기여하였다면, 동시적으로 그의 이론은 그린버그와는 대비되는 인식과 욕구 그리고 이에 부합하는 왕성한 실험작업들을 창출하는 데에도 기여하였기 때문이다. 오늘날 예술계에서 목격하는 이질직인 매체들의 횡단과 그 다양한 혼성의 양상이 바로 그것이다. 간략히 말해, 레싱의 논의는 근·현대예술에 개별 매체들의 본질적인 토대에 대한 질문과 성찰을 촉발했으며, 근·현대예술에 나타난 상충하는 두 개의 욕구는 그와 같은 하나의 질문에 공통으로 연결되어 있다. 여기서 본 논문이 주목하는 것은 무엇보다도 19세기와 20세기 예술의 다양한 감각의 인터미이어와 탈매체 양상이며, 그것을 내부적으로 동반해온 이론적 담론의 흐름이다. 이를 위해 본 논문은 일차적으로 18세기 레싱에 의해 구체적으로 촉발된 ut pictura poesis에 대한 비판적 논의와 그에 대한 20세기 그린버그의 극단적인 호응을 살펴보고자 한다. 그리고 이들의 이론에 대비되는 근·현대 예술의 다양한 매체 간 상호교류에 대한 실험을 추적해 보고자 한다.

2. 예술, 경계의 문제

2.1. 레싱과 '시는 회화처럼(ut pictura poesis)'

<'ut pictura poesis', 18세기의 문제>

근대미학에서 매체 간의 고유한 경계에 대한 질문은 18세기 중반 독일의 레싱 (Gotthold Ephraim Lessing, 1729-1781)에 의해 본격적으로 제기된다. 『라오콘 또는 회화와 문학의 경계에 대하여(Laokoon oder Über Grezen der Malerei und Poesie』(1766)에서 그는 "미술과 문학의 차이를 근본원리로부터 규명"(레싱 2008, 141)하고자 하였고, 이를 통해 매체 간의 경계를 명료히 하고자 하였다. 그의 이론은 B.C. 1세기 로마의 호라티우스(Horatius)의 다음과 같은 문장, "시는 회화처럼(ut pictura poesis)"(『시학(De arte poëtica)』 361행)에 대한 반론으로부터 시작된다. 이 문장은 고대 그리스의 유명한 서정시인 시모니데스(Simōnidēs, B.C. 6-5c)의 "그림은 소리 없는 시이며, 시는 말하는 그림"에서 유래한 것으로 전해진다(피종호 2008, 84). 다시 말해, ut pictura poesis는 시와 회화의 유사성 또는 상호매체성에 관한 고대 그리스인들을 생각을 담고 있는(잇고 있는) 문구이고, 매체간의 경

계를 명료히 하고자 했던 레싱은, 이러한 전통적 관념에 대응하여 이론적인 반박에 나서게 된 것이다.

레싱의 앞선 반박이 아무런 배경 없이 생겨난 것은 아니다. 『라오콘』의 서문에서 레싱이 토로하듯이 ut pictura poesis에 대한 전래의 관심은 르네상스를 거치며 18세기에는 예술계에서 피할 수 없는 훈령이 되었다. 즉, 당대에 시(문학)와 회화(시각예술)의 '동일성'은 예술계의 지배적인 담론이 되어, 문학에서 시는 회화를 모델로 삼아야만 했으며, 시각예술에서 회화는 시를 모델로 삼아야만 했다는 것이다. 이 같은 훈령은 예술가들에서 이론가들에 이르기까지 그들의 제작에 대한 하나의 지침서가 되었고(타타르키비츠 1999, 148), 이 점은 레싱에게 비판의 대상이 되었다. 고대인들에게 시와 회화의 관계는 단일한 방식으로 이해되지는 않았다. 예를 들어 아리스토텔레스에게 다른 여러 종류의 예술 중에서 '시'에 가장 가까운 것은 '회화'였고, 그는 두 매체의 긴밀한 관계를 '실재에 대한 모방술'에서 찾아냈다. 플라톤의 경우는 다르다. 그는 시와 회화를 대립 관계로 이해했고 - 회화가 성실한 기술의 습득에 따른 제작을 의미했다면, 시는 훨씬 고차원적인 위치에서 영감 또는 천부적인 재능에 의한 제작을 의미했다[1] - 이 점은 고졸기와 고전기 그리스인들의 입장과 일치하는 것이었다. 무엇보다도 플라톤이 이해한 방식에 변화가 생겨난 것은 르네상스 시대이다. 그것은 고군분투하며 경쟁하는 '독창적'이고 탁월한 화가들의 등장과 더불어 회화의

1 플라톤은 시를 두 가지 즉, 영감에 의한 것과 테크네에 의한 것으로 나누었다. 그러나 이 둘 사이에서 그가 시의 본질로서 여긴 것은 영감이다.

위상이 크게 상승하였기 때문이다. 이때 회화에 대한 인식은 크게 전환되어 자유로운 활동이자 시와 동일한 예술로 이해되기에 이른다. 16-17세기에는 두 매체 간에 역 현상마저 벌어져, 고대에는 평범한 하나의 기술로 이해되었던 회화가 이제는 시를 압도하며 한층 높은 위치로 부상하게 된다. 이 시기 회화와 시의 관계는 더욱 가까워져, '시는 회화에 주제를 제공하고 회화는 시를 그림으로 구현하는' 긴밀한 상호관계가 형성된다. 이후 18세기에 ut pictura poesis는 시와 회화의 단순한 유사성을 넘어서게 되며, 상호매체성을 강압하는 문구가 된다. 즉, 문학에서는 시가 회화를 모범으로 삼아야만 하는 기조가 형성된 것이며, 이것은 시에 대해 회화가 우위를 차지하는 것과 맥을 같이한다. 이러한 맥락에서 레싱의 『라오콘』은 밖으로는 매체의 근본 원리에 대한 탐구를 표방하는 한편, 안으로는 ut pictura poesis에 대한 논쟁을 통해 회화에 눌린 시(문학)의 위상을 되찾는다는 비평적 기획을 또한 갖게 된다.

사실, 로마시대 호라티우스의 『시학』에 등장하는 ut pictura poesis는 시와 회화의 동일성을 강제하는 문구는 전혀 아니었다(타타르키비츠 1999, 139-140). 그것은 두 매체 사이에 존재하는 한가지 유사성만을 환기시키는 문구에 불과했으며, 그다지 시선을 끄는 내용도 아니었다(아리스토텔레스 1993, 189). 또한 고대인들은 시와 회화의 유사성만큼이나 이 둘의 차이점에 대해서도 인식하고 있었고, 그 예는 헬레니즘 말기 디오 크리소스토모스(Dio Chrysostomos)(타타르키비츠 1999, 159-160)나 같은 시대 로마의 플루타르크(Plutarch), 그리고 중세 초 아우구스티누스

(St. Augustinus)(김대권 2006, 159)에서도 찾아진다. 그러나 르네상스를 거쳐 17에 이르러 문예비평가들은 시와 회화의 유사성에 대한 고대인들의 환기를 확대해석하기 시작하였다. 아리스토텔레스의 경우, 『시학』에서 '모방'의 개념을 가지고 시와 회화의 특성을 통합시키려 했던 것은 사실이다. 그러나 그가 유사성으로서 언급한 것은 두 매체 모두가, 문자 그대로, 현실을 '모방'하여 재생산한다는 것이었다. 그러나 르네상스 시기에 유사성은 동일성으로 이해되기 시작했고, 17세기에 그러한 양상은 더욱 뚜렷해졌다. 영국의 드라이든(John Dryden)과 특히 프랑스의 르브룅(Charles Le Brun)의 경우, ut pictura poesis에 너무도 몰두한 나머지 아리스토텔레스 『시학』의 연극론(문학론)을 시각예술인 회화에 도입하고자 하였다(Lee 1940, 202). 르 브룅은 연극과 마찬가지로 회화 또한 아리스토텔레스가 말한 연극의 유명한 세 가지 구조, 시간, 장소, 행위로 구성된다고 생각하였다. 이를테면 연극이 도입(전개), 중간(매듭), 종말(매듭 풀기)의 계기적 단계로 이어지는 시간의 예술이라 한다면, 회화 또한 그러하다는 것이다. 공교롭게도 이들의 이론은 17세기 문예 이론가들 사이에서 큰 공감을 불러일으켰다. 그러나 후대 레싱에게 이러한 이론은 오류를 담고 있었다. 연극(문학)이 지닌 계기적 구조라는 것은 시간적인 요소였고, 시간은 공간의 예술인 회화의 본질에는 속할 수 없는 것이었기 때문이다. 그러나 17세기 문예 이론가들은 르 브룅의 이론에 이의를 제기하지 못했고, 아리스토텔레스가 제시한 모방술을 넘어 시와 회화의 유사성을 과장된 방식으로 해석하기에 이르렀다. 레싱이 폐단으로 삼은 구체적 예

는 켈뤼스 백작(Comte de Caylus)이었다. 그는 시인이란 화가에게 유용해야만 하며, '시인들이 화가에게 제공하는 화재(畫材)의 수량에 따라 시인들의 우월성(천재성)을 평가'해야 한다고 주장했던 인물이다(레싱 2008, 135). 이러한 종류의 이론들은 18세기에 'ut pictura poesis, ut poesis pictura'가 예술계의 강령으로 자리 잡는데 기여한 것들이고, 그 이론들에 반해 레싱은 다음과 같이 말한다.

> "하지만 고대인들은 간과하지 않았다. 그들은 시모니데스의 명제를 미술과 문학의 영향에 제한하면서 묘사의 대상뿐만 아니라 방식에서도 ("묘사의 소재와 방식에 의해") 차이가 있다는 사실을 엄중히 경고하기를 잊지 않았다. 그러나 최근의 많은 예술 비평가들은 마치 그런 차이점이 전혀 없다는 듯이 미술과 문학이 같은 것이라는 명제로부터 세상에 다시없는 설익은 견해를 도출했다"(레싱 2008, 13).

레싱에게 있어서 17세기 ut pictura poesis를 둘러싸고 형성된 잘못된 이해는 고대인들이 지니고 있던 '한계짓기와 적용의 정확성'을 완전히 간과한 데서 비롯된 것이다. 따라서 그는 자기 시대의 지배적인 오류를 수정하고 ut pictura poesis라는 시대적인 강령에서 회화에 종속된 시를 구제하기 위해, 또한 문학의 우위를 되찾기 위해, 시와 회화의 영역을 본질에 따라 분리하는 작업에 들어간다.

<레싱의 '회화와 시의 순순한 원리'에 대하여>

레싱의 『라오콘』에서 회화와 시를 구분하는 중요한 기준들은 특히 제16장에 정리되어있다(레싱 2008, 141-149). 앞서 레싱은 두 매체가 모두 모방(mimesis)의 예술이란 점을 수용하며, 회화와 시 사이에 존재하는 공통점을 부정하지 않는다. 그러나 이 두 매체는 다른 원리에 근거를 둔 이질적인 예술이다. 시(문학)가 '시간'의 예술이라면 반면, 회화는 '공간'의 예술이다. 그에 따라 각각의 매체는 모방에 전혀 다른 수단을 사용하게 된다. 예를 들어, 회화가 가시적이고 "병존하는" 부동의 "사물"을 대상으로 삼는다면, 문학은 "연속적"으로 일어나는 "행위"를 대상으로 삼는다. 물론, 동일한 모방의 예술로서 시처럼 회화도 행위하는 대상을 모방할 수는 있다. 그러나 회화는 행위의 가장 함축적인 "단 한 순간"만을 대상으로 하며, 연속적으로 벌어지지는 서로 다른 두 행위에 대해선 "병렬식"으로, 즉 동시에 나란히 늘어놓은 방식으로밖에는 그것을 재현할 수 없다. 반면, 시간의 예술인 문학은 "촘촘한 간격으로 빠르게 (...) 순차적"인 행위의 진행을 있는 그대로 재현할 수 있다. 첨언하여, 유고로 남았지만 『라오콘』의 후속편으로 구상된 『부록』에서 레싱은 이 모방의 수단을 기호라 칭하며, 모방의 수단에 있어서, 텍스트의 예술인 시가 "음절로 나뉘는 소리"를 기호로 사용한다면(청각적), 이미지의 예술로서 회화는 "형태와 색채"를 기호로 사용한다(시각적)고 설명하였다. 시와 회화의 이러한 순수원리들은 두 매체의 개별적인 규칙이 생겨나도록 하는 것들이며, 순수원리란 대체로 물과 기름과도 같아서 두 개의 매체가 서로 침투

할 수 없도록 하는 것들이었다.

레싱의 『라오콘』은 17-18세기, ‘ut pictura poesis(시는 회화처럼)’을 둘러싸고 형성된 설익은 학문적 오류를 밝히고, 원리의 혼용과 그것의 강제성이 불러온 문학계의 폐단을 제어한다는 목적을 지니고 있었다. 이러한 이론적 기획에는 앞서 언급하였듯이, 시각예술에 대한 문학의 상대적인 우위성을 되찾는다는 시도도 또한 포함되어 있었다. 물론 그는 글에서 시보다 우월한 회화의 능력에 대해 종종 환기시키기도 하지만, 매체의 차이를 논증하는 곳곳에서 그는 문학의 우월성을 환기시키고 있다. (예를 들어 제12장에서는 ‘시’가 가시적인 것과 비가시적인 것을 모두 다루며 그것도 차이 나게 다룰 수 있는 데에 반해, ‘회화’는 이 차이를 잘 표현할 수 없다는 점을 강조한다. 제15장에서는 ‘회화’가 묘사할 수 있는 대상에서 필연적으로 비가시적인 음악을 제외해왔다면, ‘시’는 그것을 묘사의 대상으로 삼을 수 있다는 점을, 제8장에서는 표현의 문제에 있어서 ‘시인에게 조각가와 화가보다 더 많은 것이 허용된다’는 점을 강조한다. 특히 앞선 제4-5장에서는 참을 수 없는 고통을 겪는 라오콘과 그의 고통에 관한 재현법에 관한 문제를 화두로, ‘문학’과 ‘시각예술’의 차이 및 시각예술의 한계를 부각시킨다.) 시와 회화의 우위성에 대한 논쟁을 레싱이 개화시킨 것은 물론 아니다. 그는 고대 이후 르네상스를 거쳐 줄곧 존재해온 전통적인 담론을 잇고 있을 뿐이다. 그러나 이 부분은 그가 회화(이미지)에 반해 시(문자)의 우위를 피력함으로써, 회화를 폄하하고 그것의 위치를 제한한다는 비판을 피할 수 없도록 했다.

주어진 맥락에서 우리가 주목하는 것은 무엇보다도 순수원리에 따른 시와 회화의 경계에 대한 논의이고, 그것이 차후 예술에 미치게 될 영향이다. 레싱이 가져온 매체에 관한 논의는 앞서 이미 영국의 샤프츠베리(Third Earl of Shaftsbury)와 리차드슨(Jonathan Richardson), 프랑스의 뒤보스(Charles Du Boss)와 디드로(Denis Didrot)에 의해서도 제기된 바 있었다(타타르크키비츠 1999, 86).[2] 여기서 레싱의 역할은 이 논제를 더욱 확고한 것으로 만든다는 데 있다. 그는 『라오콘』에서 문학과 미술이란 각각의 매체가 지닌 '한계'(레싱 2008, 110)에 주목하기를 요청하였고, 이것은 문학과 미술이 고대로부터 항상 "손을 맞잡고" 있었다는 자기 시대 이론가들의 제한 없는 믿음을 경계하기 위해서였다. 레싱의 관점에서 매체의 개별적 특성에 대한 시대적인 몰이해와 강요된 상호관계성은 두 매체 모두에게 자신의 본질을 발휘하지 못하도록 제재하고 있었다. 다시 한번 환기시키자면, 레싱이 활동하던 시기 'ut pictura poesis'는 회화를 향해 이미지가 마치 텍스트를 읽듯이 읽혀야 함을 의미했고, 이것은 그림에 대한 평가 역시 모델로 삼은 문학의 소재와 이야기를 (신화나 역사, 종교) 얼마나 정확히 재현되었는지의 정도에 따라 결정이 됨을 의미하고 있었다(Melot 2001). 이러한 배경 속에서 등장한 레싱의 논의는 시와 회화의 오랜 유대관계가 결국 끊어질 수 있도록 하였고, 이것은 회화로 하여금 문자와 진리에 대한 오랜 종속에서 벗어날 수 있는 계기를 열어놓게 되었다. 한편, 놀라운 것은 이 단절의 문제와 관련해 그가 시와 회화 모두에게 매체로서의 완전한 자유가 존재할 수 있음을 또한 넌지시 제시하

2 타타르키비츠(1999)는 이 논의를 다음의 자료에서 빌려옴. CF.W. Folkierski, Entre le classicisme et le romantisme, Paris, 1925.

고 있다는 점이다.

> "개별적인 경우에서 화가와 시인을 서로 비교하자면, 무엇보다도 이 양자가 완전한 자유를 가졌는지, 아무런 외적 강제 없이 자기 예술의 최대 효과를 위해 작업할 수 있었는지의 여부를 따져 보아야 할 것이다. 고대 미술가에게 그런 외적 강제는 흔히 종교였다"(레싱 2008, 102)

조심스럽게 던져졌지만 이러한 생각은 상당히 시사적이며, 그것은 신화나 종교를 예술에서 과감히 제외할 수 있는 가능성과 더불어, 자신 외에는 그 어떤 외부적인 요소도 목표가 될 수 없는 '예술을 위한 예술(art for art's sake)'의 가능성을 열어놓게 된다. 그와 더불어 다음 세기, 전위예술가들에 의해 벌어질 예술의 본질에 대한 성찰, 관습에 대한 도전 및 이탈, 다양한 형식적인 실험에 의미있는 단초가 된다.

2.2. 그린버그의 『새로운 라오콘...』과 '회화는 회화처럼(ut pictura pictura)'

18세기 매체의 근본적인 원리에 의한 시와 회화의 분리는 예술의 상호매체성을 대변해온 ut pictira poesis의 후퇴를 야기했고, 19세기 중반 이후 이러한 현상이 전위예술가들을 통해 뚜렷해진 것은 사실이다. Ut pictira poesis에 대한 레싱의 반박은 19세기 일부 전위예술에 강한 추동력을 부여했다. 망막에 비치지 않는 것은 그리지 않겠으며, “나는 천사를 본 적이 없다. 나에게 천사를 보여주면 천사를 그리겠다”(잰슨 & 잰슨 2008, 429)를 외쳤던 사실주의의 쿠르베, “빛과 색채”에 몰두했던 인상파의 마네와 모네, “붓질과 물감의 마티에르”에 몰두했던 야수파의 마티스와 루오, “구조의 조형성”에 몰두한 세잔느와 (부분적이지만) 입체파의 피카소... 이들 예술의 공통점은 “회화란 스스로 회화에만 적합한 형식들로 한정되어야 하며, [자율성을 위해 신화과 윤리학만이 아닌] 특히 문학의 원리들을 피해야만 한다”(타타르키비츠 1999, 151)의 문제로 결집된다. 이후 칸딘스키를 선두한 추상미술은 회화가 문학적인 요소를 보다 근본적으로 배제하게 되었음을 보여준다. 이러한 전위예술의 행보는 타타르키비츠가 상기시키듯이, “특히 17세기에 대한 극렬한 반대”였다 (타타르키비츠 1999, 151).

주목할 것은 레싱의 이론이 20세에 들어 예술 매체에 대한 가장 극단적인 이론의 출현에 기여하게 된다는 것이다. 그러나 이해해야 할 것은 첫째, 이러한 기여가 직접적이기보다는 간접적인 의미를 지닌다는 것이며, 둘째, 레싱의 ut poesis pictura에 대한 반박이 무엇보다도 17세기를 거쳐온 ut poesis pictura의 전통과 그에 대한 문예비평가들의 “옳지 않은 미적 안목과 근거 없는 평가”(레싱 2008, 14)를 수정하기 위한 것이었다는 섬이다. 그의 비평작업은 시대적으로 잘못된 평가에 맞서 순수예술의 근본원리를 새롭게 규정하고, 회화와 시를 중심으로, 매체간의 명료한 경계를 설정한다는 명분 하에 착수된 것이었다. 따라서 그의 작업은 예술의 매체들이 지닌 공통의 능력과 상호관계를 간과하거나 부정한 것은 결코 아니었다. 이것에 대한 예시는 레싱의 다음과 같은 문장에서 드러난다.

> "정의롭고 친근한 두 인접국 사이에서는 어느 한쪽이 부당하게 다른 한쪽의 영토 한가운데로 침범하는 것은 용납하지 않지만, 경계선 근처의 변방에서는 상호 간에 관용을 베풀어 한쪽이 불가피한 상황으로 인해 (...) 다른 쪽의 영토를 조금 침범하는 것은 평화롭게 용인한다. 미술과 문학도 그런 관계이다"(레싱 2008, 159)

레싱 스스로는 예술적 매체들을 특징짓는 순수원리와 더불어 존재하는 일련의 공통의 능력을 수용하였으며, 그것이 어떻게 조합될 수 있는지를 두고 매체들 간의 상응 관계를 탐구하기도 하였다. 이 부분에 관한 논의는 『라오콘』보다는 『부록』[3]에 특히 담겨 있다. 그 안에서 레싱은 청각을 문학과 음악에 상응시키고, 시각을 미술과 무용에 상응시켰다. 이어 그는 매체의 근본 성질을 안으로 다시금 세분화하였으며, 이때 문학은 자의적이며(willkürlich) 연속적인 성격의 청각 기호로, 그리고 음악은 자연적이며(natürlich) 연속적인 청각 기호로 분류되었다. 그리고 무용은 자의적이며 병렬되는 시각 기호로, 그리고 미술은 자연적이며 병렬되는 시각 기호로 분류되었다. 이 세분된 관계

3 레싱은 1762년경-1763년 사이에 저술한 것으로 추정되는 『라오콘』의 초안을 작성했다. 이 초안은 레싱이 애초에 『라오콘』을 3부작으로 기획했음을 알려준다. 초안에서 발표가 된 것은 1부에 불과하다. 나머지는 유고(遺稿)로 남겨졌고, 나머지 빛을 보지 못한 2부와 3부를 위한 초안과 메모는 『부록』의 형태로 『라오콘』에 곧이어 출판되었다.

에 따라 매체들을 상응시켜 볼 때, 네 개의 예술 중 가장 완벽한 상응관계는 '문학과 음악'에서 나타나며, 가장 불완전한 상응관계는 '문학과 미술'이다. 문학과 미술은 서로 대극의 관계를 갖기 때문이다(김대권 2006, 161).

레싱의 이론이 극단적인 형태로 변화되어 등장하는 것은 20세기 중반이며, 클레먼트 그린버그(Clement Greenberg)에 의해서이다. (그는 추상미술의 강력한 지지자이자 이론가였으며, 그의 매체에 대한 이론은 1940년대~1950년대를 풍미한 미국의 추상표현주의의 토대가 된다.) "새로운 라오콘을 향하여(Towards a Newer Laocoon)"(1940)라는 평론 제목이 보여주듯이 그의 이론은 레싱에 근거하여 특히 '회화'를 중심으로 매체의 배타적인 근본원리를 재검토하고 있다. 여기서 그린버그의 입장은 레싱과는 대조되며, 그것은 매체에 관한 그린버그의 이론이 '순수원리'와 '배타성'의 개념에 지나치게 경도되었기 때문이다. 그린버그의 매체 이론이 가장 선명히 드러나는 글은 아마도 "모더니스트 회화(Modernist Painting)"(1960)[4]가 될 것이다. 이 글에서 그린버그는 현대미술을 향하여 자기 비판적인(self-criticism) 태도를 통해 매체의 근본원리를 재검토할 것을 주장하였다. "모더니스트 회화"에서 그의 주장에 이론적 배경이 된 것은 레싱을 넘어 그와 동시대를 살았던 칸트이다. 그는 칸트를 빌어 모더니즘의 본질

4 평론의 내용은 1960년도 "미국의 목소리(Voice of America)"란 포럼에서 강연의 형식으로 먼저 소개되었다. 이후 (잡지)<미술과 문학(Art and Literature)"(Paris, no. 4, Spring 1965)>, 『신예술, 비평적 문집 (Gregory Battcock(Edit.), The New Art: A Critical Anthology』, E. P. Dutton & Co., Inc, 1966)을 포함해, 다수의 간행물에 담겨 출판되었다.

을 설명하고자 하였으며, 이러한 과정 속에서 매체의 순수원리에 관한 논의를 펼치게 된다.

그린버그의 논의를 간략히 설명해 보자. 그는 18세기 칸트에 의해 비로소 철학은 외적 대상이 아닌 자기 자신을 향하게 되었으며, 자신의 토대인 이성에 대하여 스스로 질문할 수 있게 되었다고 설명한다. 즉, 칸트에 이르러서야 비로소 철학의 대상은 순수이성이 되었고, 이것을 비판적으로 사유함으로써 철학은 이성의 능력이 무한하기보다는 오히려 한계를 지닌다는 점을 명료히 할 수 있었다는 것이다. 이러한 점에서 예술의 본질에 대해 질문을 던지는 전위예술 또는 모더니즘은 칸트 철학의 행보를 닮았으며, 칸트는 모더니즘의 시조이다. 그린버그는 예술의 모더니즘은 칸트를 본받고 있으며, 그의 철학이 선행적으로 보여주었듯이, 모더니즘은 자신의 토대에 대해 비판적으로 사유함으로써 스스로의 한계를 명료히 해야만 한다고 주장한다. 그에게 이러한 모더니즘의 본질은 바로 자기 비판적인 경향의 심화와 극대화이다. 이것을 그는 다음과 같이 설명한다.

> "모더니즘의 본질은, 나의 견해로는, 그 분야 자체를 비판적으로 사유하기 위해 그 분야 특유의 방법을 사용하는 것이며, 그것은 예술의 분야를 파괴하기 위해서가 아니라, 그 분야의 권한 영역의 지반을 더 단단히 굳히기 위함이다. 칸트는 이성의 한계를 수립하기 위해 이성을 사용하였고, 그가 이성의 오랜 관할구역에서 많이 후퇴해있는 동안, 그 후퇴지 안에서 논리는 더욱 안전하게 유지되었다"(Everett 1991, 111).

따라서 모더니즘에서 회화의 임무는 자기 매체의 고유한 본성에 관해 맹렬히 질문하는 것이며 그를 통해 회화가 지닌 '자신의 한계'를 명료히 하는 것이다. 그것은 곧 나의 고유함에서 비롯된 것이 아닌 타자의 것, '외부로부터 차용한 모든 이질적인 효과들은 제거하는 것'을 의미하며 이를 통해 자신의 순수성을 회복하는 것을 의미하게 된다. 이러한 과정에서 회화는 자신의 독보적인 권역을 한계 짓게 될 것이며, 이것은 자신의 영역을 좁히는 결과를 초래하게 되겠지만, 반면 좁혀진 그것을 확실하게 소유하게 될 것이었다.

> "각각의 예술은 그것의 고유한 실행과 작업을 통해, 자신만의 독점적인(또는 배타적인) 체제를 확정하여야 한다. 그럼으로써 그것은 자신의 권한 영역을 엄밀히 한계 짓고, 동시에 자신의 영역을 보다 확실하게 소유할 수 있게 될 것이다"(Everett 1991, 111)

그린버그의 이론에서, 모더니스트들이 제기한 예술의 본질에 관한 질문은 최종 각 예술적 매체들의 배타적인 자기 원리 또는 시각예술의 '순수한' 본질에 대한 질문으로 응축되며, 그것을 충족시킬 수 있는 매체는 '회화'가 된다. 예술의 순수한 본질의 회복과 관련해 2차원의 회화를 거냥한 그린버그의 비평적 전략은 앞선 레싱의 이론과 전혀 무관하지 않다. 『라오콘』에서 레싱은 문학에 대비되는 회화의 근본원리를 설명하며 그것의 본질을 (색채와 형태 및) '공간 예술'로 규정하였으나 이때 본질을 공유하는 회화와 조각의 차이점에 대해서는 언급하지 않았다. 이 문제는 현대 이론가들 사이에서도 종종 비판되어왔던 부분이기도 하다. 어쨌거나 상식적인 관점에서, 회화가 2차원을 활용한다면 조각은 3차원을 주로 활용하며, 회화가 시각적이라면 조각은 건축과 함께 촉각적인 예술이라는 차원에서 두 매체는 구별이 가능한 것이었다. 그린버그가 '회화'의 순수한 자기 토대에 주목한다는 것은, 레싱이 남겨놓은 이러한 문제를 해결한다는 의미를 내포하고 있다. 따라서 "모더니스트 회화"에서 그는 그는 회화(시각적)와 조각(촉각적)을 최종 구분하게 되었고, 이를 통해 시각예술의 순수한 토대를 회화와 '눈'으로 철저히 제한할 수 있게 되었다. 조형적으로 그것은 회화를 색채(물질적인 안료), 캔버스의 사각형 프레임과 그 위의 2차원 공간으로 귀결시키게 된다. 그러나 회화를 구성하는 세 가지 본질적인 요소 중에서, 색채와 사각의 프레임은 각각 조각(색채)과 연극(무대의 사각 프레임)과도 공유가 될 수 있는 부분이었다. 그리하여 또다시 그린버그는 3차원적인 조각의 환영이 사라진 납작한 2차원만을 회화의 최종 유일한 조건으로 남겨놓게 된다.

> "평면성, 즉 이차원성이야말로 다른 어떤 예술과 공유할 수 없는 것이었기에, 모더니스트 회화는 다른 것을 제치고 평면성에 인도되었다"(Everett 1991, 112)

그린버그에게 회화가 지닌 이러한 '배타적인 본질' 또는 '순수한 조건'을 충족시키는 것은 2차원의 추상미술이며, 무엇보다도 2차 대전 이후에 등장한 미국의 추상표현주의 미술이었다. 그는 모더니스트 회화는 3차원의 조각에 대한 저항을 통해 자신의 순수성을 회복할 수 있다는 점을 강조하였으며, 그것의 최초 모델로 그가 꼽은 인물은 회화의 평면성을 강조한 마네이다. 그린버그가 구축한 계보학에서 마네의 인상파는 곧 큐비즘으로 인계된다. 이처럼 필연적으로 납작한 2차원의 평면으로 환원되어 그야말로 순순해진 모더니즘의 회화, 배타적인 자기 원리에 충실하여 납작한 2차원의 평면으로 환원된 추상미술은, 자연에 대한 그 어떤 사실적 재현이나 3차원의 환영을 불러일으키지 않는 것이었다. 그것은 특히 입체적이고 촉각적인 조각과는 구별되는 것이었다. 그럴 때라야 회화는 오로지 시각적일 수 있었고, 그와 더불어 파악해야 할 내용을 화면 밖으로 추방해 버림으로써 문학과의 연계성을 완전히 떨쳐버릴 수 있었다.

18세기 레싱에 의해 구체화한 매체의 본질에 대한 질문은, 이렇게 그린버그에 의해 지극히 배타적이고 국지적인 모더니즘(전위예술)으로 인도되었다. 1940-1950년대 그린버그는 추상표현주의를 회화의 '유일하게 참된 길'로서 맹렬히 옹호하였고, 예술의 근본토대를 꾸준히 질문해온 비판적인 모더니즘의 주요 의제를 순수 추상이란 특정 양식으로 환원시켜버렸다. 그 결과 모더니즘의 서로 다른 선택과 실험들, 근현대미술을 장식하는 그들의 복합적인 행보들은 '미술사 밖으로' 밀려나게 되었다. 그린버그가 구상한 회화의 역사 안에는 심지어 다다와 초

현실주의[5]를 위한 자리조차 없었다. 그린버그를 추종하는 추상표현주의자들의 배타성에 대해선 단토(Arthur Danto)가 그랬듯이 라이하르트(Ad Reinhardt)를 불러와 보는 것으로 충분할 것이다. "미술에 관해 말할 수 있는 것은 (...) 단 하나만 존재한다는 것이다. (...) 그것을 더 순수하고, 더 공허하게, 더 절대적이면서도 더 배타적으로 만드는 것이다"(단토 2007, 79).[6] 이러한 그린버그 이론의 "비관용과 독단주의"(단토 2007, 151), 또는 회화의 극단주의는 70년대 들어 미술평론계의 거센 비판을 불러오게 되었다. 아서 단토는 『예술의 종말 이후』에서 그린버그의 전위예술론을 비본질적인 것을 제거하는 정화작업 내지는 "인종청소의 관념"(단토 2007, 150)에 빗대어 비판하게 된다. 그리고는 예술품의 존재 방식에 한계를 짓고 배타적 규정을 강제했던 그린버그식의 모더니즘의 내러티브 종말을 선언하게 된다. 여기서 '종말'이란 르네상스의 바자리로부터 시작되어 20세기 중반 그린버그로 이어지는 근대 비평적 원리의 종결, 즉, 배타적인 서사와 하나의 방식으로 환원된 거대 담론의 종결을 의미한다.

이러한 거대 비평적 담론의 종결에 대한 선언은 20세기 후반 현대미술의 뚜렷한 탈 매체적인 행보에 대한 분명한 청신호가 된다. 이것은 예술이 더이상 어떤 특수한 감각이나 나열 가능한 속성들로서 정의될 수 없으며, 그것에는 "어떠한 선천적인

---

5 그린버그는 전위예술의 회화에서 특히 초현실주의를 배척하려 했다. 아서 단토에 의하면 그 이유는 초현실주의가 구상 형식에 주로 의존했기 때문만은 아니며, 무의식, 꿈, 에로티즘 등초현실주의가 관심을 기울였던 주제들이 회화의 순수형식과는 매우 동떨어진 요소로 또한 이해되었기 때문이다.

6 저자를 재인용 함.

구속도 존재하지 않는다"(단토 2007, 63)는 것을 말해준다. 예술의 완전한 자유의 시대가 도래한 것이다. 그와 함께 예술은 그린버그가 그의 아방가르드의 역사에서 최대한 배척하고자 했던 것들, "아방가르드가 힘들게 성취해낸 그 온갖 놀라운 가능성들"(단토 2007, 57)을 호출하게 된다. 이를 통해 배타적 경계 밖에 놓였던 것들, 이를테면 "순수하기보다는 잡종적이고(병합적이고)", "명료하기보다는 애매하며", "흥미로울 뿐만 아니라 도착적인 것"(단토 2007, 56)을 예술의 중심으로 불러올 수 있게 된다. 18세기 레싱에 의해 제기된 매체의 본질에 대한 질문은, 향후 전위예술에 두 가지의 대비되는 경향을 동시에 낳았다는 사실을 우리는 기억해야만 한다. 우리가 지금 보았던 'ut pictura pictura, 회화는 회화처럼'(회화의 순수성)의 방향성이 그 하나라면, 또 나른 하나는 'ut pictura poesis 회화는 시처럼'(회화의 탈매체성)의 방향성이다. 예술의 자신의 본성에 대한 비판적 질문 앞에서, 후자는 전자와는 대조적으로 주어진 경계선과 한계를 하나씩 하나씩 지워나가게 된다. 그럼 이제 그 모델들을 불러와보자.

3. 예술, 탈경계의 문제

3.1. 또다시 '회화는 시처럼'

('ut pictura poesis', ad infinitum)

<회화는 시처럼, 모네의 경우>

회화가 문학에서와 같이 시간의 흐름을 담을 수 있을까? '시는 청각적이며 순차적으로 일어나는 사건이나 행위를 다루는 매체임에 반해, 회화는 시각적이고 정적인 사물을 다루는 매체'라는 레싱의 정의는 유효한 것일까? 문학과 달리 회화는 시간을 본질로 할 수 없고, 행위의 한순간을 병렬식 구성으로 다루는 것을 목적으로 한다는 레싱의 규정은 늘 유효한 것일까?

이 질문과 함께 우리가 마주한 화가는 모네(Claude Monet)이다. 그는 인상파의 신조 아래 시각적 체험에 강박관념처럼 몰두하였으며, 외부 세계에 대한 과학적인 시각의 경험을 빛 곧, 색채를 통해 화면에 담고자 했던 인물이다. 세잔은 "모네가 가진 것은 오직 눈밖에 없다"(스트릭랜드 2012, 199)라고 말하지 않았던가. 그는 회화를 곧 '눈'의 예술로 이해했으며 이러한 차원에서 모네는 레싱이 말한 매체의 자기 토대 내지는 고립적인 특질에 의거한 회화를 구현했던 화가임에 분명하다. 그런 모네에게서 ut pictura poesis의 아이디어가 존재한다면 이는 시사적이지 않을 수 없다. 실제로 모네는 ut pictura poesis에 관심을 가졌으며, 이와 관련된 것은 그의 시리즈 작업이다. 모네가 '시리즈' 개념에 본격적으로 몰두하기 시작한 것은 1880년대 이후이며, 그의 시리즈 작업은 말년까지 계속된다. 사실 모네는 시리즈의 개념을 회화에 최초로 도입한 인물이다(Stuckey 2007, 90). 그리고 시리즈 개념을 도입하는 이 시기를 경계로 그는 또한 서서히 초기의 인상파에 대한 신념에서 멀어지기 시작한다(Wildenstein 1978, 12). 다시 말해, 시리즈 개념의 도입은 모네가 회화의 배타적 경계를 벗어나 문학과의 상호관계성을 실험하는 계기와 맞닿아 있다.

모네의 시리즈 작업으론 <수련(Les Nymphéas)>(1890~1926)이 가장 잘 알려져 있다. 그러나 모네의 시리즈 작업은 1880년대를 전후로 본격적으로 시작되며, <수련> 이외에도 다양한 시리즈 작업(총 16가시)(Wildenstein 1978, 83)이 존재한다. <생 라자르 역(La gare Saint-Lazare)(1877), <지베르니의 밀 건초더미(Les Meules à Giverny)>(1890-1891), <포플러나무(Les Peupliers)(1891)>, <루앙 대성당(Rouen Cathedral)>(1882, 1893, 1894), <지베르니 근처 센느강의 아침(Matin sur la seine près de Giverny>(1897), <런던, 국회의사당(Londres, le Parlement)(1900-1904)> 등. 이들 시리즈 중 우리의 관심을 특히 끄는 것은 <밀 건초더미>이다. 이 작업은 1890년도 늦여름에서 1891년도 봄까지 약 1년 반에 걸쳐 작업이 진행되었으며, 대략 25개의 작품이 존재한다. 일부 이론가들은 이 작업을 '시리즈'의 개념을 도입한 최초의 작업으로 이해하기도 한다(그의 시리즈 중에선 최초로 갤러리에서 전시되었다는 점에서 그러하다).

<밀 건초더미>가 흥미로운 것은 소재나 시간의 관점에서 그것이 다른 시리즈 작업과는 조금 다른 특성을 드러내기 때문이다. 12년이 소요된 <루앙 대성당>이나 <수련>과는 달리 상대적으로 이 작업은 짧은 기간에 진행되었으며, (1890년)여름-겨울-(1891년)봄의 순차적으로 흐르는 시간을 대상으로 한다는 특징을 지닌다. 이 <밀 건초더미>를 위해 모네는 특히 소재의 선택에 신중을 기한 것으로 알려져 있다. 실제로 소재면에서 <루앙 대성당>, <포플러 나무> 등의 시리즈 작업은 건축물, 나무, 숲 등, 부동의 인공물이나 이동할 수 없는 자연물을 다루고 있지만, <밀 건초더미>에서 그것은 유동적인 사물로 대체되었다. 그 결과는 꽤 스페터클하다. 이 작업이 발휘하는 진정한 효과는 20개가 넘는 시리즈를 연속적으로 관람해나갈 때 생겨나게 된다. 일단 농부들의 건초더미 쌓기는 동일한 공간에서 벌어지고 관찰자로서의 모네의 시점 또한 계절이 지나도 거의 일정한 위치로 유지된다는 점을 주지하자. 그러나 농부들의 건초더미를 쌓는 작업이 매번 같을 수 없듯이, 그것을 쌓는 위치와 형태는 시기적으로 늘 조금씩 변화한다. 그 결과 20여 개로 된 시리즈 작품에서 기하학적인 오각형의 건초더미는 한정된 3차원의 공간에서 계절에 따라 이리저리로 옮겨 다니며, 그 수와 형태가 조금씩 변화되고, 화가와의 거리에 따라 커지거나 혹은 작아지며 매 순간 다르게 현현한다. 그것에 더해 유난히 풍요해진 색

채는 계절의 변화와 순간적인 빛의 효과를 반영하며 자연의 끝없는 변주를 강화한다. 이렇게 구성된 <밀 건초더미> 시리즈는 매 순간 변조가 일어나는 거대한 형형색색의 '도형 악보(graphic score)'와도 같다.

이러한 시리즈 작업에서 특히 가시화된 것은 모네의 '흐르는 시간'에 대한 관심이다. 이러한 관심은 회화의 순수히 비-지속적이고 고립된 순간에 대한 초기 모네의 관심사와는 분명 구별되는 것이다. 그것을 우리는 빈반크와의 대화를 통해 알게 된다. 1891년 모네는 <밀 건초더미> 시리즈 중 15개를 뽑아 뒤랑-뤼엘갤러리(Durand-Ruel Gallery)에서 전시를 열게된다. 이것을 계기로 그는 독일인 비평가인 비반크(Byvanck)와 인터뷰를 하게되었고, 그와의 인터뷰에서 자신의 시리즈와 시간에 관한 생각을 들려준다. 그는 예술적 매체로서 회화는 '하나의 대상을 특정한 한순간으로 고립시키려 하며, 이를 통해 현실의 국면 중 하나를 부정하려 한다'고 설명한다(Wildenstein 1978, 11). 이때 부정된 하나의 국면이란 곧 "시간의 흐름"(Wildenstein 1978, 11)이다. 모네에 의하면 회화가 목적하는 고립된 순간은 현실의 경험과는 괴리된 것이다. 현실에서 하나의 순간은 다른 순간들에 연결된 관계로 존재하는 반면, 독립된 형태의 회화는 '무리를 진 순간의 시리즈'를 "진실되고 정확하게(true and exact)"(Wildenstein 1978, 11) 전달할 수 없기 때문이다. 회화가 다루는 독립된 순간은 그에게 매체가 지닌 한계를 강조할 뿐이었다. 모네의 시리즈작업은 이러한 한계에 반해 시작된 것이었고, 그는 자신의 시리즈를 하나의 전체로서(as a whole) 보아줄 것을 요청하였다. 그리고 또한 시간의 연속이란 개념이 <밀 건초더미>와 함께 그에게 매우 중요한 것이 되었음을 시사하였다.

레싱에 의하면 흐르는 시간에 대한 묘사는 문학의 고유한 능력이었다. 모네의 <밀 건초더미>는 레싱에 반해 시도된 작업이었다. 즉, 회화란 매체가 지닌 목적 즉, 정지된 '사물'의 한순간을 그것도 오직 병렬의 방식으로만 다룬다는 목적을 추월해, 시간의 연속적인 흐름을 어떻게 시각적으로 재현할 수 있는지를 실험한 작업이란 뜻이다. 그러한 차원에서 이 작업은 문학과 회화의 상호교류를 특성으로 한 ut pictura poesis의 한 예가 된다. 첨언하여, 이 시리즈에 나타난 모네의 흐르는 시간은 아리스토텔레스의 시학에서 나타난 도입-전개-결말로 이어지는 내러티브의 전환구조(인과관계적)에는 중첩되지 않는다. 시리즈의 분절된 내부들은 순간과 단절에 언제든지 귀속될 수 있기 때문이다(예를 들어 작품의 순서는 언제든지 바뀔 수 있다). 아이러니하게도, 이러한 의미에서만 그의 시리즈는 '흐르는 것처럼' 보인다. 삶의 후반기에 모네는 순간과 지속, 단절과 계속, 하나와 전체, 분리와 결합, 주관과 객관 등의 변증법에 사로잡힌 듯하다. 이때 그의 시리즈는 단절과 계속을 동시에 오가며, 순간은 신비하고 완전한 지속에 참여하게 된다.

모네가 이러한 사유의 변화를 마주한 것은 무엇때문일까? 모네가 시리즈 작업을 시작한 시기는 1886년 인상파의 마지막 전시가 있었던 시기와 중첩된다. 이때 미술계의 주요 흐름은 감성적인 후기인상파로 넘어가고 있었고, 미술계에선 1886년 장 모레아스의 '상징주의 선언'이 발표되었다. 이 시기 모네는 마네

(Edward Manet)의 절친이자 상징주의의 문학가인 말라르메(Stéphane Mallarmé)와 긴밀한 교류를 나누고 있었다(Iloyd 1999, 137). 말라르메는 파리 시내의 자신의 저택에서 작가들과 만나는 '목요일 저녁 모임'을 운영하고 있었고, 이 모임에 그는 자주 모네를(그가 노르망디의 지베르니로 옮겨간 후에도) 불러내곤 하였다(Trezise 2003, 110). 모네와 마네가 서로 친밀한 관계인 만큼 마네와 말라르메 또한 그러했으며 자신들의 관계에 대해 말라르메는 '거의 매일 만날 정도'의 우정을 지닌 사이로 설명한 적이 있다. 말라르메의 소장품 목록에는 모네가 보낸 20개의 편지가 담겨 있기도 하다. 즉, 1880년대는 마네에게 변화의 시기이며 이러한 변화에는 상징주의의 출현과 주관주의에 대한 그의 깊은 관심이 자리하고 있다. 실제로 1880년대 이후 모네는 자신의 작품 활동에 '인상파'란 명칭이 부여된 것에 대해 유감을 표현했으며, 외광파를 대변하던 그에게 이젠 "자연이란 곧 그의 스튜디오"가 된다(Trezise 2003, 110). 이 시기 모네는 외부 사실과 과학적인 '눈'에 대한 관심에서 점자적으로 떠나고 있었으며, 자연의 '인상'은 이제 심혈을 담아 그의 작업실 내부에서 완성되고 있었다. 그리고 시리즈의 소재가 될 상소들은 <밀 건초더미>가 그랬듯이 오랜 숙고에 걸쳐 결정되었다. <밀 건초더미>는 이러한 모네의 변화를 가장 의미심장하게 드러내고 있는 작품이다. 작품 안에서 모네의 시적 감흥은 강한 음악성으로 전환되었고, 색채는 더욱 은밀하고 자율적이 되었으며, 시간은 순간에서 해빙되어 유동하게 되었기 때문이다. 당시 모네는 이 모든 것들의 마술적인 힘에 몰두하고 있었다. 그 안에서

밀 짚더미와 자연의 배경은 하나가 되면서 이차원을 향하고, 주관적인 요소는 모네에게 전례없이 강해진다. 이 시리즈가 칸딘스키에게 영감을 준 것은 결코 우연이 아니다. 그가 마네의 <밀 건초더미>에서 발견한 것은 자연에 대한 진실보다는 정신적인 표현과 그것의 회화적인 효과이기 때문이다.

1880년대 모네는 말라르메만이 아니라 드뷔시의 음악에도 공감을 갖게 된다. 드뷔시의 모네와 인상파에 대한 관심은 일찍부터 환기됐지만, 모네의 음악적 요소에 관한 관심은 그렇지 못하다. 드뷔시는 모네와 같이 보들레르, 말라르메와 같은 상징주의자들에게 매료되어 있었지만, 같은 시대를 살면서 모네와 드뷔시가 만났는지는 전문가들 사이에서도 알려진 바가 없다. 그럼에도 불구하고 19세기 말 모네의 작업은 음악적 요소를 반영하고 있고, 드뷔시의 작업은 모네의 작업에 매우 근접해 있다. 이 둘에서 나타난 매체의 상호 교류적 상황은 예술에서 결코 우연적이지도 예외적이지도 않다. 예를 들어, 19세기 중후반 파리에선 보들레르(Baudelaire)의『악의 꽃(Les Fleurs du mal)』(1857)이 발표되었고 그 안에 등장한 시 "상응(correspondence)"은 상징주의자들을 크게 고무시켰다(Hassan 1954, 437). "상응"에는 "향기, 소리, 색채는 서로 감응한다(Les parfums, les couleurs et les sons se repondent)"라는 문구가 담겨 있고, "상응"이나 "감흥"의 개념은 서로 다른 감각의 교류 또는 공감각(synaesthesia), 서로 다른 예술의 상호교류적 관계를 지시하는 것으로 이해될 수 있었다(Hassan 1954, 439). 그리고 1890년대 파리의 예술계는 '상징주의의 과학자'라고 불렸던(Howes 2011,

176) 샤를르 앙리(Charles Henry)의 공감각(synesthesia)에 대한 논의에 주목하고 있었고, 그것은 새롭게 탄생한 상징주의 화가들과 문학가들에게 새롭게 큰 자극을 주었다. 말라르메, 보들레르, 랭보(Arthur Rimbaud) 등을 필두로 한 상징주의자들의 관심이 말라르메의 목요회 멤버였던 모네를 굳이 비껴가진 않았을 것이다.

<시는 회화처럼, 회화는 시처럼, 아폴리네르와 뒤샹의 경우>

아폴리네르 - 전위예술의 매체 간의 융합에 대한 실험 속에 기욤 아폴리네르(Guillaume Apollinaire)의 '칼리그램(calligramme)'이 자리한다. 시인이자 평론가로서 그는 1909년을 전후로 시작된 입체파를 열렬히 지지하였으며, 화가들과의 교류의 결과로서 스스로를 "회화에 뿌리를 둔 시인"(Shattuck, 1974, 340)으로 칭하기도 하였다. 이를 통해 그는 예술계의 새롭고 드문 종자가 되었으며, 시문학에 조형예술과 깊은 교류의 흔적을 남기게 되었다 그 흔적은 아폴리네르의 생애 말기에 1913년경 시와 회화를 결합한 칼리그램으로 최종 나타난다. 칼리그램은 아폴리네르의 신조어이며, 시의 식자 또는 문자배열이 하나의 그림(dessin)을 형성하는 것을 말한다. 아폴리네르는 칼리그램 형식의 <만돌린, 눈, 대나무(La Mandoline, l'œillet et le bambou)>, <말(Cheval)>, <비가 온다(Il Pleut)> 등의 일련의 시를 남겼다.[7]

칼리그램의 기원은 아마도 고대 그리스의 카르미나 피규라타(Carmina figurata)가 될 것이다. 카르미나 피규라타는 기원전 3세기경 그리스의 시미아스(Simmias of Rhodes)[8]가 제작한 것으로 알려진 최초의 세 개의 형상시(poem-drawing)로 대변된다. 그 중 <날개(Wings)>는 수직으로 내려쓴 두 갈래의 글 무리가 모여 날개의 이미지를 형성하는 시이다. 이러한 형상시의 등장에는 이유가 있다. 고대 그리스는 진리 탐구에 중심축을 둔 로고스(언어)-음성중심주의를 발전시켰다. 이와는 대조적으로 대상의 이미지를 모방하는 형상시, 카르미나 피규라타는 앞선 소리를 모방한 문자에 대립하는 것이었다. 플라톤의 이데아론이 대변하듯이 대체로 고대 그리스인들에게 이미지는 문자와 달리 의심스러운 것이었고, 그것은 사유 능력에 호소하며 진리를 현시하기보다는 (근대에도 여전히) 감각적인 쾌에 호소하고 대상에 대한 어설픈 환영을 일으킬 수 있는 것이었다. 이런 맥락에서 고대 그리스인들은 소리를 본뜬 알파벳문자를 선호하였고, 이것은 표음문자가 동방의 표의문자와는 달리 외부 세계에 직접 상응하지 않을뿐더러 그 추상성으로 인해 감각과 관련된 모든 외부지향적인 환기를 탈피할 수 있도록 한다는 점에 관련되어 있었다. 이러한 표음문자의 발달은 서구문화가 모방의 역사를 지닌 이미지와 추상적인 소리-알파벳을 서로 다른 본성을 지닌 것으로 이해하도록 했다. 그것과 나란히 타타르 키비츠도

---

7 아폴리네르의 칼리그램(일종의 구체시)은 그의 사후, 1918년 메르큐르 드 프랑스(Mercure de France)에서 Calligrammes:Poems of Peace and War 1913-1916의 제목으로 처음 출판되었다.

8 기원전 4세기말-3세기에 활동하던 고대 그리스의 시인이자 문법학자이다. 프톨레마이오스 왕조 치하알렉산드리아 지역에서 활동했다.

환기시키듯이 서구의 고대인들은 비자연적인 기호(시)와 보이는 것을 그대로 재현하는 자연적인 기호(회화)를 대립시켰고, 예술의 범주화가 보다 진척된 18세기에 근대인들은 순수미술(Beaux-arts)과 순수문학(Belles-lettres)을 구분하고자 했다. 오늘날의 미학은 시와 시각(조형)예술을 개념적으로 한 부류의 예술로 이해하고 있는 것이 사실이나, 그런데도 여전히 "한 부류 안에서도 그 둘은 가장 거리가 멀고 괴리가 있는 두 분파를 이룬다... 말하자면 양극인 것이다"(타타르키비츠 1999, 152). 이러한 현실은 서구의 알파벳문자로 하여금 늘 이미지를 꿈꾸도록 하였고, 아폴리네르의 칼리그램은 그러한 꿈을 반영한다. 그의 형상시는 자기 안에 감각적이고 질료적인 회화의 자질을 담아내고 있고, 그럼으로써 소리 알파벳의 권역 너머에 숨겨진 언어의 이미지적 본성에 대한 고대인들의 오랜 관심과 욕구를 표출하고 있다.

이미지 문자로서의 칼리그램을 설명할 수 있는 용어는 "공간화된 시(詩)"이다. 그것은 화가들과의 교류에서 촉발되었으며 언어의 '조형성(plasticité)'에 대한 아폴리네르의 관심을 담고 있다. 이러한 관심은 칼리그램의 창안(1913년)에 이르기까지 1905-08년 그리고 1912-14년에 걸쳐(Shattuck 1974, 338) 아폴리네르의 시작법의 많은 것을 연쇄적으로 변화시켰다. 예를 들어, 1911년 입체파 운동에 참여한 들로네(Robert Delaunay)는 '동시성(simultanéité)' 개념을 선행적으로 적용한 <에펠탑>(1911)을 발표하였다. 그가 회화에서 구현한 '동시성'의 개념은 아폴리네르를 크게 자극하게 된다. 들로네에 이어 아폴리네르는 시에서 내러티브 구조를 걷어내며 단절의 구조를 시도하였고, 이러한 문학적 실험과 예술적인 도약은 최종 1913년 칼리그램의 창안으로 이어진다. (1913-1916년에 제작된 그의 형상시와 함께 칼리그램이란 새로운 용어를 창출하기 이전, 그는 "표의문자형 시(poèms idéographiques)"란 용어를 사용한 적이 있다. 이것은 아마도 아폴리네르의 청년기적 경험, 중국의 표의문자에 대한 탐구를 반영하는 것일 것이다.) 이 전위예술가의 칼리그램이 지닌 두드러진 의미 중에 하나는, 그것이 소리 문자와 형상 이미지의 결합시켰듯이, 상반된 요소들의 공존 가능성 또는 모순의 창의적 활용을 전제하고 있다는 점이다. 그 안에선 낡은 것과 새것(카르미나 피류라타-칼리그램)이 만나고, 형식과 의미, 유머와 진지함이 공존한다. 로저 샤턱이 환기시키듯이(Shattuck 1974, 41), 전위예술의 주요 화두로서 근·현대예술에 지속적으로 영향력을 미치고 있는 것이 바로 순수, 원시(元始), 어린아이의 개념이라면, 칼리그램에서 나타나는 것은 언어에 내재된 자율성과 순수에 대한 욕구, 그리고 그것의 오랜 놀이 성향이다. 그런 의미에서 전위예술가들이 주목한 '유머', '유희', '어른-아이(homme-enfant)'는 이질적인 것으로 고립되어온 문자와 이미지를 통합하는 미학적이고 새로운 원리로도 작용하게 된다. 그리고 그것은 칼리그램의 무상성(gratuité), 단순함, 일상성에 대한 취미(taste)로 이어진다.

마르셀 뒤샹 - 이론가들 사이에선 간과되어왔으나, 뒤샹의 예술적 실험에는 ut pictura poesis의 전통을 떠올리게 하는 것이 있다. 그러나 이 주제에 접근하는 뒤샹의 방식은 새로운 형상시를 창안했던 아폴리네와는 사뭇 다르다. 대부분의 이론가들조차도 인식하지 못할 정도로 그 방법이 기상외천하고 독창적이기 때문이다. 논의의 대상이 되는 뒤샹의 작업은 <상자> 시리즈이다. 뒤샹의 이 시리즈는 상당히 오랜 기간 그것도 여러 차례에 걸쳐 제작이 진행되었고, 최소한 3개의 <상자 1914(La Boîte 1914)>(1914), <녹색 상자(La boîte verte)>(1934-1938, 1939), <백색 상자(La boîte blanche)>(1966)가 존재한다. 이 시리즈의 특성은 하나의 작업에 그와 관련된 이미지(드로잉, 사진 등), 삼차원의 오브제, 텍스트가 뒤섞여 담겨 있다는 것이다. 말년의 인터뷰에서 뒤샹은 <녹색 상자>를 설명하며, 그것이 지닌 주요 기능에 관해 설명하였다. 구체적으로 <녹색 상자>는 <그녀의 독신자들에 의해 발가벗겨진 신부, 조차도.(The Bride Stripped Bare by her Bachelors, Even.>, 일명 <큰 유리(The Large Glass)>) (1915-1923) 작업을 동반하도록 되어있었다. 8년에 걸쳐 진행된 뒤샹의 <큰 유리>는 결국 미완성으로 남았지만, 뒤샹의 대표작으로 이해되는 대규모의 작품이다. 이 작업을 진행하며 뒤샹은 작업 아이디어를 담은 94개가 넘는 노트를 남겼고 그것을, 여러 작업을 축소화한 3차원의 미니어쳐 및 이미지들과 함께, <녹색 상자> 안에 넣어 <큰 유리>를 위한 해설서의 역할을 맡도록 했다.

그로인해 <녹색 상자>에 담긴 노트들과 이미지로 된 <큰 유리>는 의미의 발생을 위해 서로에게 의지해야는 관계에 놓여있게 되었다. 그러나 여기서 이미지와 텍스트(또는 문자)의 상호관계성은 매우 새롭다. 그것은 다음과 같은 이유 때문이다. 앞서 언급했듯이 한편에는, <큰 유리>에 담긴 매우 난해한 이미지들의 성좌가 있다면 다른 한편에는, 그것의 해독서로서 뒤샹이 남겨놓은 <녹색 상자> 즉, 기이한 텍스트의 성좌가 있다. 이 둘의 문제는 해석의 역할을 맡은 관객을 돕기 위해 방법론적인 길잡이로서 주어진 노트들이 그 자체로 너무도 난해하다는 것이다. 즉, 관념의 필사본인 노트는 대다수가 찢긴 종이 파편 위에 쓰였고, '패치워크' 형식에, 합리적인 수사학마저 해체되어 있다(두드러진 예로서 노트 속 문장들의 비 관습적인 줄 바꾸기 형식을 들 수 있다). 그만큼 각각의 노트들은 단절적이고, 지극히 암시적이며, 때론 알 수 없는 시적인 여운으로 가득하다. (<녹색 상자> 노트의 한 예. "제목./ 다섯 누드의 우두머리가 조금씩 조금씩 쥐라-파리의 길에서 자신의 파워를 높여간다", "이 쥐라-파리의 길을 속력으로 장악하며 다섯 누드와 우두머리는 부족을 형성한다"[Duchamp 1983, Note 111].) <녹색 상자>는 ut pictura poesis에 내포된 최소한의 기본 원리처럼 노트와 이미지가 상호 작용할 수 있도록 구상되었지만, <상자>의 텍스트와 <큰 유리>의 이미지는 서로 종속적이면서도 독립된 것인 양 그 관계가 모호하다. 텍스트의 경우, 이미지를 위해 존재하면서도 결코 이미지의 명료한 해석을 돕지 않고, 미스터리한 시, 문장들은 종종 그 자체로 순수문학이 되어 다양한 해석에 자신을 던져놓기 때문이다. 이것은 <녹색 상자>를 <큰 유리>와 '함께'하면서도 '독립된 작업'으로 존재할 수 있도록 한다. '우상파괴자'로 불리는 뒤샹은 전통을 환기시키기 어려운 가능한 모든 방식의 '완전한 새로운' 형식들을 현대예술에 요청했다. 그의 <큰 유리>(이미지)와 <녹색 상자>(텍스트 모음)는 그러한 형식적 실험의 일환이다. 그것은 이 두 작업으로 하여금 이미지와 문자(텍스트)를 상호교류적 관계에 놓여 있도록 하면서도, ut pictura poesis를 떠올리기 어려울 만큼 전례에서 이탈한 형식을 취하도록 하고 있다.

<회화는 문학처럼 그리고 음악처럼, 뭉크의 경우>

한편, 뭉크(Edward Much)의 경우, 회화의 근본 조건은 '본다'는 안구적 활동에 제한되는 것이 분명 아니었다. <절규(The Scream)>(1893)에 대해 그는 다음과 같은 유명한 문구를 남겼다.

> "나는 두 친구와 함께 길을 걷고 있었다. (...) 나의 친구들은 걷고 있었고, 나는 불안에 떨며 거기에 서 있었다. 그리고 끝없는 절규가 자연을 꿰뚫고 지나는 것을 느꼈다."[9]
>
> "나는 자연을 꿰뚫고 지나는 절규를 느꼈고, 거기서 실제로 절규를 듣고 있는 것 같았다. 나는 실제의 피 같은 구름이 있는 이 그림을 그렸다. 색채들이 비명을 질러댔다. 그것이 절규가 되었다."[10]

<절규>에서 뭉크는 그가 겪은 경험을 시각을 통해 호소하게 된다. 일차적으로 이러한 시도는 우리를 레싱의 논의로 되돌아오게 한다. 청각적인 묘사는 레싱에 의하면 시의 능력이었고 회화의 능력이 될 수 없는 것이있기 때문이다. 그는 회가와 달

9 뮌헨, 1895년. Prideaux, Sue. Edvard Munch. Behind The Scream. New Haven and London: Yale University Press, 2005, p. 150-151, 재인용.

10 뮌헨, 1892년 1월22일 일기. Bleakley, Alan, Medical Humanities and Medical Education, How the medical humanities can shape better doctors, Routledge, 2015, p.226. 22, 재인용.

리 시인은 눈에 보이는 것만이 아니라 소리도 묘사할 수 있다는 것을 호메로스의 싯구를 빌어 다음과 같이 설명하였다.

> "걸음을 옮길 때마다 화살들이 성난 신의 어깨에서 소리를 낸다. 그는 어둠처럼 걸어간다...은궁이 무시무시한 소리를 낸다...장작더미가 쉴 새 없이 타오른다. - 시인이 들려주는 [이와 같은] 음악적 표현을 다른 언어로 옮기는 것은 불가능하다. 물질적인 그림에서 그것을 추측하는 것 역시 불가능하다."[11]

이러한 맥락에서 소리를 표현하려 했던 뭉크의 <절규>는 레싱에 대한 명확한 반론이 된다. 이 문제와 관련해 한 발짝 더 나아가 보자.

레싱의 『라오콘』에는 조각상 <라오콘 군상>에 나타난 '라오콘의 탄식'에 대한 논박이 담겨 있다. 이 논의는 <라오콘 군상>을 해석한 동시대 빙켈만의 '고전적인' 해석을 반박한 것으로 유명하다. 간략히 설명하자면, 조각상에 표현된 '라오콘의 탄식'에 대하여 빙켈만은 그것을 일종의 '소리 없는 백색의 탄식'으로, 고통을 참아내는 고대 영웅의 '조용한 위대함'으로 해석하였다. 빙켈만의 이 유명한 해석에 대한 레싱의 반증은 고대 그리스의 비극에 대한 섬세한 독서와 자료들을 바탕으로 이루어지며, 이를 통해 그는 빙켈만의 해석이 고대인들에 대한 몰이해

11 『라오콘』, 제13장, p.132.

와 오해에서 비롯한다는 점을 밝혀낸다. 레싱에 의하면 고대 비극의 주인공들은 고통을 절제하기보다는 "(자신의) 감정을 드러내고 고통을 표출하며 본능이 순수하게 작용"[12] 하도록 했다. 그것은 고대인들이 영웅의 탄식을 부끄럽게 생각하지 않았기 때문이다. <라오콘 군상>에 대한 레싱의 논쟁에 우리가 주목하는 이유는, 그것이 곧 매체론의 차원에서 회화와 시의 표현 가능성과 한계의 문제로 이어지기 때문이다. 그는 시란 매체에 관하여, 이것이 전율과 경악, 순화되지 않은 육체적 고통과 비명을 표현할 수 있다면, 회화(조각)는 "고통과 비명을 표현하지 않을 아주 분명한 이유"[13]를 지닌 매체라고 설명한다. 이에 대한 논의는 특히 『라오콘』의 <제2장>에 담겨 있다. 이 장에서 레싱은 고대의 조형예술의 최종 법칙은 아름다움이고 그것과 조화되지 않는 것을 조형예술은 전적으로 제외해왔다고 설명한다. 극렬한 고통의 경우, 그것에 대한 극사실적인 표현을 조형예술이 담아내게 된다면 그 표현은 너무도 추한 것이 되기 때문이라는 것이다. 따라서 그것을 아예 회피하거나 그렇지 않다면 고통이나 공포의 정도를 아름다움과 조화가 가능한 범위까지 끌어 내려야만 했다. "분노를 엄격함"으로, "비통을 침울함"으로, "절규를 탄식"[14]으로. 그 결과 <라오콘>의 조각상에서 고통과 소름끼치는 비명으로 마땅히 벌어져야 입과 일그러져야 할 이마는, 절제된 형식으로 재현될 수밖에 없었다는 것이다. 즉, 레싱의

12 『라오콘』, 제4장, p.58.

13 앞의 책, 제6장, p.79.

14 앞의 책, 제2장, p.38-39.

논의는, 문학은 경악, 공포, 고통 등에 대한 강렬한 표현이 가능한 매체였던 반면 조형예술은 그러한 감정과 표현을 담아낼 수 없다는 한계를 지닌 매체라는 것이다. 그러나 한 세기가 지나 뭉크의 작업은 레싱이 지적한 회화의 매체의 한계를 넘어서 버리고 만다. 그의 <절규>에서 공포의 강도는 결코 완화되지 않았고, (탄식이 아닌) '절규'는 뒤틀린 얼굴과 크게 벌어진 입을 통해 (새어 나오는 것이 아닌) '내질러지고' 있기 때문이다. 그 결과, 그림에는 레싱이 말했던 회화라면 피해야만 했던 "보기 싫게 몹시 뒤틀린" 얼굴, "세상에서 가장 눈에 거슬리는 구멍"(즉, "크게 벌린 입")이 왜곡 없이 그대로 담기게 되었다.[15] 여기서 <절규>는 '회화가 문학처럼'의 중요한 예시로 작용하게 된다.

나아가 <절규>는 하이포타이포시스(hypotyposis)의 한 예가 될 수도 있을 것처럼 보인다. 이 개념은 특히 18세기 디드로(Diderot)가 ut pictura poesis의 일환으로 몰두했던 개념이다. 그것은 "일상적인 묘사와는 다른 너무도 생생한 (언어적) 묘사"[16], 또는 말 그대로 언어적 묘사를 통해 부재한 사물을 "눈앞에 가져다 놓기"[17]를 의미한다. 그러한 면에서 하이포타이포시스는 대상과 주체의 거리를 잘라버리는 심미적 체험의 단초가 되기도 한다. 이러한 하이포타이포시스는 원래 회화-시의 관계를 규정하기 위한 용어이나, 뭉크의 작업에서는 그것이 회화-

15 앞의 책, 제2장, p.40.

16 Le Bozec, Yves, L'Hypotypose : un essai de définition formelle, In: L'information Grammaticale, N. 92, 2002, p.3-6.

17 Ibid., p.5.

음악의 문제로 전환되어 나타난다. <절규>에서 인물을 감싸는 '핏빛의 하늘'은 뭉크가 들은 여과되지 않은 절규를 너무도 생생하게 관객의 '귀'로 가져오며, 강렬한 이미지의 표현을 통해 대상과 관객 사이에 거리감을 제거해 버린다.

<절규>가 지닌 또 다른 흥미로운 점 중의 하나는 이질적 매체의 결합 현상과 관련해 다차원적인 접근을 그것이 허용한다는 것이다. 청각 경험을 이미지로 재현하는 그의 방식은 감각의 키아즘(kiasme) 또는 공감각에 대한 그의 관심을 드러낸다. 앞서 우리는 모네와 함께 공감각 현상에 대한 20세기 초 예술계의 관심을 환기시킨 바 있다. 색채에서 소리를 듣고, 단어에서 맛을 느끼거나 색채를 느끼며, 촉감에서 향과 맛을 느끼거나, 모양새에서 맛을 느끼는 등의 공감각 현상에 관한 연구는 20세기 후반 인지과학의 발달과 함께 새롭게 주목받고 있다. 그러나 19세기 말에서 20세기 초 공감각에 관한 관심은 학문 분야보다 오히려 예술 분야에서 더 두드러졌던 것으로 보인다. 다양한 예가 있지만, 뭉크와 같은 시기 독일에서 함께 활동했던 칸딘스키 역시 1911년 이 같은 문제에 매달려 있었다. 작곡가 아놀드 쇤베그(Arnold Schönberg)에게 그는 공감각에 대한 관심을 직접적으로 토로한 적이 있기 때문이다. "레몬의 신맛과 날카로운 카나리아의 노래가 모두 노란색이란 점은 주목할만 하다."[18] 은유가 아니라면 '노란색 소리(Yellow Sound)'를 듣는다는 것은 어떠한 경험일까 ? 뭉크나 칸딘스키는 지구촌의 극소수만이 소

---

18 Kandinsky, Wassily, Concerning the spiritual in art, New York, Dover Publications, 1977, p.37.

유하고 있다는 공감각의 소유자였을까? 어쨌든지 간에 1909년 칸딘스키는 토머스 하르트만(Thomas Hartmann)과 공동으로 오페라 곡인 <노란 음향(Der Gelbe Klang)>을 발표하였고, 오페라는 한 악장으로 구성되었으며 대사는 거의 없지만(14줄) 무대 조명의 지속적인 변화가 소리에 융합되도록 구상되었다. 그의 악보에는 수백 개의 조명에 대한 지시들이 담겨 있다.

3.2. 'ut pictura musica (음악은 회화처럼)'

< 사티의 예 >

악보의 시각적 효과에 대한 근·현대 음악의 관심에 대해 우리는 19세기 독창적인 에릭 사티(Eric Stie)의 기발한 실험을 언급하지 않을 수 없다. 특히 우리의 관심을 끄는 것은 1914년에 그가 착수한 <스포츠와 오락(Sports et divertissement)>이란 작품이다. 이 작품의 특징은 21개의 짧은 소주제들로 구성된 하나의 모음집 형태로 제작되었다는 것이다. 양옆으로 펼칠 때 악보의 길이는 가로 총 60cm에 달하며 한쪽에는 사티의 악보가, 다른 한쪽에는 당대에는 아직 잘 알려지지 않았던 샤를르 마르탱(Charles Martin)의 드로잉이 담겨 있다. 사티의 음악은 극히 짧은 형식으로서 21개의 악보는 각각 한 페이지를 넘지 않으며, 소재는 아폴리네르의 칼리그램과 같이 너무도 일상적이다. <스포츠와 오락>은 다수의 에디션을 목적으로 제작되었고, 경쾌

하고 가벼운 형식의 드로잉과 함께 꽤 호화스런 양식의 인쇄물이 되었다.[19][20]

사티가 <스포츠와 오락>(1914)을 작곡한 시기는 아폴리네르가 타이포그래피를 창안한 시기와 맞물린다. 사티의 <스포츠와 오락>에서 두드러진 것은, 그의 악보가 단숨에 완전한 인터미디어의 공간을 드러낸다는 점이다. 악보는 붉은색 오선의 보표와 그 위에 얹힌 검은색의 음표로 구성되어 있고 거기에 세밀한 칼리그래피(calligraphy)가 동반된다. 곡의 제목이자 악보의 상단을 장식하는 이 칼리그래피는 개별 악곡에 맞추어 다양한 특색을 드러낸다. 그의 악보에서 우리의 눈을 자극하는 것은 무엇보다도 '소리와 이미지'의 상호 매체성을 지향한 기보법이다. 21개의 악곡 중 <시소(La Balançoire)>에서는 왼손이 연주해야할 아랫단 쪽에서 꽤 큰 음폭을 지닌 두 음표가 동일반복을 보여준다. 실제 사물인 시소의 느린 전·후 운동에 대한 시각경험을 청각적으로 모방하고 있는 것이다. 반면, 다양한 아르페

19 프랑스의 BNF에 의해 디지털화 작업이 진행되어 2018년도 4월 현대 인터넷 열람이 가능함. http://gallica.bnf.fr/ark:/12148/bpt6k310981r

20 음악과 미술간의 매체 교류를 위한 이 프로젝트는 원래 스트라빈스키(Igor Stravinsky)에게 요청하기 위한 것이었다. 당시 스트라빈스키는 러시아에서 <불새(The firebird)>(1910)와 <페트루슈카 (Petrushka)>(1911)로 성공을 거둔 후 1913년엔 파리로 진출한 상태였다. 같은 해, 파리의 샹젤리제 극장에서 그는 <봄의 제전(Le Sacre du printemps)>의 초연의 막을 올렸고, 이 공연은 찬반양론의 대소동으로 인해 막을 내렸다. 그러나 그는 이 곡으로 인해 곧 전위예술의 기수로 떠올랐다. 이러한 상황 속에서 스트라빈스키는 작업료가 너무 적다는 이유로 거절했고, 이후 작업 의뢰는 사티에게 돌아갔다. 당시 사티는 자신의 유명세를 환기시키며 제시된 금액이 자신을 모욕한다는 이유로 일단은 거절했으나, 생활고에 시달리던 탓에 결국엔 제안을 수용하였다.

지오(arpeggio) 코드[21]가 전개되는 <골프(Golf)>에서는 경쾌히 상승하는 음계가 마지막을 장식하는데 그것이 더구나 크레센도를 지시하는 굵은 기호로 강조되어 있다. 그를 통해 골퍼가 타격한 공이 마침내 멀리 날아가는 상황을 상상하게 한다. 외부 현상에 대한 회화의 모방의 효과가 가장 선명히 반영된 것은 아마도 <낙수(La chute d'eau)>일 것이다. 사티는 도입부에 라장조의 경쾌한 왈츠를 배치하였고, 곡의 말미에는 협화음으로는 볼 수 없는 장전타음(또는 전두음 장식)"의 반음계를 도입하였다. 이 쏟아져 내리는 반음계(Shattuck 1974, 166)는 악보에선 뚜렷한 '낙수'의 형상으로 나타난다. 그리고 곡의 마지막 코드에선 첫 번째 화음에 대한 역전이 일어나며 낙수는 결국 사그라지게 된다. 만 레이(Man Ray)는 사티를 "눈"을 통해 작곡하는 음악가로 칭하였듯이(Potter 2013, 127), 시각과 청각의 상호 매체성에 대한 실험은 사티 작업에서 매우 중요한 의미를 갖는다.

<스포츠와 오락>의 형상시와도 같은 악보의 시각적 효과는 중세 말의 기보법에 대한 취미를 되살리고 있다. 악보의 시각적 효과에 대한 구체적인 관심은 중세 말과 르네상스 시대에 이미 등장한다. 15세기 초 프랑스 샹티지역에서는 '도형 악보(Graphic score)'로 여길 수 있는 <샹티 코덱스(Chantilly Codex)>가 제작되었다. 이 악보는 당대에 '미묘한 예술(Ars subtilior)'로 불렸다. 음악과 회화의 매체가 절묘하게 융합된 이러한 미(美)적인 악보에서 작곡가의 일은 필사본가의 일과 결합되었고, 그것은

---

21 코드의 구성음이 분산되어 배치되는 '분산 화음'을 지시한다. 주법상 화음의 각 음은 동시에 연주되지 않고 차례로 연주된다.

귀한 필사본과 동등한 가치를 지녔다(보쇠르 2010, 70). <샹티 코덱스>에 담긴 보드 코르디에(Baude Cordier)의 노래곡인 <미녀, 하녀, 현자(Belle, bonne, sage)>의 하트 모양의 악보, 자콥 셀렌쉬(Jacob Senleches)의 <멜로디를 위한 하프(Harpe de mélodie)>의 하프형 악보 등은 '미묘한' 예술을 대변하는 것들이다. 음악에서의 소리와 이미지의 미묘한 결합은 20세기 초 사티의 독창적인 상호매체성의 실험으로 이어지며, 1950년대 이후 그것은 현대적 방식의 도형악보로 발전을 이어간다.

음악과 회화, 음악과 문자 등, 이질적인 요소들의 상호결부는 기발한 사티의 전용물이 되었다. 로저 샤턱(Roger Chattuck)은 <스포츠와 오락>이 일부 전문가들 사이에서 일본의 '하이카이(俳諧)'와 비교된 적이 있음을 환기시킨다(Shattuck 1974, 166). <스포츠와 오락>이 시·청각적인 요소를 자연스레 결합하고 여가와 경쾌한 일상의 스포츠를 주제로 삼았다면, 하이카이 또한 시와 회화를 결합하고 속(俗)계의 서민적인 골계미를 담고 있다는 점에서 이러한 접근은 설득력을 발휘한다. 회화 수행을 겸했던 시인 요사부손(与謝蕪村)이나 바쇼 등에 의해 발전된 하이카이(또는 하이쿠)는 사물의 생생한 인상을 응축의 형식으로 담아냈고, 사티의 음악 또한 대상의 선명한 시각적 인상을 담아낸다는 점에서 두 예술은 상통한다. 사티 음악이 지닌 주제의 세속성, 짧고 유머러스하며, 미니멀리즘적인 화성, 상투적인(일상적인) 형식은 사티가 피아니스트로 일했던 카바레의 음악에서 직접 영감을 끌어온 것이다. 서양 전통음악의 역사에서 <스포츠와 오락>은 지금도 여전히 변방에 자리 잡고 있으나, 이작업은 아마도 샤턱의 말처럼, 서체, 그림, 시, 음악을 총체적으로 결합한 현대음악의 유일한 모델이 될 것이다.

<스트라빈스키의 예 >

악보의 시각적인 측면에 중요성을 부여했음에도 불구하고 가시적으로 잘 드러나지 않기에, 상호 매체성에 대한 주제에서 쉽게 간과될 수 있는 케이스가 있다. 여기서 주목할만한 인물은 스트라빈스키(Igor Stravinsky)이다. 그의 작업에서 일부 전문가들에게만 알려진 부분이자 매우 흥미로운 부분은 역시 작곡의 과정이다. 보쇠르(Jean-Yves Bosseur)는 나보코프(Vladimir Nabokov)와 라뮈(C.F. Ramuz)의 증언을 빌어, 스트라빈스키가 <병사의 이야기(Histoire du soldat)>를 작곡하던 때의 이야기를 들려준다(보쇠르 2010, 146).

> "스트라빈스키는 그의 사무실에 우리가 문방구와 철물점에서 볼 수 있는 쓰고, 베끼고, 그리고 고치고, 자르고, 갈고, 재단하고, 분류하고, 붙이는 데 필요한 모든 기구를 두었다." (나보코프)
>
> "악보가 가득 적혀 이는 그 큰 종이들은 (...) 투명했으며, 스트라빈스키는 푸른색, 초록색, 빨간색, 검은색(그것도 일반적인 검은색과 중국의 먹물 두 종류의 검은색) 등 여러 가지 다른 잉크들을 사용해서 더욱 복잡하고, 더욱 능란하며, 더욱 결정적인 방식으로 작업을 했다. 이 모든 기구와 재료들이 각각 자신의 목적, 의미, 특별한 쓰임을 갖고 있었다." (라뮈)

스트라빈스키의 예시된 작업 방식이 잘 드러나지 이유는 악보가 출판과정을 거치기 때문이고, 작곡 과정에 내포된 일련의 과정들과 그 효과들이 규범적인 판형 속에 흡수되어 대폭 상쇄되어버렸기 때문이다. 그러나 그의 악보에는 다양한 색채들이 악보의 서로 다른 가사들, 음표들, 제목, 다양한 표시들을 위해 사용되었고, 무엇보다도 구분된 방식으로 사용되었다. 즉, 제목에 하나의 색채가 사용했다면 음표에는 다른 색채가 사용되었고, 가사 또한 서로 다른 색채를 도입해 쉽게 구별되도록 하였다. 나보코프의 관찰에 의하면 스트라빈스키 작업실의 다양한 도구들은 모두 그가 악보를 그리고 또 수정하는 데 사용되는 것들이었다. 작곡의 과정에는 심지어 곡의 일부분을 칼과 가위로 자르고 붙이는 꼴라쥬의 작업도 포함되었다. 이러한 작업 방식은 조형예술가들의 작업을 연상시키며, 열거된 인상적인 도구들을 참고하면 스트라빈스키의 작업실은 화가의 작업장을 방불케 한다. 참고로 1917년경부터 그는 피카소와 오랜 친분을 유지했고, 스트라빈스키 스스로는 다음과 같이 말하였다. “음악은 그 무엇에 앞서 길리그래피(calligraphie)이다”(보쇠르 2010, 147).

< 얼 브라운과 존 케이지의 예 >

현대 작곡가의 일부는 현대의 조형예술로부터 직접적인 영향을 받았고 이를 숨기지도 않는다. 1950년대 이후 기보법에는 큰 변화가 생겨나게 되었고, 이것은 다양한 양태의 ‘도형 악보(Graphic score)’를 출현시키게 된다. 앞선 작곡가들의 숨김없는 태도는 이러한 변화와 맥을 같이 한다. 현대 도형 악보의 출현

과 관련해선 전자 음악의 발전과 우연성, 불확정성 개념의 유입이 늘 앞서 언급되어왔지만, 그와 함께 중요하게 고려되어야 할 부분은 현대 음악가들이 지닌 음악과 회화(조형예술)의 상호교류에 대한 충동이다.

미국의 얼 브라운(Earle Brown)의 <1952년 12월(December 1952)>은 연주를 위한 곡임이 분명하다. 그러나 현대 도형 악보로서 그의 악보는 기존의 기보법을 완전히 저버렸고 마치 20세기 초 구축주의 예술이나, 세계 제2차 대전 후 미니멀리즘의 기하학적 추상화를 보는 듯하다. 브라운은 실제로 2차 대전 이후 뉴욕에서 활동한 몬드리안(Piet Mondrian)이나, 반 데르 레크(Bart van der Leck), 파스모어(Victor Pasmore)와 같은 추상미술 화가들에게 영향을 받았다. 그의 <12월>은 특히 반 데르 레크의 기하학적 추상과 매우 흡사하다는 평을 받고 있다. 한 장으로 된 추상-악보는 충분한 여백을 보이며 그 안에 수직 수평의, 길거나 짧고, 두껍거나 얇은 기하학적 형상의 막대가 공중에 부유하듯이 배치되어 있다. 악보에는 악기의 제안, 연주 시간, 연주자를 향한 그 어떠한 지시도 담겨 있지 않다. 이것은 곡의 실제 구현과 관련해 작곡자의 개입을 최소화한다는 의미이다. 이것에 따르자면 연주자의 개별적 실행 의지와 자유 또한 상대적으로 극대화된다. 결과적으로 연주자는 어느 방향으로 이 추상적인 도형 악보를 읽어나갈 지로부터 시작해(브라운은 실제로 가능한 모든 방향에서 이 곡을 해석할 수 있기를 원했다), 도형의 위치에 따른 소리의 음역과 강조 부분, 음의 지속 시간 등, 거의 모든 것을 자율적으로 결정하게 된다. 브라운 스스로는 이 악보의 공간을 삼차원 형식으로 이해했고, 도형들 또한 공간 속에서 움직이는 것으로 생각했다. 연주자가 여백부분을 단순한 그래픽의 배경이 아닌, 소리의 '침묵'으로 이해하게 된다면, 해석의 가능성은 더욱 커진다. 브라운의 도형 악보는 언제 어디서 누가 어떻게 실행할지에 대해 전혀 앞서 예상할 수 없는 불확정성의 음악을 가져다준다. 현재 일부 연주자들에 의해 이 곡은 연주가 실행되었지만, 작곡 당시 브라운은 그것의 가능성에 매우 회의적이었다.

1950년대 초 미국에서 나타난 이러한 도형 악보들은 음악에서 존 케이지(John Cage)가 추구한 불확정성 또는 우연성의 원리에 큰 영향을 받고 있었다. 케이지의 도형 악보는 <침묵>(1952) 이후에 본격적으로 등장한다. <퐁타나믹스(Fontana Mix)>(1959), <카트리지 음악(Cartridge Music)>(1960), 등에서 보듯이 그는 여러 가지 형식으로 도형 악보를 실험하였다. 그중에는 얼 브라운의 것과는 대조적으로 20페이지로 된 도형 악보도 존재한다. <목소리를 위한 아리아(Aria for voice)>(1958)가 바로 그것인데, 악보는 다양체의 유기적인 형상들로 되어 있으며 미니멀하다. 악보 위에 흩어진 형상들은 높낮이, 두께, 색채 등이 차별화되어 있고, 그 형상을 여러 언어(영어, 불어, 러시아어, 이탈리아어)로 된 단어들 또는 단순한 알파벳의 자음과 모음들이 동반하고 있다. 연주와 관련해 주어진 도형들은 모두 30초 길이로 연주되도록 케이지는 제안하였으나, 연주의 형식은 개별 연주자의 의지에 따라 더 길거나 더 짧은 것이 될 수 있다. 그리고 꿈틀대는 짧고 유기적인 포물선 형상과 공간에 분포된 모습은, 자연물의 '분재' 또는 작은 풍경화, 소규모의 지도 등...을 떠올리게 한다. 보쇠르에 의하면 이 형상은 일본 교토 소재 료안지(龍安寺)의 돌 정원에서 영감을 얻은 것이다(보쇠르 2010, 174). (물론 케이지가 1946년을 지나며 일본의 선불교에 영향을 받게 되는 것이 사실이다. 그러나 케이지가 실제로 료안지를 방문한 것은 4년 후인 1962년이며 이를 기념하여 작곡한 <료안지(Ryoanji)>는 1983년에 발표된다.)

<카트리지 음악> 역시 악보는 여러 켜로, 즉 (비정형의 형상이 담긴) 투명한 20장의 종이와 4장의 투명 비닐로 되어있다. 4장의 비닐 악보 중 첫 번째 것에는 작고 검은 점들이 흩어져 있고, 두 번째 것에는 작은 원들이 있으며, 세 번째 것에는 점선으로 된 가는 실타래 모양에 선이 지나고 있고, 네 번째의 것에는 아날로그 시계판 형상이 담겨 있다. 따라서 곡의 실행을 위해 연주자는 20개 중 하나의 종이를 선택하고, 그 위에 네 개의 투명 비닐을 포개어 놓은 후 수동으로 자신만의 성좌를 결정해야만 한다. 케이지의 악보에는 소리에 대한 몇 가지의 권장 사항(예를 들어 작은 소리들은 증폭시킬 것)만이 던져졌을 뿐, 연주자는 시간의 길이, 연주에 사용할 매체, 등 연주에 필요한 모든 것들을 자율적으로 결정하게 된다. <목소리를 위한 아리아>나 <카트리지 음악>과 같은 도형 악보들은 결코 기획-결과로 이어지는 선형적인 또는 인과론적인 '완성'의 의미를 갖지 못한다. 그것은 일반적인 의미에서 음악의 실행 결과를 앞서 예상할 수 없기 때문만은 아니다. 케이지는 작곡자-연주자-수용자의 관계를 결코 인과론적인 방식으로 이해하지 않았으며, 그것은 케이지의 음악 미학에 매우 근본적인 우연의 요소에 근간을 두고 있

다. 케이지의 음악에서 이들 삼자의 행위는 서로 독립되어 있으며, 기획된 것에 반한 혼란과 무질서는 이 중 어느 단계에서나 발생할 수 있었다. 도형악보는 케이지의 이러한 음악 미학을 표출하는 중요한 매체였다.

케이지의 불확정성의 음악과 도형 악보의 관계가 필수적인 만큼, 도형 악보 또한 조형예술과 필수적인 관계를 갖는다. 케이지가 활동 초기부터 음악계가 아닌 미술계에서 오히려 환호를 받았다는 점은 의미가 깊다. 얼 블라운이 그랬듯이, 죤 케이지는 여러 무리의 화가들과 교류했으며 그 리스트에는 뒤샹(Marcel Duchamp), 라우센버그(Robert Rauschenberg), 자스퍼죤스(Jasper Johns) 등을 비롯해 추상표현주의 작가들까지 합류한다. 청년기에 잠시 화가를 지망하기도 했던 그는 <마르셀(뒤샹)에 대해 아무것도 말하고 싶지 않은(Not Wanting to Say Anyting About Marcel)>(1969), <R=료안지의 그곳(Where R=Ryoanji)>(1983) 시리즈를 비롯해, <새로운 강의 수채화(New River Watercolor)>(1988) 등, 다수의 회화 시리즈를 남겼다. 대체로 유기적인 곡선에 무정형성을 드러내는 이들 추상화는(케이지는 추상화를 지지했다) 그의 주요 도형 악보들과 매우 유사한 형식을 지닌다. 케이지의 상호 매체성에 대한 관심과 실험은 그것이 더 자유롭고 광범위하게 펼쳐지는 포스트모더니즘의 시대에 와서야 보다 온전한 의미를 발산한다.

4. 나가기

지적으로 성숙한 현대미술에서 예술은 감각에대한 호소를 넘어 사유의 대상이 되었다. 예술은 자기 비판적으로 스스로의 토대에 대해 또는 예술의 개별 매체의 본질(또는 배타적인 특질)에 대해 질문하기 시작했고, 이 후자에 대한 질문은 예술로 하여금 상이한 두 가지의 발전 양상을 마주하도록 한다. 하나가, 혁신적인 마티스나 보나르에서처럼, '회화는 회화처럼(회화란 회화에 적합한 형식들로만 한정되어야 한다)'의 방향을 지시하고 있었다면, 다른 하나는 아폴리네르나 사티의 예에서처럼, '시는 회화처럼', '음악은 회화처럼'의 방향을 지시하고 있었다. 앞의 '회화는 회화처럼'은 무엇보다도 매체의 근본적인 특질을 탐구했던 18세기 레싱의 논의에서 그 근거를 찾고 있으며, 20세기 중반 추상(표현주의)미술과 이것을 옹호한 그린버그의 논의에서 정점에 달한다. 반면, 뒤의 예인 '시는 회화처럼'은 무엇보다도 전통의 ut pictura poesis에 그 근거를 두며, 그것의 매체의 탈 경계성 또는 상호교류성에 대한 탐구는 특히, 19세기 말에서 20세기 초로 이어지는 다양한 전위예술의 실험을 통해 진전된다. 이것이 결실을 보는 것은 20세기 후반 포스트모더니즘의 시대가 될 것이다. 본 논문이 특히 관심을 둔 것은 이 '시는 회화처럼'의 현상이다.

근·현대 예술이 마주한 예술적 매체들의 상호교류 성에 관한 가장 오래고 두드러진 모델은 아마도 pictura poesis가 될 것이다. 고래(古來)로 일부 문학가들은 시각 미술에서 영감을 받았으며, 일부 미술가들은 문학에서 영감을 받았다. 일부 음악가들은 미술에서 영감을 얻었으며, 일부 화가들은 음악으로부터 영감을 얻었다. 각 예술의 배타적인 근본적인 원리에 따른 예술에 대한 지시는 현대 예술을 이해하는 하나의 경향으로 여전히 남아있다. 그러나 20세기 후반 현대예술의 매체의 상호교류에 대한 관심과 그것의 적극적인 실행은, 개별 매체의 독립성이나 그것에 연결된 기준 감각들의 명시적 범주를 매우 모호한 것으로 만들어버렸다. 그것은 예술가들이 제작활동의 기존 규칙들을 과감히 위반하면서, 음악은 기존의 기보법을 회화에 융합시키고(사티, 케이지), 회화는 조형양식에서 음악을 도입하며(뭉크, 칸딘스키), 문학은 언어의 조합을 회화에 결합(아폴리네르의 예)하는 등의 활동을 벌였기 때문이다. 여기서는 심지어 음악가는 자신의 고유한 영역이 아닌 타 영역에서 더 많은 지지와 영감을 얻는 아이러니가 발생하기도 한다(죤 케이지의 예). 이것이 현대예술에서 벌어지는 저간의 상황이다. 예술 간의 제휴나 연합이 오늘날 뚜렷한 현상으로 나타나는 만큼, 현대에서 어떤 예술이 다른 예술을 모범으로 삼는가는 예술가들 각자의 취향과 선택에 맡겨졌다. 그리고 "다른 어떤 것보다 18세기의 모델(시는 회화처럼, 회화는 시처럼, ut pictura poesis, ut poesis pictura)을 가장 선호하며 전면에 위치시킬 하등의 이유가 [이제 더는] 없는 것이다"(타타르키비츠 1999, 152).

참고 문헌

고트홀트 에프라임 레싱. 2008. 『라오콘: 미술과 문학의 경계에 관하여』. 윤도중 옮김. 파주: 나남.

김대권. 2006. "문학과 미술의 경계 짓기 - 레싱의 『라오콘』과 헤르더의 『비평단상집』 제1부를 중심으로." 『괴테연구』 제19권: 153-176.

장-이브 보쇠르. 1999. 『음악과 미술의 만남』. 박숙영 옮김. 서울: 보성각.

장-이브 보쇠르. 2010. 『음악 기보법의 역사』. 민은기 옮김. 서울: 이앤비플러스.

아서 단토. 2007. 『예술의 종말 이후』. 이성훈·김광우 옮김. 서울: 미술문화.

아리스토텔레스. 1993. 『시학』 (아리스토텔레스 시학, 호라티우스 시학, 플라톤 시론 합철본). 천병희 옮김. 개역판. 서울: 문예출판사.

요한 요아힘 빙켈만. 1995. 『그리스 미술 모방론』. 민주식 옮김. 서울: 이론과실천.

H. W. 잰슨 & F. 잰슨. 2008. 『서양미술사』, 최기득 옮김. 서울: 미진사.

캐롤 스트릭랜드. 2012. 『클릭, 서양미술사: 동굴벽화에서 개념미술까지』. 김호경 옮김. 서울: 예경북스.

W. 타타르키비츠. 1999. 『미학의 기본 개념사』. 손효주 옮김. 서울: 미술문화.

피종호. 2008. “문학과 회화의 경계 또는 경계를 넘어서.” 『카프카연구』 제19집: 83-104.

Bacci, Francesca and David Melcher. eds. 2011. *Art and the Senses.* Oxford: Oxford University Press.

Bann, Stephen. 2007. *The Repeating Image: Multiples in French Painting from David to Matisse.* Baltimore, Maryland: Walters Art Museum.

Bell, Daniel. 1976. *The Cultural Contradiction in Capitalism.* New York: Basic Books.

Bleakley, Alan. 2015. *Medical Humanities and Medical Education: How the Medical Humanities Can Shape Better Doctors.* London: Routledge.

Calvert, Gemma, Charles Spence, and Barry E. Stein. eds. 2004. *Handbook of Multisensory Processes.* Cambridge, MA: MIT Press.

Duchamp, Marcel. 1983. *Notes.* Arrangement and Translation by Paul Matisse. Boston: G. K. Hall.

Everett, Sally. ed. 1991. *Art Theory and Criticism: An Anthology of Formalist, Avant-Garde, Contextualist, and Post-Modernist Thought.* Jefferson, N.C.: McFarland.

Ferry, Luc. 2002. *Le sens du beau: Aux origines de la culture contemporaine.* Paris: Le Livre de Poche.

Greenberg, Clement. 1995. *The Collected Essays and Criticism, Volume 4: Modernism with a Vengeance, 1957-*

1969. Chicago: University of Chicago Press.

Gwynn, Bill. 1976. "Diderot et la doctrine de l'ut pictura poesis dans la pensée esthétique du XVIIIème siècle." *CHIMÈRES* 9 (2): 50-62.

Hassan, Ihab H. 1954. "Baudelaires 'correspondancse': The Dialectic of a Poetic Affinity." *The French Review* 27 (6): 437-445.

Howes, Davis. 2011. "Hearing Scents, Tasting Sights: Toward a Cross-Cultural Multimodal Theory of Aesthetics." In *Art and the Senses,* eds. Bacci, Francesca and David Melcher, 161-182. Oxford: Oxford University Press.

Iloyd, Rosemary. 1999. *Mallarmé: The Poet and His Circle.* Ithaca, N.Y.: Cornell University Press.

Kandinsky, Wassily. 1977. *Concerning the Spiritual in Art.* New York: Dover Publications.

Le Bozec, Yves. 2002. "L'Hypotypose: Un essai de définition formelle." *L'information Grammaticale* 92: 3-6.

Lee, R. W. 1940. "Ut Pictura Poesis: The Humanistic Theory of Painting." *The Art Bulletin* 22: 197-269.

Melot, Michel. 2001. "Le temps des images." Bulletin des Bibliothèques de France (BBF) 5: 15-21. En ligne: <http://bbf.enssib.fr/consulter/bbf-2001-05-0015-001>. ISSN 1292-8399. (검색일자. 2018년 5월10일)

Potter, Caroline. ed. 2013. *Erik Satie: Music, Art and Litera-*

ture. Burlington, VT: Ashgate.

Prideaux, Sue. 2005. *Edvard Munch: Behind the Scream*. New Haven: Yale University Press.

Shattuck, Roger. 1974. *Les primitifs de l'avant-garde Henri Rousseau, Eric Satie, Alfred Jarry, Guillaume Apollinaire*. Trad. de l'américan par Jean Borzic. Paris: Flammarion.

Souriau, Etienne. ed. 1990. *Vocabulaire d'esthétique*. 1er édition, Paris: Puf.

Stuckey, Charles. 2007. "The Predications and Implications of Monet's Series." In *The Repeating Image: Multiples in French Painting from David to Matisse*, ed. Eik Kahng, 83-126. Baltimore, Maryland: Walters Art Museum.

Trezise, Simon. ed. 2003. *The Cambridge Companion to Debussy*. Cambridge: Cambridge University Press.

Wildenstein, Daniel. 1978. *Monet's Years at Giverny: Beyond Impressionism*. New York: Thomas J. Watson Library, Metropolitan Museum of Art.

| 제7장 |

쉬빙의 한자와 설치예술

포스트 사회주의 중국 예술의 역사 흔적 지우기

김영미

1. 주목해야 할 표상체(Representamen), 한자(漢子)

쉬빙은 1994년 돼지우리 안에 돼지와 사람모형의 인형을 넣어 시각예술 해프닝을 벌였다. 여기 이 돼지와 모형인간은 모두 벗은 육체 상태였고, 그 몸 위에는 각 각 영어와 한자가 쓰여 있었다. 이 퍼포먼스는 돼지가 인간의 몸 구석구석을 핥는 방식으로 진행되었다.

그림 1. Xu Bing, Cultural Animal, 1994.

쉬빙의 이 예술 작품은 우선 시각적으로 충격적이었다. 돼지와 사람이 한 울타리에 놓여있다는 상황과 나체상태의 동물 육체 그리고 그 위에 쓰인 문자 때문이었다. 물론 이런 충격성이 중국현대미술의 주요한 포인트이긴 하지만[1], 여기서 시각적 충격성을 담보한 것들이 무엇인가에 대한 의문을 강하게 불러

1 김영미(2014, 65)는 1978년 개혁개방이후의 중국현대미술이 사회주의시기의 미술과 달라지기 위해 취한 방법으로서 '충격'을 선택한 점을 거론하고 있다. 여기서 충격은 새로운 뉴스보도의 성격과 마찬가지로 취급된다. 따라서 1978년 개혁개방이후의 중국현대미술이 추구한 충격적 방법은 이슈가 되는 사회문제가 파생시키는 파장과 그 효과가 맞닿아있다.

일으켰다. 사실 쉬빙 아트의 '충격성'은 앞선 서구 미술의 두 형태인 모더니즘과 포스트모더니즘과의 관련성 속에 있다. 그것은 중국이라는 공간 그리고 개혁개방 이후라는 포스트사회주의 시간이라는 좌표 속에도 있다. 특히 이 충격성은 중국의 마오 이후 사회주의, 즉 포스트사회주의 예술이 모더니즘과 포스트모더니즘이 혼용된 양상과도 관련성을 갖는다. 왜냐하면 외부적으로 혼용되어 채택된 형식 그 자체가 마오의 사회주의와 달라지려는 당시의 외부적 표현이었기 때문이다(김영미 2014, 38). 따라서 쉬빙의 이 작품은 너무도 분명하게 '아방가르드'적이라고 해석된다. 분명히 이런 중국적인 로컬리즘이 아방가르드한 형식으로 드러난 지점은 충격적 비쥬얼로서 그 존재를 드러내고 또한 급격하게 뉴스성을 띠고 있다. 이러한 복잡한 시공간적 좌표에 있는 쉬빙의 작품을 퍼스(Charles Sanders Peirce)식으로 표현하자면, 여러 가지 해석체(interpretant)를 필요로 한다[2]고 말할 수 있다.

해석체 1. 아방가르드(Avant-garde)

무엇보다 공격적인 이 전시의 형태가 그렇다. 분명히 이 작품은 물의를 일으키는 스캔들 형식을 취한다. 이러한 겉표면은 레나토 포지올리(Renato Poggioli)가 지적하고 있는 아방가르드

2 리슈카(2013, 78)는 모든 해석체는 가장 일반적인 의미에서 기호의 번역이라고 이해할 수 있다고 한다.

의 상태들이다. 포지올리(1998, 49-50)에 의하면, 아방가르드는 당시의 일반적인 상업화된 잡지나 낭만주의와 같은 대중적인 것들과는 달리 상당히 비대중적인 성격을 지니고 있었다고 한다. 그리고 바로 이런 비대중적 성격 때문에 아방가르드한 성격의 작품들은 '반항'의 도구로 사용될 수 있었다. 쉬빙의 작품 역시 확실히 일반적이지 않다. 또한 쉬빙의 작품이 모든 이들이 받아들일 만큼 가독성이 있거나 친근성을 조장하지는 않는다는 것은 확실하다. 따라서 그의 작품을 해석하는 하나의 방향은 저항코드와 관련된 '아방가르드'속에 있나고 할 수 있다.

또 한 가지 쉬빙 작품에서 보이는 아방가르드성은 1980년대 이후 중국미술계에서 이루어진 전체 모더니즘적 움직임과 관련이 있다. 포지올리는 1차 세계대전 전후 아방가르드의 시대적 움직임에 대해서 고대 그리스에 비슷한 목표지향점을 가지고 있던 예술'학파'들이 존재했던 상황과는 다른 움직임이 있었다고 파악한다. 그는 그것을 '운동(movimento)'라고 표현했는데, 당시의 아방가르드에는 예술을 넘어서서 그 경계를 없애려 하는 움직임이 간파되기 때문이라고 기술한다(포지올리 1998, 42). 즉 쉬빙 작품을 '아방가르드'안에 둘 때, 그것은 단지 일반적이지 않은 예술형식만을 말하는 것이 아니라 예술을 넘어선 어떤 운동속에서 그것을 파악해야 한다는 것을 의미한다. 정확하게 쉬빙은 1985년 중국 미술계에 불어닥친 '85신조(85新潮美術運動)'라고 하는 중국 전체 미술계의 비미술적 경향 속에 있었다. 따라서 쉬빙의 미술작품 연구는 내적인 미에 대한 탐구를 진행할 것이 아니라, 바로 그 '운동'을 통해 표명하고자 하는 표상체에 주목하고 그 표상이 되는 대상의 실체를 드러내야 한다는 것을 의미한다.

해석체 2. 문자 그리고 팝아트(Language & Pop Art)

이 작품에서 가시적으로 부딪히는 사실은 문자들이 육체위에 놓여있다는 것이다. 물론 미술이라는 영역 안으로 문자가 들어온 것 역시, 유럽의 아방가르드와 또 그와 관련된 미래주의 속에서 뿌리를 찾아볼 수 있다. 조금 시간은 달리하지만 미국의 팝아트 역시 이러한 바탕위에서 '문자'들을 재해석하였다. 특히 미국의 팝아트 경우, 일면 미국 미술계 당시의 주류를 이루고 있던 추상주의와 반대의 움직임으로 간주되었기 때문에 팝아트 속 '문자'는 너무나도 명확한 커뮤니케이션 도구로 보였다. 하지만 팝아트에서 사용한 '문자'는 사실 추상화와 같은 방향으로 쓰였다. 퍼스의 삼항체 이론으로 보자면, 도상에 속하는 미술을 '추상'과 '언어'로 표현하는 것 모두가 상징의 단계 속에 있기 때문이다. 즉 미국의 1960년대 미술계 두 부류인 추상화와 문자를 이용한 팝아트는 기존의 재현위주의 사실주의 미술작품들이 추구하는 것을 탈피하였다. 하지만 팝아트가 지니는 가벼운 만화 일러스트나 상품 도메인 등을 사용하는 '해석 가능해 보이는' 시각적 효과 때문에 해석이 가능하지 않은 추상적 경향과는 다른 겉표면을 이루고 있었다. 바로 이러한 두 가지 성격, 즉 재현적인 측면을 거부하면서도 일면 쉽게 보이는 팝아트의 경향 속에 쉬빙이 위치한다. 실제로 위에서 예로 든 [Cultural Animal]의 작품의 경우, 육체위에 둔 영어와 중국어 '문자'는 해석 가능해 보이는 효과를 지니지만 실제로 이들 문자는 해석 가능하지 않으며 보이지 않는 것들의 다른 표현을 이루고 있다. 즉 쉬빙이 선택한 '문자'들은 가독성이 없으며 그 문자언어가 내재하고 있는 성격은 전혀 재현적이지 않다. 그것들이 지니는 문자로서의 성격은 이미 도상적인 무늬와 같이, 떠도는 이미지 그 자체일 뿐이다. 그것들은 그래서 또 다른 해석체를 필요로 한다.

해석체 3. 중국(China), 사회주의 중국(Socialism China), 포스트 사회주의 중국(Post Socialism China)

인간과 돼지의 위치가 특이하다. 왜냐하면 여기서 돼지는 인간보다 더 주도적이고 주체적이기 때문이다. 여기서 인간은 진짜가 아니라 모형이기 때문에 그러하기도 하다. 이러한 위치 도착(倒着)적 상황은 인간과 인간의 육체위에 쓰인 중국 문자를 다시 생각해 보게 만든다. 과연 여기서 중국문자는 '중국'을 상징하는가하는 문제와 같은 것들 말이다. 물론 퍼스의 설명대로라면 표상체(representament)는 대상(object)을 대체할 수는 없다.[3] 다만 그것이 생산하는 해석체에 대해서 대상을 대신할 수는 있다. 이 말은 표상체에 해당하는 중국문자들이 하나의 중국을 말하는 것이 아니라, 적어도 시간적으로 모두 다른 각각의 중국과 '중국적인 것'이라고 하는 다양한 해석체를 지시한다. 즉 그것은 단순히 하나로 수렴되거나 동일시될 수 없는 대상에 대한 것들을 암시한다. 물론 이러한 사실은 지속적으로 대상이 표상체와 연결되면서 끼친 어떤 효과(effect)들에 대하여 살펴볼 필요가 있다는 것을 의미하게 된다.

따라서 적어도 이 세 가지는 쉬빙의 작품들을 바라보는 효과적인 해석체들이다. 또한, 이 작품을 가로지르는 중국 문자들은 바로 대상과 대상을 표현한 기호 혹은 표상체들의 의미체로 여겨진다. 너무도 분명하게 쉬빙이 작품 속에서 사용한 '문자'는 일반적으로 알고 있는 가독성이 있고 의사전달이 가능한 언어로서 다루어지는 것이 아니라 그것 자체가 새로운 표상체로서 다루어지고 있다.

두 번째 살펴볼 작품은 1995년에 쉬빙이 작업한 [Silkworm Book, 在美国养蚕][4]이다. 이곳에는 누에고치가 등장한다. 누에고치는 영어로 쓰인 책 위에 놓여 시간이 지남에 따라 영어 문자를 모두 씹어 먹어버리고, 최종적으로 영어 문자는 소실된

---

3 퍼스의 기호문법에서 제일 중요한 제1요소로 꼽고 있는 '기호(sign)'는 '표상체(representament)'라고도 한다(리슈카 2013, 67). 리슈카는 퍼스의 이론을 설명하면서 어떤 것이 기호가 되는 것은 기호가 가진, 본래부터 자질 때문이 아니라고 말하고 있다. 이와 같은 논리로 강미정(2011)은 산타엘라의 의견을 이용하여 '대상'은 표상체와 다른 어떤 사물(something)이며, 오로지 표상체의 매개를 통해서만 논리적으로 접근될 수 있다고 말한다. 따라서 여기서 다루는 중국문자가 곧 중국이라는 실체와 연결되기 위해서는 리슈카 식으로 보자면 이 둘의 기호를 해석해 주는 해석체를 필요로 한다고 말할 수 있다.

4 관련작품은 다음에서 볼 수 있다. (이하 쉬빙의 모든 작품은 이미지저작권 문제로 링크만 제시함.) http://video.artron.net/20150928/n780985.html#

다. 이 작품은 위의 [Cultural Animal,文化动物] 작품과 여러 가지 연관성을 띤다. 돼지나 누에고치와 같은 '중국'이라고 해석되는 동물이 주체적으로 문자를 건드리는 시간성 있는 작업을 하기 때문이다. 따라서 여기 쓰인 누에고치는 앞선 돼지의 경우와 마찬가지로 누가 봐도 아시아적인, 특히 중국이라는 해석체를 불러온다.

조금 더 확대하여 이 두 작업의 연관성을 살펴보도록 하겠다. 앞서 살펴본 첫 번째 작품인 [Cultural Animal]은 [A case study of transference,一个转换案例的研究][5](1993-1995)와 연속성을 이룬다. 또한 두 번째 작품인 [Silkworm Book]은 1994년에서 1998년 사이에 미국에서 4차례 이루어진 누에고치 시리즈[6]의 일부이다. 이들 누에고치 시리즈 작품에서 문자는 실질적으로 소멸되거나 변형되는 모습을 취한다. 이 두 가지 종류의 서로 다른 쉬빙의 동물 퍼포먼스 작품 속에서 '문자'는 개념적인 추상의 존재가 아니다. 그것은 생물이 먹어치우거나 접촉하는 대상 속에서 그 생명력을 얻거나 혹은 사라지는 사건 속에 있는 실체이다. 예를 들어서 또 다른 누에고치 시리즈 가운데 하나인 [The foolish old man who tried to remove the mountain,愚公移山](2001, taipei)이란 작품에서는 누에고치들

---

5 https://news.artron.net/20140304/n574452_9.html

6 누에고치 시리즈는 총 4차례 이루어졌다. 첫 번째는 1994년에 보스톤의 메사추세스 칼리지 오브 아트 앤 디자인 Massachusetts College of Art and Design)에서 이루어졌다([Silkworm book]). 나머지 세 가지는[蚕书] , [包裹], [蚕花]이다. 이 글에서는 두 번째 작품을 선정하였다. 이후 1998년까지 다시 한차례 더 [蚕的VCR]을 하였다.

이 입체적으로 도드라지게 제작한 한자위에 놓여서 조금씩 조금씩 해당 한자들을 갈아먹게 되는데, 그 결과 그 한자들은 전혀 남아있지 않게 된다. 이것은 '우공이 산을 옮겼다'는 『열자(列子)』의 탕문편(湯問篇) 가운데 나오는 우화를 지시한다. 황당하지만 실제로 사라지는 일이 벌어지는 '소실미학'(김영미 2014, 69)이 누에고치들에 의해서 행해지게 된다. 따라서 쉬빙에게 있어서 문자는 실체가 사라지는 대상을 이루고, 문자 형태를 이루고 있는 물질들은 실제로 사라짐으로써 그 의미를 상실하게 된다. 또한 문자는 '기호'로서 존재하는 그 실체가 거부되어지면서 생명력 없는 하나의 사물에 지나지 않게 되기도 한다. 즉 쉬빙에게 있어서 '문자'는 대상과 관련 속에 있는 기호가 아니다. 그러면서 동시에 그것은 또 다른 기호가 된다. 물론 또 다른 기호가 될 때 그 대상은 무엇인지를 가늠해야만 하는 필요성이 존재한다.

바로 이것이 쉬빙 작품속의 중국문자들을 새로운 기호로 다루는 방식이다. 쉬빙은 중국 한자를 '중국의' 문자로 읽지 말 것을 요구한다. 그는 그것이 새로운 표상체로서 읽혀질 가능성이 있다는 것을 알려준다. 이러한 쉬빙의 한자 작업들은 1978년 개혁개방이후 중국의 컨템포러리 아트에서 보이는 타 캘리그라피(calligraphy) 작가들의 작품과는 그 류를 달리 한다. 예를 들어 같은 시기 비슷한 작업처럼 보이는 구원다(谷文達)나 치우즈제(邱志杰)와 같은 작가들의 작품 속에서 구현된 중국 문자는 말 그대로 '중국적'이거나 혹은 '중국의'라는 수식이 붙어 장식적 측면이 강하다. 적어도 구원다와 치우즈제의 경우는 문자의 상징적 측면 혹은 그 순기능에 대해서 의문을 삼는 것이 아니라, 문자를 써내려가는 예술행위 그 자체를 예술속으로 편입시키거나 혹은 문자고유의 상징적 의미를 흩트리지 않은 채 작업한다. 그것은 문자를 쓰는 예술인 캘리그라피 혹은 이서체로서 앨로그라피(allography), 글자 자체의 장식을 위한 타이포그래피(typography)와 같은 작업 속에 있다. 구원다와 치우즈제가 다루는 문자들은 문자가 지니는 고유의 '표음-표의'와 같은 의미전달과 상관성을 갖는다. 쉬빙은 다르다. 그는 '문자'를 사실적인 매체로서 다룬다. 그는 문자라는 실물이 지니는 유물론적 성격을 다룬다. 쉬빙에게 '문자'는 고정관념을 물화한 대상이 된다. 그렇게 됨으로써 쉬빙은 시간적이고 개념적인 예술 특히 '흔적의 사라짐'이라는 커다란 예술 주제에서 문자의 생성이나 혹은 소실을 다루게 된다. 즉 쉬빙은 문자에 달라붙어 있는 의미들을 지워버릴 때 문자 자체가 지닐 수 있는 흔적성이나 고정성을 흔들어버린다.

2. 새로운 역사쓰기

위의 두 시리즈([Cultural Animal]과 [Silkworm])와 같은 시간성을 지닌 작품들은, 그것의 결과물보다는 그 '과정'에 주의하기를 요한다. 그 과정이 바로 그것의 의미를 생성하기 때문이다. 말하자면 그것은 고정된 실체로서 의미를 지니는 것이 아니라 생성되고 있거나 혹은 만들어져 가는 것 그 자체가 중요함을 알려준다. 그것은 문자가 지니는 고정성을 거부하는 일이기도 하다. 문자의 고정성을 거부하는 것은 그에게 있어 곧 새로운 문자 창제와 연관성을 갖게 된다.

[Book from the Sky,天书](1987-1991)는 두루말이 모양의 긴 책이 방대하게 전시관을 뒤덮고 있는 형식으로 전시되었다. 전체 책을 펼쳐낸 듯한 이 작품에는 엄청난 양의 한자가 쓰여 있는데, 사실 여기서 쓰인 한자는 겉보기에는 한자 같지만 실제로는 존재하지 않는다. 그것들은 모두 만들어진 것이다.

그림 2. Xu Bing, Book from the Sky, 1987-91

이름하여 '하늘에서 내려온 책'속에 사용된 이 읽을 수 없는 한자들은 매우 중층적 의미를 지니고 있다. 그는 이 한자들이 '하늘에서 내려온 것'이라고 한다. 이 의미는 지금의 '한자'라고 이름 된 '한(漢)나라의 문자'가 애초에 하늘에서 내려왔다는 것의 은유적 표현이다. 다시 한나라의 문자로서 한자의 위치를 보자면, 이것은 한나라의 통치권의 근거를 '하늘'에 두고 있다[7]는 사실과 겹쳐서 풀이할 필요가 있다. 전설에 의하면 한자는 황제 시기에 창힐(蒼頡)이 만들었다.[8] 이후 한자는 진나라 진시황에 의해서 1차 문자통일을 단행하게 된다. 왜냐하면 진나라 동일이전에 한자는 각 지역별로 여러 가지 이체자들이 존재하고 있었기 때문이다. 진나라는 통일이라는 측면을 하나의 형체로 이루어진 문자를 통일시킴으로써 사상적 통합을 이루려 했다. 다시 한대에 오면 한자는 2차 문자통일을 하게 된다. 한대의 문자통일은 진대의 것과는 다른 방향으로 이루어졌다. 그 원칙은 '정명(正名:이름을 바로 한다)'이라는 것으로, 문자의 형체만을 통일하는 것이 아니라 문자가 지니는 '뜻'을 어떤 하나의 이데올로기로 재해석하여 통일시키는 데 그 목적을 두었다. 그것은 유교정치 이데올로기에 의한 문자통일이었다. 한대는 진대의 정권정통성을 부인하면서 새로운 이데올로기를 필요로 하는 과정

---

7 한조 통치이념을 위한 동중서의 사상은 그 근거를 하늘에 두려는 정치신학의 의미를 가진다(정해왕 2017, 291).

8 창힐의 한자 창제설에 대해서는 일반적으로 한자의 기원과 관련되어 언급되는 부분이다. 한젠탕(2013, 28)에 의하면, 중국의 문명발달 시기인 황제에 문자가 출현하여 창힐이 창제는 아니더라도 적어도 문자를 정리했을 가능성을 알려준다고 말하고 있다.

에서 한자를 새롭게 해석할 필요가 있었다. 주로 그 작업은 동한의 허신이 [설문해자]라는 자서를 편찬하는 것으로 드러났다. 그는 서한시기에 대전(大篆)으로 쓰인 몇 권의 경서들을 분석하면서 고문자들을 연구하였고, 그 과정들이 고스란히 한나라 문자통일에 도움을 주었다. 한나라의 지배 이데올로기인 유교를 실을 형식적 도구로서 한자는 기존에 존재하고 산발적이던 '기표-기의'들을 정리하여 새로운 이념들을 문자 안에 주입시킬 필요가 있었던 것이다. 특히 진나라의 이데올로기를 부정하면서 한대 초기에는 황로학이 나타나고, 다시 무제(武帝)이후로는 유교를 한대의 지배 상부이데올로기로 선정함[9]에 있어서, 그러한 이데올로기를 실을 한자들이 이전과는 다른 용도로 쓰일 필요가 있었던 것이다. 쉬빙은 '한자'가 한대에 통일되었던 바로 그 의미대로 하늘에 정통성을 두면서 그의 첫 번째 새로운 문자작업 [Book from the Sky]을 하였다

따라서 쉬빙의 하늘에서 내려온 한자는 다음의 두 가지 해석들을 담고 있다고 보여 진다.

첫째는 중화주의 형성과 전개에 핵심적인 역할을 담당하고 있는 기존의 한자[10]를 부정하는 것이다. 이강재는 중국 진대에 이루어졌던 문자통일을 언급한다. 실제로 문자통일은 '같은 문

---

9 이상의 정권이데올로기에 대한 것은 정해왕의 의견을 따르도록 한다. 정해왕(2017, 275)은 한나라가 실제로 통치를 하는데 있어서는 법가적 정책을 계승하면서도 상부구조인 이념적 부분으로 유교를 채택했다고 말한다. 이에 대해서는 동중서(董仲舒)와 숙손통(叔孫通)등과 무제가 한 대화를 통해서 증명하고 있다.

10 한자는 중화주의를 재생산하는 역할을 수행했다고 보고 있다(이강재·이상의·문수정 2005, 286).

자를 쓴다(同文書)'라는 글자로 요약된다. 가라타니 고진은 중국의 '문화' 즉 중앙을 중심으로 한 한족의 문화가 중국 사방에 있는 오랑캐들을 개화시키는 조건으로 중국의 '한자'를 그 중심에 두었다는 점을 거론한다. 가라타닌 고진이 말하는 문화라는 것은 서양 의미의 'culture'가 아닌 'civilization'으로, 그 요체가 바로 중국의 문자에 있다.[11] 즉 중화사상의 요체는 중국 문자인 '한자'에 있었다고 말할 수 있다. 그것은 동일하게 쓰인 문자가 각 지역적 발음이 상이하다는 것을 인정하는 특이한 형식이었는데, 바로 그러한 통일된 형체의 한자는 비한자권의 민족들이 중국이라는 문화틀 안에 항상 들어오게 만드는 중요한 기제로 작용한다. 그것은 곧 한자가 '쓰는 문자'(wright system)를 통일하여 그 문자의 생명력을 유지한다는 것이다. 지금 중국의 현실을 비추어 보아도, 서로 다른 문자와 언어를 가진 55개 소수민족들이 자신들의 언어나 문자를 배제한 채 중국 속으로 편입되어가고 있는 문제 속에 이러한 중국어 문자통일이 있다고 말할 수 있다. 따라서 이러한 문자통일은 상당히 폭력적이고 정치적이라고 할 수 있다. 여기서 중국문자는 실제로 각 지역에서 말해지는 중국어와 분리되어 중요한 중국적인 것들을 통일하는 요소로 작용될 수 있다는 점을 지적할 수 있겠다. 쉬빙이 주목한 것은 바로 이러한 사상에 의한 강압적 통일의 모습을 거부하는 것이다. 그것은 '하늘아래(天下)'라는 개념으로 이민족들

11 가라타니 고진(2016, 137-144)은 중국에서 '문화'는 영어의 농경(agriculture)와 관련된 'culture'와는 구별되는 것으로, 단순히 이민족을 지배하는 문제가 군사적 정복에 있는 것이 아니라 문자를 중심으로 한 '사상통일'에 있었다는 점을 거론한다.

을 통합하는 제국적 현실에 대한 부정이다.

둘째는 사회주의 시기 이데올로기 전파에 주요하게 사용되었던 '문자' 라는 형식에 주목해 볼 수 있다. 이강재는 전통 한자에 대해 사회주의 시기 개혁이 단행되었던 지점을 다음과 같이 지적한다. 하나는 20세기 들어 본격화되었던 중국어 표의자의 표음화로의 시도이고, 또 하나는 중화인민공화국 성립이후 시행한 한자의 간화정책이다(이강재·이상의·문수정 2005, 296). 일단 사회주의는 수 천년간 중국을 지배한 시각기호로서의 번자체를 거부하였다. 그들은 전혀 다른 모습의 간자체를 선택함으로써 그들의 사회주의 사상을 실을 도구를 확정하였다. 따라서 간자체는 사회주의 시기 프로파간다의 적극적 수단으로서 간주할 수 있다. 쉬빙은 이 지점에서 중국의 문자인 한자가 지배이데올로기의 정통성 확립을 위해 단행하였던 '같은 문자를 쓴다(同文書)' 전통을 상기시킨다. 한자의 개혁은 반전통에 대한 상징적인 기제로서 다루어졌다는 것이다. 쉬빙은 중국 근대에 개혁의 대상으로 한자가 다루어졌다는 사실을 시간적으로 가장 가깝게 두고 작업한다.

쉬빙이 다루는 새로이 창제된 한자는 바로 이런 두 가지 의미에서 개혁의 대상이라는 측면을 이룬다. 따라서 쉬빙 작업에서 문자 고정성에 대한 부정 그리고 문자가 형성되는 과정에 의미를 둔다는 것은 중국이 개혁개방이후 포스트 사회주의로 접어든 변동의 시기와 매우 밀접한 관련성을 갖고 있다는 것을 의미한다. 즉 그는 새로운 역사를 쓰는 방법으로 일단 '문자'라고 하는 관념적인 기호들을 물질화시킨다. 그리고 그 흔적들을 지우고 새롭게 쓰는 방식을 선택한다. 그렇게 문자는 물질화되어 새로운 물체로 새로운 역사를 상징하며 존재하게 된다.

하지만 쉬빙이 새롭게 만든 문자들은 아래의 두 가지 특성을 갖는다. 우선적으로 읽어낼 수 없다는 것이고, 그것이 얼핏 한자의 모습을 하고는 있지만 형체가 변화되어 있다는 점이다. 물론 이 점은 위에서 지적하였듯이 앞서 시간적으로 우선하였던 미술 속에 문자가 개입하는 사건들과 밀접한 관련을 갖고 있다. 특히 그는 문자들이 갖는 관념의 실체화 측면 혹은 대상의 표상체라는 측면에서, 어떤 새로운 표상체로서 읽을 수 없는 한자들을 만들어낸다.

2.1. 읽기 어려움의 문제

중국 문자는 처음부터 고유의 표의적 성질 때문에 난독을 불러왔다. 중국의 한자는 형성자나 가차자의 경우 표음이 전혀 되지 않는 것은 아니었지만, 기본적으로 표음의 원칙을 지니는 것은 아니었다. 이러한 한자가 지니는 특유의 난독증세는 문자를 아는 계층과 그렇지 않은 계층을 제한한다. 이것은 문자소유의 문제와 직접적 관련을 갖게 된다. 따라서 중국 전통시기에 문자는 특권층의 문화에서만 있었고, 바로 그러한 특권층에게만 소유되는 문자는 사회주의 인민 공화국에 와서 평범한 사람(人民)들의 소유가 되었다. 한자라는 문자의 대중적 이해에 대한 문제는 중화인민공화국이 들어서기 이전인 1927년부터 문예대중화문제와 관련하여 이미 논의가 되었고, 중국의 문자를 표의문자에서 표음문자로 바꾸려는 여러 시도들은 있어왔다. 또한 사회주의로 접어든 마오저동 정부에서 택한 간체자정책은 그러한 한자의 특권층 소유에 대한 현상을 타파하는데 주요한 무기가 되었다. 그것은 공자로 대변되는 고대의 중국어 문자인 번체자를 모두 거부하는 일이었고, 간체자는 다른 내용의 중국적 가치를 실어야 하는 문제가 되었다. 당연히 신 중국 사회주의 인민공화국에서 간체자는 마오저동 이하 사회주의 이데올로기를 실어내는 주요한 문자로서 기능했다. 그것은 중국이라는 테두리 속에서 문자 자체가 지니는 내용담보의 서로 다른 영역에 대한 분리선언을 의미하는 것이었다. 따라서 사회주의 시기 간체자는 한자의 모습을 하고는 있지만 실제로 번체자와 다른 형태를 취하고 있었고, 이것은 실제로 다른 학습기간을 요구했다. 그리고 당연히 간체자는 사회주의 이데올로기 특히 마오저동 개인의 어록이나 사회주의 국가 정책과 관련된 공문들, 인민들에게 교육되어져야 할 모든 내용들을 담는 도구로서 기능해왔다. 쉬빙은 바로 이러한 단계에서 새로운 단계 진입을 요구한다. 쉬빙은 새로운 한자를 만들어 냄으로써 포스트 사회주의 시기 중국의 새로운 내용들을 담아야 한다고 말하는 것이다. 그는 이러한 개혁적 성격을 담기 위해서 새로운 한자 창제를 감행한다. 따라서 쉬빙의 새로운 한자는 앞서 이루어졌던 한자의 특성에 기인하여 문자소유의 문제를 먼저 제시한다. 실제로 난독과 관련된 한자소유의 문제는 무산계급 대부분을 형성하는 무식자층들에 대한 개념과도 관련이 있다[12]. 따라서 문자는 자산계급소유였고 이것을 개혁하려는 움직임이 바로 사회주의와 깊은 관련성을 갖게 된다. 또한 그가 말하는 새로운 시대의 정신을 담을 도구로서 새로운 한자는 새로운 외부 틀을 의미한다. 위에서 지적하였듯이 그는 문자를 실제로 유물론적으로 해석하기 때문에, 그것은 새롭게 만들어져야 할 의미가 있으며 사회주의 이데올로기를 실어왔던 간체자로서 한자들은 사라져야할 대상으로 간주되는 것이다.

하지만 쉬빙의 한자 개혁이 완전히 난독에만 초점을 둔 것은 아니다. 쉬빙의 한자 개혁의 가장 큰 특징은 한자의 필획은 살리면서 표음의 기능을 가지려 한 점이다. 실제로 중국 한자의 필획은 모두 기본 필획인 '점(丶)', '횡(一)', '수(丨)', '별(丿)', '날(㇏)', '절(㇄)', '제(㇀)', '구(乚)'와 같이 8개가 있고, 각기 서로 비슷한 형태를 두 가지씩 가짐으로써 16개가 된다. 하지만 쉬빙이 새롭게 만든 영어의 알파벳과 비슷한 것들을 찾아낸 것을 보면 기본 필획들이 합쳐져서 부수변을 이룬 것(阝, 厂, 卩, 艹, 讠과 丅, 丁, 片, 乚, 爪, 冂, 口, 凵, 厶, ㇄)과 일부 필획을 뺀 부수(斤에서 마지막을 뺀 경우, 巧에서 부수변을 생략한 글자, 交에서 위의 부분을 뺀 것) 상형문자이면서 동시에 부수변을 이룰 수 있는 것(人, 王, 尸, 尺, 中, 七, 山, 之)이 포함된다. 그는 영어의 알파벳과 비슷한 한자의 필획들을 찾아내어 새로운 교본을 만들어냈다. 그것을 그려보자면 <표

---

12 허주잉(2013, 25)은 1920년대부터 1970년대 중반까지 좌파와 혁명가에 의해 한자개혁이 지속적으로 주장되었고, 대부분의 경우 이것에 동조하였다고 말한다. 또한 이것이 단순히 학술문제가 아니라 정치문제와 관련있다는 사실을 말하고 있다.

1>과 같다.

A	B	C	D	E	F	G	H	I
人	阝	匚	卩	王	𠂉	丂	艹	i工
J	K	L	M	N	O	P	Q	R
丁	片	乚	爪	冂	口	尸	中	尺
S	T	U	V	W	X	Y	Z	
ㄋ	七	凵	厶	山	乂	丩	之	

표 1. Xu Bing, An Introduction to Square Word Calligraphy, printed textbook, 2000, 본인그림

쉬빙은 새로 창제된 이 글자를 가지고 첫 문장 작업을 했다. [Art for the People,艺术为人民][13](1999)은 전혀 다른 모습의 한자로 이루어진 작품이다. 물론 이것은 1991년에 이루어진 [A B C] 의 작업 속에서 28개의 영어 자음과 모음과 형체상 비슷한 중국의 필획들이 선정되어 작품으로 선보인 것의 연장선에 있다. 또한 [An Introduction to Square Word Calligraphy, printed textbook][14] (2000)작업을 통해서 '영어-한자'에 대한 설명서 대조표 학습으로 이어졌다. 그리고 이것들에 훈련과 연습을 위해 [Square Word Calligraphy Red Line Tracing

13 https://www.artsy.net/artwork/xu-bing-xu-bing-art-for-the-people

14 https://www.artbasel.com/catalog/artwork/14985/Xu-Bing-An-Introduction-to-Square-Word-Calligraphy-inner-pages

Book,英文方块字书法入门][15](1999) 작품들이 이어졌다.

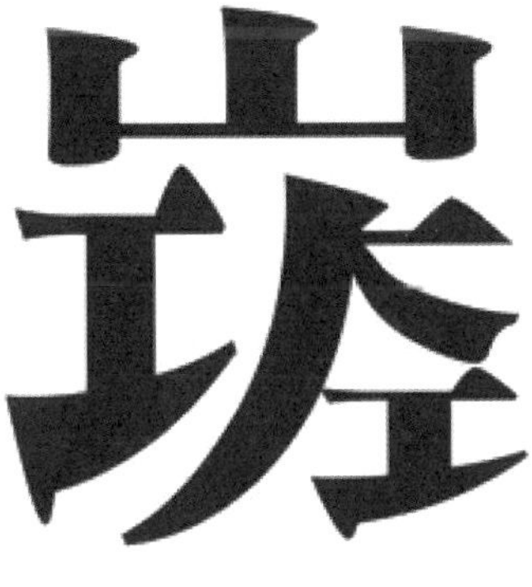

그림 3. An example of Xu Bing's 'Square Word' calligraphy, combining Latin characters into forms that resemble Chinese characters. The word is 'wiki'.

가령 위키피디아의 'wiki'를 그가 만든 영어-중국어 대조표에 의하여 만들어보자면, 'W'는 그 모습이 비슷한 '뫼산(山)'를 사용한다. 나머지는 역시 'I'는 '工'이고, 'K'는 '片'와 같이 선택된다. 하지만 달라지는 지점은, 표음의 나열이 아니라 한자를 방형모양으로 모아서 표시하여 한자의 겉 외형을 갖추는 데 있다. 이것이 바로 새로 만들어진 쉬빙의 한자가 지니는 허위성이 된다. 그리고 그는 그 허위성을 [Art for the People](2011)과 같은 문장으로 표기하는 작업을 통해 허위직 문자민을 지시하는 것이 아니라, '인민을 위해 복무하라'와 같은 사회주의 시기 마오저둥의 가장 중요한 문장구를 쓰게 됨으로써 문자 창제의 의미를 전복시켰다. 그것은 사회주의 시기 '인민을 위해 복무하라'라는 명령이 표면적으로 읽히지 않는 문자들이 읽혀지게 된 이후에 알게 되는 그것의 의미라고 할 수 있다. 즉 인민을 위해 봉사할 내용은 이제 다르게 읽혀져야 한다. 포스트 사회주의시기를 살고 있는 인민과 인민

15 https://archive.newmuseum.org/exhibitions/318

에게 봉사할 내용은 다른 형식을 요구하게 된다.

또 한 가지 쉬빙의 한자개혁의 특징은 한자가 원래 글자를 형성할 때 지니는 두 가지 성질인 상형과 형성의 문제에 접근하는 것이다. 여기서는 실체를 형상화한 픽토 그래픽적 모습과 글자들을 조합하여 형성하는 상징체계로서 두 가지 단계가 모두 고려된다.[16] 물론 그가 글을 창제한 것은 첫 번째 단계인 상형이 생략되고 두 번째 단계인 형성과 합치된다.

이렇게 새롭게 창제된 글자들은 실제로 방대한 양으로 기존 작품들을 바꾸는 작업으로 쏟아진다. 쉬빙은 송대(宋代)의 육유(陆游)라는 시인의 [자고천(鹧鸪天)]이라는 노래의 가사(詞)([LU YOU, PARTRIDGE SKY], 2017)와 당대(唐代)유명한 시인 두보(杜甫)의 [누대를 오르며(登樓)]라는 시([Square Word Calligraphy: An Ascent (a poem by DU Fu)], 2012)를 이러한 언어로 모두 옮겨놓았다. 물론 마오저동(毛泽东)의 [친위엔춘.챵샤(沁园春·长沙)]라는 작품 역시 새롭게 옮겨져 있다. ([Qin Yuan Chun.Chang Sha], 2007) 이 뿐 아니라, 영국의 시인 예이츠([The Song of Wandering Aengus by William Butler Yeats,英文方块字叶慈诗一首], 1999)나 프로스트 ([Poem by Robert Frost (from New English calligraphy series; diptych)], 2003)의 영문시도 그가 창제한 새로운 문자들로 작품을 이룬다. 여기서 영어는 새로운 언어로 재창

16 허주잉(2013, 268)은 중국의 한자가 분열된 국가에서 통일국가로 성장할 때, 형성의 단계를 거치게 되었다고 말한다. 그것은 중국어가 서면어로서 방언들을 통일하는 형식, 사유방식과 철학원칙, 도덕 윤리규범들을 전승하려는 '5경', '6서', '13경' 등의 책들을 간행하면서 이루어진 고도의 상징체계의 승화라고 표현한다.

조된다. 쉬빙은 영어와 중국어를 통용하는 새로운 시기의 양 언어권을 통합시키는 문자를 만들어 낸다. 쉬빙의 한자는 따라서 전 세계 소통 가능한 언어로도 기능할 수 있다. 단, 이것의 전제는 양 언어의 통일이 아니라, 영어를 중국어로 해석하는 것에 있어서 새로운 도구라는 점을 강조했다는 것이다.

2.2. 형체의 변화

허주잉(2013, 261)은 한자가 지니는 형체불변성을 지적한다. 그는 시기마다 달라지는 언어의 변화를 한자가 전혀 반영하지 않은 것은 아니라고 한다. 즉 한 글자에 대한 뜻이 시간이 지남에 따라 바뀌는 현상이나 혹은 그 쓰임이 달라지는 것은 분명히 한자에도 언어변화가 있다는 것을 증명하는 것이라고 지적한다. 하지만 허주잉이 주목한 것은 그 뜻에 따라 한자의 겉모형이 변형된 것은 아니라는 점이다. 쉬빙은 바로 그러한 한자 형체 불변에 대해서 바로 공격한다. 쉬빙의 이러한 지점은 바로 위에서 말했던 글쓰기 통일을 지칭하는 '같은 문자를 쓴다(同文書)' 원칙을 깨는 작업을 이룬다. 형체가 유동적으로 변할 수 있다는 것은 그것을 표현하는 대상체가 안정적이지 않다는 것을 의미하고, 그만큼 표현의 자유를 확보하게 된다. 쉬빙은 이런 방법으로 몇 천년 간 형체불변이었던 한자에 금을 내고자 한다. 동시에 이미 형체가 간략히 변화한 간자체와 비슷한 형체이지만 사실은 완전히 새로운 '문자'들을 선보이고자 한다.

실제로 이러한 형체의 변화에 대한 개혁필요성은 위에서 본 새로운 한자창제에만 그치지 않는다. [Wild zebra,野生斑马](2002)에는 얼룩말 무늬가 그려진 나귀가 등장하고, [Panda zoo,熊猫动物园](1998)에는 판다처럼 보이는 돼지가 등장한다. 이들은 모두 그가 새로 만들어낸 문자만큼이나 완전히 새롭게 조합되어 어색한 것들이다. 물론 이 들 동물들 역시 실체는 아니며 실존하지도 않는 것들이다.

따라서 여기서 그가 중국적이라고 생각되는 것을 '새로 만든다는 것'의 의미를 찾아보는 것은 의미가 있다.

첫째는 쉬빙이 만들어낸 문자가 취하고 있는 형태인 '소전(小篆)'에 주목하는 것이다. 그는 중국의 여러 가지 글자체 가운데 '소전'에 해당되는 글자체를 본인이 새로 창제한 글자체에 적용하고 있다. 원래 소전이라는 글자체는 창조를 위한 서체[17]로서 형체가 간략하고 자형이나 필획, 편방 및 편방의 위치가 고정되었다는 점을 특징으로 삼는다. 또한 역사적으로도 소전은 진나라가 문자를 통일하는 과정에서 선택된 형태로, 하나는 각 지역의 이체자들을 제거하는 점과 또 하나는 이전의 한자가 상형문자로서 가졌던 성격이 어느 정도가 감소되었다(한젠탕 2013, 70)는 점에서 의미가 있다. 그것은 문자'쓰기'의 표준성을 진나라의 문자 형체 통일과 맥을 같이 하겠다는 뜻이다. 즉 한자의 형체가 정형화된 글자체인 '소전'을 통해 쉬빙 자신이 창제한 한자들에게 의미를 부여하는 것이다.

17 진나라는 통합 정책의 일환으로 소전을 정자로 삼는 문자통일(同文書)정책과 문자 보급을 위한 식자(识字)정책을 펼쳤다(이강재·이상의·문수정 2005, 287).

둘째는 그것의 무한한 반복과 증식성에 주목할 필요가 있다. 한자의 형태가 변하지 않는 만큼이나 그것이 담고 있는 의미와 일상적으로 사용하는 한자는 유한할 수밖에 없다. 결국 문자의 틀은 사고의 틀을 가두는 역할을 하는데, 쉬빙은 바로 이러한 지점을 전복시킨다. 그는 무한반복으로 증식될 수 있는 문자를 실험한다. [Body outside of Body,身外身] (2000) 작품은 중국 고전소설 [서유기]의 내용 부분을 활자로 가져온 다음, 관객들이 활자들을 옮기면서 발생되는 새로운 글쓰기를 시도하고 있다. 물론 이 경우 완전한 형태의 이야기나 단어 조합이 되기는 힘들겠지만, 그러한 것 자체가 고정된 이야기를 증식하고 있다는 측면으로 조명된다. 실제로 여기서 말하는 [몸 밖으로 나가는 내 것]이란 것은 손오공의 분신술과 연관성을 갖는다. 손오공이 자신의 귀속에서 털을 날려 자신과 같은 가짜 손오공이 증식되는 것이다. 관객들이 만들어내는 증식은 바로 원래의 실체를 벗어난 모습을 하게 된다. 이러한 새로운 문자들의 새로운 조합은 갇힌 사고와 틀이 아닌, 아무 말 대잔치가 되는 형국에 이르더라도 그 문자를 사용하는 주체들의 사고를 존중하는 것이다. 이러한 문자틀 변형 작업은 주어진 대로 상부에서 하부로 이어지는 명령하달식의 틀에 갇힌 사고 체계가 아니라, 중국어라는 문자 자체를 사용하고 있는 중국의 일반대중들이 주체가 되어 스스로 말을 해나가는 방식을 택할 것을 제안하는 것이다.

2.3. 지표성과 기호 형식

[Book from the Sky,天书]가 새로 만든 문자로서 '개혁'의 의미가 있다면, 새롭게 창제된 문자들은 새로운 표상체로서 다루어질 수 있는 가능성도 내비친 셈이다. 쉬빙은 2003년 [Books from the ground,地书][18]를 선보였다. 이것은 분명히 앞서 선보였던 [Book from the Sky](1987-1991)에 대한 응답이라고 보인다. 하늘에서 내려온, 즉 상층부의 이데올로기와 권력의 사상 통제 속에 있는 고정된 문자와 반대 지점에 땅에서 가져온 문자가 상응하고 있다. 중국의 고대 철학사고 방식에서 중요한 것은 '하늘과 땅 사이에 인간이 있다'는 것이다. 인간은 하늘과 땅의 중간에 위치한다. 따라서 하늘과 땅은 인간이 주체가 될 때, 해석되거나 의미가 있는 작업이 된다. 땅에서의 문자 작업은 하늘에서 내려온 문자처럼 '창제'되지 않는다. 쉬빙은 이 작업을 위해서 우선 각 항공사에서 제공되는 비상시 착륙에 대한 비상탈출 설명서를 모두 모은 후에 그곳에 사용된 아이콘들을 나열해보았다. 퍼스 식으로 보면 이러한 아이콘들은 '지표(index)'에 해당한다. 그것은 하늘에서 취한 문자가 지니는 이데올로기적 성격보다는 지표 원래의 성격인 실체가 반드시 있어야 하는 그런 성격에 부합한다. 따라서 여자, 남자, 문 등 실체적인 것들의 지표를 다루는 '땅의 문자'들은 전혀 읽을 수 없었던 '하늘로부터 온 문자'들과 대비된다. 따라서 '땅에서 온 문자

18 http://www.artnet.com/artists/xu-bing/dishuxiangmu-the-project-of-book-from-the-ground-aHw_iQHkfP5qCvqr87jwcw2

그림 4. Xu Bing, Books from the ground, 2003 가운데 'women'의 예시. 본인그림

들'은 바로 읽혀질 수 있다는 특징을 갖는다. 하지만 이 문자들이 문장화되어 나열 되었을 때는 역시 난독증을 불러일으킨다. 퍼스는 다이어그램이나 수학 방정식, 혹은 모든 언어 구문의 기초를 이루는 논리도표까지도 도상의 한 형태로 분류한다(조창연·이주영 2016, 55). 말하자면 그가 선택한 [Books from the ground, 地书]에서 보이는 기호들은 실제로 문자로서 다루어진 것이다. 상형적 성격이 강한 중국 문자와 같이 공공적으로 사용하는 아이콘은 문자로 기능한다.

즉 이 단계는 완전히 새로운 단계의 개별적 문자들이 아니라, 문장으로 이루어진 커다란 글 역시 하나의 기호로 간주될 수 있다는 것을 시사한다. 그것은 하나의 기호들의 모음이 아닌 그 자체가 거대한 기호임을 알려준다. 이 문자들은 기존에 있었던 기호들이고, 창제된 것은 아니다. 하지만 이것들의 나열로 이루어진 문장과 그 문장들이 보여주는 바는 역시 새로운 문법을 필요로 한다. 바로 읽을 수 있는 각 아이콘들은 그 자체로서 의미를 가지는 것이 아니기 때문이다. 그것들은 또 다른 해설을 필요로 한다.

가령 쉬빙 작품의 일부를 보자면 다음과 같다. 'man'은 🚹로 항상 일정한 아이콘을 사용하지만, 그것이 'black man'인지 'grey man'인지 설명 없이는 확인이 불가능하다. 또한 '☞'모양

그림 5. Xu Bing, Books from the ground, 2003

은 'point'인지 'this'인지, 말하자면 그것이 명사인지 동사인지에 대한 구별을 해낼 수 없다. 이것은 '기호'의 문제가 아니다. 그것들 사이에 숨겨진 문법들의 문제다. 혹은 어법의 문제다. 따라서 그가 '땅으로부터 온 문자'에 사용된 아이콘들은 정확히 말해서 '쓰여진(wrighting)'것이 아니라 의사전달을 위한 최소한의 뭉친 말들 혹은 간략히 통일되어 있는 형태들이다.

이와 같이 '땅에서 온 문자'들은 개별적으로 식별 가능하지만, 그 전체가 문장 속에 놓일 때 쉬빙이 창제한 '하늘에서 온 문자'와 별 반 다름없는 성질을 띠게 된다. 그것은 커뮤니케이션이 근본적으로 가능하지 않다는 것이다. 따라서 쉬빙이 창제한 하늘에서 온 문자와 기존에 있었던 아이콘들로 이루어진 땅에서 온 문자들은 '대상-표상체'들의 관계를 결정짓거나 혹은 해석이 가능하게 하는 '해석체'들의 무한한 가능성을 담보하지만 결국은 아무것도 존재하지 않게 만든다는 것을 의미한다. 데리다(Jacques Derrida)식으로 말하자면 해석체는 지속적으로 미끌어져 간다. 모든 것이 해체된다는 뜻이다.

3. 문자/그림(The Living Word Installation)

문자 자체가 무효화되는 것을 통해 보여준 그의 작업은 실제로 문자가 언어에 속하는 대상체로 다루어진 것이 아니라, 상징에 속하는 대상체로 다루어졌다는 것을 보여준다. 나아가 그것은 여러 가지 해석체를 필요로 하는 예술작업이었다. 그런데 또 다른 작업들은 문자를 도상과 같이 나란히 다루기도 한다. 이 작업은 주로 세 가지 방면으로 이루어졌는데, 첫째는 문자들이 하나로 이어져서 어떠한 실물로서 기능하는 것이다. 두 번째는 문자 자체가 이미지로 위치하는 것이다. 세 번째는 문자와 이미지 그림 사이의 경계를 허무는 작업을 행한다.

3.1. 물질적 재료로서 문자 혹은 말

쉬빙이 다루는 문자들의 도상성은 퍼스 의미의 도상성을 약간 넘어선다. 그것은 한자 자체가 지니는 도상적 측면, 예를 들어 달의 모습을 본 따 그린 '月'과 그것이 지니고 있는 '달'이라는 의미를 추구하는 것이 아니라 바로 이러한 형체와 의미를 하나로 드러내어 도상'성'을 강조한다. 말하자면 그림의 이미지 재현 측면을 강조한다는 것이다. 가령 [Monkeys grasp for the moon, 猴子捞月][19](2001)은 11개의 서로 다른 언어로 작업 되었다. 여기서 '원숭이'를 뜻하는 문자는 실제 원숭이 도상에 해당하는 그림과 맞닿기도 한다. 또한 '달을 잡고 있다'는 동사적 움직임은 전시장 천장에서 아래까지 이어지는 로프 형식으로 그 글자를 매달아서 표상체를 이루면서 동시에 해석체에 도달하도록 만들어졌다. 결론적으로 이 작품은 각 나라 언어들이 '원숭이가 줄에 매달려 있는 모습'을 한 도상언이로 된 작품인 동시에 완전히 그 자체가 언어로 읽혀지지 않아도 되는 설치예술작품이 된다. 이렇게 되면 각 나라의 '원숭이'에 해당하는 문자들은 기표 밑으로 기의가 미끄러져 가는 것이 아니라, 반대의 현상이 일어난다. 기의위로 기표가 떠돌아다니게 된다. 그렇게 되면 기표는 매우 자의적이면서도 동시에 일정정도의 그 꼴이 닮아있음으로 인해서 여전히 기표의 모습들을 유지하게 된다.

여기에서 다시 그가 선택한 문자들의 형체에 주의할 필요가 있다. [Monkeys grasp for the moon,猴子捞月]에서 선택한 문자들은 초서체(草书体)이다. 그것은 흘려 쓰면서 글자간의 간격을 갖지 않고 이어져 있다. 앞서 본 [Book from the Sky]작품에서 보인 소전체와는 완전히 다른 형태와 그 의미를 갖는다. 그것은 한자의 정사각 형체를 파괴하여 예술성이 강하다(한젠탕

19 http://archive.asia.si.edu/contemporary/current.asp

2013, 85).다른 작품을 좀 더 살펴보게 되면 [The glassy surface of the lake,明镜的湖面][20](2004)와 같은 작품이 있는데, 여기서 영어 알파벳은 서로 서로 이어져서 어떤 물결, 파동과 같이 서로 연결되어 있음을 볼 수 있다. [The net,网](1997)와 같은 작품에서 역시 영어문장으로 계속 이어진 철장 속에 양이 갇혀있다. 이때 연결된 문자는 문자 자체의 물질적 매체로서의 특징을 지닌다. 그것은 철사라는 물질적인 매체와 달라붙어서 문자로서의 성격을 잃어버리고 온전히 장식의 기능을 갖게 되는 것이다. 이러한 문자의 이미지화작업은 실제로 문자가 직접 물질화된 경우라고 말할 수 있다. 이러한 작업들은 문자의 예술성을 강조하여 캘로그래피에 해당하는 글자들을 물질적 형체와 연결시켜서 완전히 문자적 측면을 없애버린다.

물론 다른 해석체로서 [The net,网][21]을 바라 볼 수는 있다. [Bird Language][22](2003) 작품과의 연관성속에서 보자면, 문자는 물질적으로 구현되기 이전에 단지 발음되거나 쓰인 그 단어의 복제 혹은 구현일 뿐이다. 그 단어 자체는 현존적이지 않다. 그 기호의 실재적 존재는 개별적인 현존들이 그 단어와 일치하리라는 사실에 의해 성립한다(강미정 2011, 166). 즉 언어기호의 관습성을 깨려는 시도로 읽힌다. 여기서 새장은 그가 만든 읽을 수 없는 한자로 틀 자체를 이룬다. 새는 문자로 이루어진 틀

---

20 https://theartstack.com/artist/xu-bing-xu-bing/the-glassy-surface-of-a-lake

21 http://www.echinaart.com/Advisor/xubing/adv_xubing_gallery05.htm

22 ttps://books-on-books.com/2016/02/28/bookmarking-book-art-xu-bing/

안에서 삶을 살 수 밖에 없다. 그 새의 세상은 그 말의 틀 안에서만 이루어진다. 언어라는 문자 틀에 갇힌 아주 편협한 경험 속 앵무새는 그 무언가를 지시한다. 따라서 [The net,网] 작품 속 양 또한 이 앵무새와 같이 읽힐 수 있다. 문자의 감옥에서 살고 있거나 혹은 사육당하고 사고를 지배당하는 양과 앵무새는 바로 또 다른 해석체를 불러 온다. 그것은 사회주의 시기의 간체자 그리고 진-한에 이어지는 한자 이데올로기들이 지니는 권력획포이다.

하지만 쉬빙이 이제까지 다룬 '문자=그림(문자≠언어)' 이라는 구도에서 보자면, 초서체는 위에서 본 '창제'의 성격과 달라진다. 그것은 무엇을 '만드는 일(make)'이 아니라 문자 자체의 변형의 지점이라고 말할 수 있다. 초서의 특징 중 하나는 '연결'이다. 그것은 식별이 쉽지 않다는 사실과 밀접한 관련을 갖는다. 따라서 이것은 처음부터 읽힐 수 있다는 성질이 완전히 배제한 채 작업된 경우라고 할 수 있고, 이때 읽히지 않은 문자 작업들이 보여주는 실체적인 '대상(object)'로서의 성격이 강해지게 되는 것이다. 문자는 그래서 그 자체가 표상체가 아닌 대상으로 간주될 수 있다.

3.2. 문자의 이미지화

이제까지 살펴본 쉬빙의 작품들이 '읽혀질 수 없는 문자'에 대한 작업을 다루었다면, 읽을 수 있는 문자 말하자면 도상기호에 해당하는 한자의 상형적 측면을 더욱 강조하게 되는 경우도 존재한다. 하지만 이 경우 역시 실제의 한자가 문자로서 쓰이기 보다는 그림의 역할을 하게 된다. 즉 그것 자체가 표상체의 대상이 되어 버린다. 가령 '나무'를 뜻하는 나무모형의 '木'는 실제 나무그림을 대신하고, '돌'을 상징하는 돌 모형의 '石'자는 돌을 대신한다. 이러한 나무, 돌 들과 같은 상형글자들은 여기서 읽히기 보다는 그림 속에서 '위치 한다'고 말할 수 있다. 2013년에 그가 작업한 [Landscript,语言风景][23]을 보면 수묵산수화와 같은 외면을 취하고 있다. 하지만 이것은 그림과 같은 효과를 갖는 문자들로 화면을 채운 작품이다. 사실 이러한 작품의 시작은 [草垛的倒影][24](1987)이라고 할 수 있다. 이후 이 작업의 본격적인 심화는 1999년부터 히말라야 산맥으로 들어가서 작업하면서 이루어졌다. ([The drawing from the Project of Helsinki-Himalayan Exchange 赫尔辛基喜玛拉雅的交换], 1999-2000) 또한 [Forest Projects,木,林,森计划][25](2008)는 중국문자가 그림으로서 위치하는 작업들속에서 연속선을 이루고 있다.

이러한 작업들에서 언급될 수 있는 것은 송대(宋代) 시인 소식(蘇軾)에 의해서 적극적으로 활성화되었던 '문인 산수화'라고 말할 수 있다. 그것은 실제로 지식인들이 시를 쓰듯이 그림을 그

---

23 https://ravenel.com/artwork.php?id=3519&lan=en

24 http://www.artnet.com/artists/xu-bing/caoduodedaoying-RUntlQMAcZgZAGJQLE2vew2

25 http://art.china.cn/huihua/2009-11/02/content_3219575.htm

리려 했던 '시서화 일체'의 정신에서 유래한다. 그것은 지식인들이 자신의 지식을 붓과 종이(이전에는 하얀 비단)라는 매체를 통해서 이룰 수 있었던 시각적 아름다움의 경지라고 말할 수 있다. 송대의 지식인들은 보통 사대부라고 일컫는데, 이들은 당대의 지식인들과는 다른 방법으로 문자를 인식했다. 그들은 문자라는 표상체가 대상을 이미지화하는 작업과 일치될 수 있다고 보았다. 그것은 문장을 쓰듯이 그림도 그릴 수 있다는 인식이었다. 쉬빙은 그것보다 한 단계 나아가 상형문자를 이미지의 위치에 대치시킨다. 그렇게 되면 이미지 위치에 대치된 상형문자들은 이미지를 상징한다는 전복적 성격을 갖게 된다. 여기서 상징은 역으로 사용된다. 실제로 상징은 창조성이 가장 자유로운 가장 높은 단계에 속하며 기호성(semioticity)의 추상도는 가장 높다고 말할 수 있다(조창연·이주영 2016, 55-56). 이런 작업들은 퍼스가 분류한 표상체와 대상의 관계에 따른 세 가지 분류 즉 도상, 지표, 상징을 모두 총체적으로 다룬다. 그것이 가능한 것은 실제로 쉬빙이 '문자'를 기호로 다루지 않고 미술 이미지 표현의 일부로 다루었기 때문이다. 또한 '문자'를 포스트 사회주의 시기 다루어져야 할 개혁의 대상으로 보았기 때문이다.

따라서 그가 다루는 문자의 이미지화 작업은 [The leaving word,鸟飞了][26](2001)와 같은 작품에서 그 연계성이 총체적으로 드러났다. 이 작업은 바닥에 누워 있는 한자들이 중간에 들려지는 모습이 연결되고 급기야는 새의 모형으로 날아가는 형태

---

26 http://www.aaa-a.org/events/phoenixes-and-beyond-a-conversation-with-xu-bing/

로 이루어졌다. 쉬빙은 이 작업을 위해 '새(鸟)'라는 글자를 사전으로 찾은 후에, 그것에 대한 해석부분을 모두 바닥으로부터 공중에 띄워 작업을 했다. 여기서 각 문자들은 마오시기의 간체자로부터 시간을 역순으로 번체자로 시작해서 예서(隶书), 해서(楷书), 소전(小篆) 순서로 바꾸어가다가 가장 마지막에 새가 날아가기 직전 문자로 상형문자를 취하는 방식을 취했다. 이 작품과 비슷한 또 다른 작품은 'Bird'로 쓴 이후 점차 상형으로 바뀌는 형태를 취하여 그 성질을 같이 하고 있다.[27] 이러한 작업들은 상형문자가 실체적 사물과 가지는 '유사관계(likeness relation)'들을 구체적으로 표현한 경우이다. 즉 명사 '새'는 동사 '날다'와 함께 있을 때 유효한데, 바로 그 동사적 움직임을 문자의 시간적 변형으로 간파하게 하는 방법이다. 그렇게 되면 명사 '새'는 '날아가는' 주체로서 그 생명력을 얻게 되며, '기표-기의'의 관계가 매우 자의적이던 문자의 특성들을 완전히 뛰어 넘어서게 된다.

27 http://www.artlinkart.com/cn/artist/wrk_sr/761erC/eedbswn

4. 새로운 형식은 곧 새로운 주제이다.

쉬빙이 문자를 상징으로 사용하는 이 모든 작업들, 특히 문자가 사라지는 지점에 있는 작업들은 '시간'에 천착한다는 사실을 드러낸다. 그리고 쉬빙 작업에서 말하는 '시간'이 곧 역사다. 가령 쉬빙의 초기 작품인 [Big Tire,大轮子][28](1986)라는 작업은 역사의 흔석들을 탐구한다. 그에게 이런 작업들은 역사가 남기는 '흔적'과 같은 것이다. 그리고 흔적들이 남기는 역사적 이데올로기로서 문자는 바로 새로운 시간의 도래와 함께 개혁의 대상이며 동시에 지워야할 흔적으로 인식된다. [Ghost pounding the wall,鬼打墻][29](1990)는 진짜 글씨를 쓴 것이 아니라 탁본 형식으로 진행된다. 그것들은 '귀신'이다. 따라서 여기 탁본 형식의 문자들은 찍혀진 흔적이자 동시에 허상이다. 즉 쉬빙에게 있어 '문자'란 남겨진 흔적으로서 이데올로기이며 매우 자의적인 인간의 폭력적 도구로 인식된다. 그리고 그는 그러한 틀을

---

28 https://www.tfam.museum/Exhibition/Exhibition_page.aspx?id=495&ddlLang=zh-tw&ddlLang=zh-tw

29 http://artasiapacific.com/Magazine/WebExclusives/XuBingARetrospective

깨고자 완전히 새롭게 창제된 문자(하늘에서 내려온 문자)와 식별 가능한 이모티콘들로 이루어진 문자(땅에서 온 문자)들을 가지고 작업하며 동시에 인간이 만들어낸 도상성이 강한 문자들을 다시 이미지로 위치시킨다. 마지막으로 이 모든 작업들이 결국은 살아있는 것이 아닌 이미 사망하여 생명력을 잃은 흔적으로 읽힌다(귀신).

또 한 가지 왜 그가 문자작업을 설치미술 속에 두었는가 하는 근본적인 형식문제는 결론적으로 중국 사회주의 시기 미술 카테고리에 대한 저항과 거부의 의미로 선택되었다고 보여진다. 실제로 설치미술이 처음 생겨난 시점인 다다미술은 그 해답을 준다. 다다는 반전통적인 아방가르드 예술에 속하였고, 정연심은 설치예술의 시작을 1920년대 베를린의 다다이스트 전시로부터 그 시원을 따지고 있다(정연심 2014, 25). 물론 이 경우는 아직 조각(sculpture)과 건축(architecture)의 중간단계 정도로서 화폭을 떠났다는 의미가 중요하다. 조금 더 나아가 쉬빙 작품들이 돼지나 누에고치와 같은 동물과 문자와 같은 표상체를 다루는 것은 반드시 공간의 문제라기보다는 한자가 의미하는 문화적 속성, 즉 중국적인 것에 대한 것들을 다루고 있다. 그런 의미에서 다다가 행했던 설치미술보다는 그 전개법과 해법에서 더 많은 해석체를 요구하였다. 이러한 방식으로 진행된 쉬빙의 작품들이 가지는 사회문화적 메시지의 강력함은 미술의 범주를 넘어선다. 혹은 미술의 새로운 범주이다. 그래서 쉬빙의 한자들은 반드시 번역을 필요로 하는 '해석체 예술'이다. 예술은 끝났다고 선언한 아서 C. 단토의 표현대로 하자면 쉬빙의 예술은 '완강한(intractably)' 아방가르드[30]에 속한다.

따라서 쉬빙의 이런 문자 설치 작업들은 무한한 사고들을 불러일으킨다. 물론 그것은 눈을 즐겁게 하거나 정신에 활력을 주지 않겠다는 의두를 담고 있으며, 앞서 거론한 아방가르드, 팝아트, 각 시간마다 구성되는 중국이라는 해석체 들을 필요로 하기 때문에 친절하지도 않다. 테리 스미스(Terry Smith)가 분류한대로 보자면, 쉬빙의 다양한 해석체를 가진 작품들은 컨템포러리 제 3 부류속에 속한다. 테리스미스는 컨템포러리 아트 경향의 큰 두 부류는 리모던화의 경향과 스펙타클이라고 지적한 바 있다. 하지만 쉬빙의 예술은 서양의 아방가르드와 팝아트를 재전유하는 과정에서 '탈식민'이라는 형식을 거치고 있지만 여전히 테리스미스가 말한 두 부류를 벗어나면서 동시에 촉각적인 연결성의 열린 양태[31]로부터 비롯되는 쌍방향성 잠재력에 관심을 둔다. 즉 쉬빙의 작품은 시간성에 집중하고 의사교환가치에 의문을 삼는다. 그리하여 지속가능한 생존태에 관심을 갖는다. 그만큼 쉬빙의 작업은 무한한 해석체를 필요로 하는 '억동적 대상'으로서 의미 매김할 것이다.

---

30 이 표현은 아서 단토가 린다 와인트라웁(2015, 18)의 책 가운데 쓴 서문에서 밝힌 문장이다.

31 테리 스미스(2013, 406)는 '촉각적인 연결성의 열린 양태'라는 서술을 통해 동시대 미술이 무엇인가라는 물음에 답하고 있다.

참고문헌

가라타니 고진. 2016. 『제국의 구조: 중심·주변·아주변』. 조영일 옮김. 서울: 도서출판 b.

강미정. 2011. 『퍼스의 기호학과 미술사: 신미술사의 철학을 위하여』. 서울: 이학사.

김영미. 2014. 『현대 중국의 새로운 이미지 언어: 미술과 영화』. 파주: 이담.

레나토 포지올리. 1998. 『아방가르드 예술론』. 박상진 옮김. 서울: 문예출판사.

린다 와인트라웁. 2015. 『미술을 넘은 미술: 현대미술의 의미 찾기: 1970년대에서 1990년대까지』. 정수경·김진엽 옮김. 성남: 북코리아.

이강재·이상의·문수정. 2005. "중국의 언어정책과 중화주의 언어담론." 『중국문학』 제44집: 285-302.

정연심. 2014. 『현대공간과 설치미술』. 서울: 에이엔씨.

정해왕. 2017. "한조 통치이념의 형성과 동중서 사상의 의미 - 사상사적 상호연관성과 종교성에 주목하여." 『철학연구』 제142집: 265-294.

제임스 야콥 리슈카(Liszka, James Jakób). 2013. 『퍼스 기호학의 이해』. 이윤희 옮김. 서울: 한국외국어대학교 출판부.

조창연·이주영. 2016. 『기호학과 미학』. 서울: 커뮤니케이션북스.

테리 스미스. 2013. 『컨템포러리 아트란 무엇인가』. 김경운 옮김. 파

주: 마로니에북스.
한젠탕(韓鑒堂). 편저. 2013. 『한자문화』. 문준혜 역. 서울: 역락.
허주잉. 2013. 『한자문화학』. 김은희 옮김. 서울: 연세대학교 대학출판문화원.

그림출처

그림 1.“Cultural Animal”, Xu Bing, 1994.
https://www.pinterest.co.kr/iu1116/%E5%BE% 90%E5%86%B0/

그림 2. Xu Bing. Book from the Sky. 1987-91.
https://www.flickr.com/photos/mbschlemmer/12164195973

그림 3. An example of Xu Bing's 'Square Word' calligraphy, combining Latin characters into forms that resemble Chinese characters. The word is ‘wiki’.
https://zh.wikipedia.org/wiki/File:EnglishChinaWriting.jpg

그림 5. Xu Bing, Books from the ground, 2003
https://www.pinterest.co.uk/pin/220113500510630526/

필자소개

필자 소개 (가나다순)

강병창 한국외국어대학교 독일어과를 졸업하고 같은 대학교 대학원에서 '통사-화용 접점(정보구조)'에 대한 논문으로 박사학위를 받았다. 현재 한국외국어대학교 세미오시스 연구센터 인문한국(HK) 교수로 재직하고 있다. 주요 논문으로는 「내러티브 유머와 마이크로픽션의 결말구조 비교」(2014), 「Metaphor and Its Humorousness: The Case of Nominal Compounds in German」(Humor, 2016), 「언어기호의 매체상호성」(2017) 등이 있다. 저서로는 『언어와 유미』(2016), 『내러티브와 매체』(2014, 공저), 『세미오시스의 매체성과 물질성』(2017, 공저) 등이 있고, 역서로는 『거짓말의 언어학』(2010, 공역), 『번역이론 입문: 번역학 꿰뚫기』(2011, 공역) 등이 있다.

고경난 펜실베니아 대학교(University of Pennsylvania) 인류학과에서 박사학위를 취득하고 현재 한국외국어대학교 세미오시스 연구센터 인문한국(HK) 교수로 재직하고 있다. 주요 논문으로는 「Translating 'Sustainability' in Hawai'i: The Utility of Semiotic Transformation in the Transmission of Culture」(2015), 「How Brands (Don't) Do Things: Corporate Branding as Practices of Imagining

“*Commens*”」(2015), 「색의 성격화: 한국 화장품 기업의 "핑크" 브랜딩에서 색채어 유희와 기능」(2016) 등이 있고, 역서로는 『기호인류학 특강: 문화의 화용론적 기호학』(2016)이 있다.

김영미 이화여자대학교 중어중문학과를 졸업하고 한국외국어대학교에서 석·박사 학위를 받았다. 중국예술연구원 방문학자, 중국희곡학원 pre doc., 한국외국어대학교 외국문학연구소 연구원, 이화여자대학교 기호학연구소 연구원, University of Cornell East Asia Program에서 Visiting Fellow를 역임했으며, 현재 한국외국어대학교 세계문화예술경영연구소 전임연구원으로 재직 중이다. 주요 논문으로 「동시대 중국영화의 이미지구성과 서사」, 「Kung-fu comique de Jackey Chan: une nouvelle possibilite de la narration du corps」(Degres) 등의 영화평론과 「중국현대미술의 동시대성」, 「'마오 Mao' 이미지와 포스트모더니즘/포스트사회주의」 등의 미술평론 글들이 있다. 저서로는 『경극 어떻게 감상하는가』, 『현대 중국의 새로운 이미지 언어 - 미술과 영화』가 있다.

김예경 프랑스 파리8대학 조형예술학 학사, 석사를 졸업하고, 파리1대학 미학과에서 DEA(준 박사학위)를 거쳐, '죤 케이지의 시간과 예술'에 대한 논문으로 박사학위를 받았다. 현재 고려대학교 역사연구소에서 연구교수로 재직하고 있다. 주요 논문으로는 「신매체 예술 경계를 넘어서」, 「보이는 것과 만지는 것」, 「죤 케이지의 우연에 대한 소고」, 「침묵의 변화, 죤 케이지」, 「뒤샹의 무위」, 「뒤샹과 사차원에 대한 고찰」, 「뒤샹의 앵프라맹스inframince에 대한 소고」 등이 있고, 역서로는 『문화재의 개념』이 있다.

엄소연 이화여자대학교 철학과를 졸업하고 홍익대학교에서 '조선후기 동물상징'에 대한 논문으로 박사학위를 받았다. 현재 한국외국어대학교 세미오시스 연구센터의 인문한국(HK) 연구교수로 재직하고 있다. 주요 논문으로는 「'우정의 내러티브'로서의 성신(鄭敾)의 <경교명승첩(景郊名勝帖)>」(2015), 「蕙園 申潤福의 風俗畵에 나타난 妓女의 이미지 텔링(image telling)」(2015), 「한글전시매체의 시학(Poetics)과 정치학(Politics)」(2017) 등이 있고, 저서로는 『기의분류로 본 한국의 동물상징』(민속원, 2013)이 있다.

이윤희 덕성여자대학교 불어불문학과를 졸업하고 고려대학교에서 '활동 기호학의 이론적 토대: 상징적 매개와 대화적 상호작용'에 대한 논문으로 박사학위를 받았다. 현재 한국외국어대학교 세미오시스 연구센터 인문한국(HK) 교수로 재직하고 있다. 주요 논문으로는 「여행 내러티브에 대한 퍼스 기호학적 접근: 알랭 드 보통의 <여행의 기술>을 중심으로」, 「A semiotics of creativity and a poetic metaphor: Towards a dialogical relation of expression and explanation」, 「The rhetoric of love and self-narratives in the cinema image: A Peircean approach」 등이 있다. 역서로는 『퍼스 기호학의 이해』(2013), 『퍼스 철학의 이해』(2016), 『의미의 이해: 찰스 퍼스와 구조주의, 그리고 문학』(2016)이 있고, 저서로는 『찰스 샌더스 퍼스』(2017)가 있다.

전동열 연세대학교와 동 대학원 독어독문학과를 졸업하고 독일 뒤셀도르프대학교에서 '하우프트만과 독일 자연주의'에 대한 논문으로 박사학위를 받았다. 현재 홍익대학교 독어독문학과 교수로 재직하고 있다. 주요 논문으로는 「헤겔의 사고 체계 내 기호의 발생과 역할」, 「지젝의 '해체적' 라캉 읽기와 자본주의 이데올로기 비판」, 「라캉의 심리분석에서 기표, 의미작용과 사이버네틱스의 작동방식」, 「루만의 체계이론과 퍼얼스의 기호학 비교」, 「기호학적 범주로서의 상호매체성」 등이 있다. 저서로는

『기호학』이 있고, 역서로는 『길쌈쟁이들』 등이 있다.

말과 그림 사이
다이어그램의 매체상호성

초판 인쇄 2018년 6월 30일
초판 발행 2018년 6월 30일

지은이 세미오시스 연구센터
발행인 김인철
총괄·기획 가정준 Director, University Knowledge Press
편집장 신선호 Executive Knowledge Contents Creator
도서편집 박현정 Contents Creator
전자책편집 이리나 e-Contents Creator
재무관리 김은혜 Managing Creator
마케팅 파트장 백승이 Chief Marketing Creator
마케팅 박종원 Marketing Creator
발행처 한국외국어대학교 지식출판콘텐츠원
02450 서울특별시 동대문구 이문로 107
전화 02)2173-2493~7
팩스 02)2173-3363
홈페이지 http://press.hufs.ac.kr
전자우편 press@hufs.ac.kr
출판등록 제6-6호(1969. 4. 30)
디자인·편집 (주)피플커뮤니케이션 02)733-9008
인쇄·제본 (주)피플커뮤니케이션 02)733-9008

ISBN 979-11-5901-383-6 94080 정가 18,000원
ISBN 978-89-7464-831-2 94080 (세트)

*잘못된 책은 교환하여 드립니다.

HU:NE 은 한국외국어대학교 지식출판원의 어학도서, 사회과학도서, 지역학 도서 Sub Brand이다. 한국외대의 영문명인 HUFS, 현명한 국제전문가 양성(International +Intelligent)의 의미를 담고 있으며, 휴인(携引)의 뜻인 '이끌다, 끌고 나가다'라는 의미처럼 출판계를 이끄는 리더로서, 혁신의 이미지를 담고 있다.